Strategische Personalbeurteilungen

Heribert Wienkamp

Strategische Personalbeurteilungen

Wirtschaftspsychologische Systeme für
das Performance Management

 Springer

Heribert Wienkamp
Recklinghausen, Nordrhein-Westfalen
Deutschland

ISBN 978-3-662-66219-9 ISBN 978-3-662-66220-5 (eBook)
https://doi.org/10.1007/978-3-662-66220-5

Die Deutsche Nationalbibliothek verzeichnet diese Publikation in der Deutschen Nationalbibliografie;
detaillierte bibliografische Daten sind im Internet über http://dnb.d-nb.de abrufbar.

Planung/Lektorat: Alexander Horn
Springer ist ein Imprint der eingetragenen Gesellschaft Springer-Verlag GmbH, DE und ist ein Teil von
Springer Nature.
Die Anschrift der Gesellschaft ist: Heidelberger Platz 3, 14197 Berlin, Germany

Vorwort

Es ist nun einmal eine Tatsache, dass Personalbeurteilungssysteme die Methode der Wahl sind, um personalstrategische Zielsetzungen zu erreichen und das Personalmanagement nachhaltig bei den hierzu erforderlichen Aktivitäten zu unterstützen. Leichter gesagt als getan stellen sich dann die Fragen und Herausforderungen, wenn es um die Konstruktion und Anwendung geeigneter Personalsysteme geht.

Mitarbeiter oder Mitarbeiterinnen der Personalabteilung (z. B. als Personalreferent) haben sicherlich schon die Erfahrung gemacht, dass die Entwicklung oder Konstruktion von Personalsystemen so „ihre Tücken haben" und nicht so trivial sind, wie sie auf den ersten Blick vielleicht erscheinen mögen oder wie sie als „Paketlösung" auf dem „freien Markt" angepriesen werden. Nicht zu übersehen wäre noch die Tatsache, dass viele Personen oder Betroffene ein Wort mitreden wollen und dabei mit Kritik nicht geizen bzw. meinen, in zwischenmenschlichen Beziehungen oder in puncto Mitarbeiterführung vieles „besser zu wissen". Gerade die Einführung eines Personalbeurteilungssystems ist hierfür ein sehr gutes und treffendes Beispiel!

Wer allerdings während des Studiums oder während der Berufstätigkeit die Gelegenheit hatte, in die Entwicklung psychodiagnostischer Instrumente wie Tests eingeführt zu werden oder sie selbst angewendet hat, dem würde die Konstruktion von Mitarbeiterbeurteilungsverfahren leichter fallen, da Prinzipien psychometrischer Instrumente auch auf diese Verfahren Anwendung finden können. Hinzukommen sollte noch eine benutzerfreundliche Handhabung und ein stimmiges kommunikatives Konzept, um die Schulung bzw. Einweisung in das Beurteilungsprocedere bestmöglich zu unterstützen.

Eigene Erfahrungen mit der Beurteilungspraxis legten darüber hinaus nahe, gerade die unterschiedlichen, z. T. widersprüchlichen Anwendungszwecken fein säuberlich auseinander zu halten, was im Grundsatz der Appell und das Ziel dieses Buches sein soll. Besonders umstritten, aber von herausragender Bedeutung sind dabei die strategischen Belange, die sich mit Mitarbeiterbeurteilungssystemen und dem dazugehörigen Feedback an die vor Ort weilenden Führungskräfte und damit an die Organisation selbst verbinden.

Im Rückblick habe ich es als sehr hilfreich empfunden, sowohl die theoretischen Implikationen aus der Personalforschung als auch die Anwendung der Beurteilungsverfahren in der Praxis noch einmal zu reflektieren und das Erfahrungswissen durch diese Publikation weiterzugeben. Alle diejenigen, die mir irgendwann dabei behilflich waren, möchte ich sehr herzlich danken.

Recklinghausen   Dr. Heribert Wienkamp
Juli 2022

Inhaltsverzeichnis

Strategische Personalbeurteilungen – oder wie Personalgespräche, Mitarbeiterbeurteilungssysteme und anreizaktivierende Maßnahmen des Performance Managements Strategien unterstützen können!

Zusammenfassung

Strategische Personalbeurteilungen als personalwirtschaftliches Konzept beschäftigen sich mit dem vorhandenen Personal und helfen der Organisation bei wichtigen Entscheidungen durch Argumente und Belege zu überzeugen. Taktisch motivierte Bewertungen – von wem auch immer initiiert – sind ihnen fremd. Wo Menschen miteinander kommunizieren treten auch unterschwellige Urteile auf und prägen die Eindrucksbildung. Organisationen können es sich nicht leisten, im Hinblick auf wichtige Personalentscheidungen, solche Meinungsbilder zu ignorieren, sondern sind bemüht, die Personalbeurteilungen als Führungsinstrument zu institutionalisieren und zu nutzen. Personalbeurteilungssysteme können hierbei helfen, wenn sie angemessen eingesetzt und nicht mit zu vielen, oder sogar widersprüchlichen Anwendungszwecken, überfrachtet werden. Leider ist es bei der Mitarbeiterbeurteilung heute noch so, dass die Schnittstelle zwischen einmal der Mitarbeiterfürsorge und Beziehungspflege und zum anderen dem Performance Management mit dem Ziel der Leistungshonorierung und Karriereentwicklung noch im „Ungefähren" verbleibt. Klarheit entsteht nur durch eine Diversifizierung des Beurteilungsverfahrens vor dem Hintergrund personalstrategischer Akzentsetzungen oder Präferenzen einmal für Beratungs- und Entwicklungsbedürfnisse, zum anderen zur Karriereförderung.

1.1 Einführung

Strategische Personalbeurteilungen, hier verstanden und eingeführt als personalwirtschaftliches Konzept, sind dazu da, Personalentscheidungen und administrative Vorgänge der Organisation zu unterstützen. Weniger stehen eignungsdiagnostische Verfahren bei der Neueinstellung von Bewerbern im Mittelpunkt des Interesses, sondern primär geht es um die lfd. Beurteilung des bereits vorhandenen Personals, also um diejenigen Mitarbeiter oder Mitarbeiterinnen (MA), die bereits auf der Gehaltsliste stehen. Eignungsdiagnostische Belange können auch bei den Beschäftigten im Zuge von Stellenwechseln oder Karriereförderungen auftreten. Strategische Personalbeurteilungen haben ferner keinerlei Gemeinsamkeiten mit vorgeschobenen taktischen Verhaltensmanöver als Beeinflussungsversuche sowohl seitens der Beurteiler (z. B. einen MA über eine frisierte oder „gute" Beurteilung wegzuloben) als auch des Beurteilten, um eine gute Beurteilung zu erschleichen oder zu erkaufen. Eher sind strategische Personalbeurteilungen vergleichbar mit dem Feedback- und Lernprozess bei der lfd. Strategiebeurteilung, wie es als Managementsystem bei Einführung einer Balanced Score Card (BSC) propagiert und umgesetzt werden könnte (s. Kaplan & Norton, 1997, S. 189 und 241 ff.). Personalbeurteilungen sind im wahrsten Sinne des Wortes dann strategisch, wenn sie ziel- und zweckbezogen sind und den Weg dorthin bestimmen und vorgeben.

Bei allem Verständnis für den Anspruch an eine zukunftsweisende, fortschrittliche Personalarbeit darf eine Organisation nicht vergessen, dass die personalstrategischen Ziele ambivalent sein können, wenn die Lösung eines Problems zur Entstehung eines anderen Problems führt. Noch so viel Ehrgeiz und guter Wille, kann letztlich eine sichtbare und spürbare Professionalität in der Umsetzung nicht ersetzen.

1.2 Strategische Ziele der Personalbeurteilung bedürfen einer professionellen Umsetzung

Professionalität beginnt schon nach allgemeiner Auffassung bei der Gesprächsführung. So ist über das Thema Kommunikation oder Gespräche mit MA schon viel geschrieben und beinahe alles gesagt worden, sodass es sicherlich nicht noch eines zusätzlichen „Aufgusses" bedurft hätte! Anscheinend ist es aber auch so, dass Vorgesetzte (aber auch ihre unterstellten MA) sich schwertun, beobachtetes Verhalten anderer (explizit) zu bewerten und sich formalen Beurteilungsprozessen auszusetzen und zu stellen. Zumal auch Personenbeurteilungen, die über eine kurze Rückmeldung eines beobachteten und selbst erfahrenen Verhaltens hinausgehen, sowohl in der Vorbereitung als auch in der Durchführung sehr zeitintensiv sind. Hinzu kommt, dass sie den Betroffenen einiges an Urteilsbegründungen einerseits, oder Rechtfertigungen andererseits, abverlangen, insbesondere bei negativen Bewertungen oder Kritik am Mitarbeiterverhalten.

Somit ist es nicht verwunderlich, wenn viele Veröffentlichungen zur Mitarbeiterkommunikation und Verhaltensbeurteilung um dieses ambivalente Problem „herumkreisen" und hier und da mit einer neuen Idee oder gutgemeintem Vorschlag zu einer möglichen Problemlösung aufwarten und beitragen wollen, aber häufig und vielfach doch im Ungefähren verbleiben oder sich auf Postulate beschränken. Anders sieht es aus bei einigen „Klassikern", wie z. B. der Review von Ilgen und Feldman (1983) oder die Lektüre von Latham und Wexley (1982), die zwar in vielen nachfolgenden Publikationen gerne zitiert wurden, aber dennoch wegen ihrer grundsätzlichen Erkenntnisse und Ausführungen es wert sind, immer wieder – wie auch in diesem Buch – auf aktuelle Relevanz zu prüfen und den einen oder anderen gerade passenden Aspekt hervorzuheben und zu vertiefen. Nicht nur von historischem Interesse sind in diesem Zusammenhang auch die Sammelbände von z. B. Smither (1998) oder Whisler und Harper (1962) zum Thema „Personal Appraisal" und „Personal Performance", die sich ebenfalls anbieten, um auf der Basis der heutigen Erkenntnisse und Erfahrungen noch einmal durchforstet und analysiert zu werden. Schon in den Anfängen des Personalmanagements schienen Personalbeurteilungen an Bedeutung zu gewinnen. Bei den älteren Beiträgen kommt es heute weniger auf die damaligen Befunde an, die ohnehin durch nachfolgende Untersuchungsergebnisse relativiert wurden, sondern von Interesse sind eher Forschungsideen oder damals angestellte Vermutungen, die weiterführende Impulse setzen konnten oder könnten. So hat sich z. B. Rao's (2004) Ansatz eines „Performance Appraisal System" inkl. MA-Feedback zum Zwecke der Personalentwicklung (PE) über 30 Jahre im asiatischen Raum (vornehmlich in indischen Organisationen) bewährt und bedurfte nur kleiner („marginaler") Änderungen, bis es zu einer Weiterentwicklung eines „Performance Management System" kam.

Ambivalent ist das Thema Personal- oder Mitarbeiterbeurteilungen nicht zuletzt deshalb, da zwar niemand die Notwendigkeit eines regelmäßigen kommunikativen Austausches zwischen Führungskräften mit ihren Untergebenen infrage stellt und ebenso wenig die Tatsache leugnet oder abstreitet, dass auf irgendeine Art und Weise Personenbeurteilungen (implizit) stattfinden, aber sich viele aus den o.g. Gründen dennoch damit schwertun. Nicht zuletzt hängen die Probleme mit der Unschärfe des „schillernden Leistungsbegriffes" (s. Becker, 1998) zusammen, der als normativer, abstrakter Begriff nicht zu gebrauchen, sondern für jede betriebliche Anwendung oder Leistungsbeurteilung individuell zu definieren ist. Ganz abgesehen davon, sind Entscheidungen über die Entlohnung, Beförderungen auf höherwertige Arbeitsplätze und zur PE von den zuständigen Führungskräften in Absprache mit dem Personalmanagement bzw. der Unternehmensleitung zu treffen, die auf eine sachgemäße und fundierte Einschätzung der Leistungen oder Potenziale angewiesen sind. Ohne übertreiben zu wollen und bei allem Respekt, haben solche schwerwiegenden weitreichen Entscheidungen des Personalmanagements für das Unternehmen eine strategische Bedeutung, die sich ein Mitarbeiterbeurteilungssystem (MBS) zu stellen hat und deshalb zu Recht als strategisches Instrument anzusehen ist. Auch kommt es darauf an, die Handhabung der Mitarbeiterkommunikation bzw. Mitarbeiterbeurteilung nicht unnötig zu verkomplizieren und mit zu vielen Vorhaben zu überfrachten (s. hierzu auch Kap. 3). Nur dann wären die Voraussetzungen für ein professionelles Vorgehen gegeben.

1.3   Wie wäre es mit „Diversifizierung" bei der Personalbeurteilung?

Eine Möglichkeit bestünde daher, strikt zwischen den Mitarbeitergesprächen zu Beratungszwecken und dem Feedback und den hier genannten „Karrieregesprächen" zu trennen und diese Gespräche zu jeweils anderen Zeitpunkten und mit unterschiedlicher Zielsetzung zu führen (s. Kap. 3). Anscheinend bevorzugen seit geraumer Zeit auch die Führungskräfte die Trennung zwischen Mitarbeitergesprächen und Karrieregesprächen mit anderer abweichender Zielsetzung und nehmen den „doppelten Zeitaufwand" auf sich (s. Baron & Kreps, 1999, S. 217). Für das allgemeine Verständnis dieses eigentlich gar nicht so neuen, geschweige denn überraschenden oder „revolutionären" Vorschlags, scheint es aber wesentlich zu sein, die Beratungs- oder Rückmeldegespräche mit den Beschäftigten *jobspezifisch*, also auf den aktuellen Arbeitsplatz und den hier relevanten Aufgaben und Anforderungen bezogen, zu absolvieren. Über darüberhinausgehende Anliegen wie Vergütungsleistungen (z. B. Gehaltsbeförderungen, Leistungszulagen etc.), Karriereentwicklungen jenseits der bisherigen Arbeitstätigkeit sowie damit zusammenhängender Qualifizierungen, sollte an anderer Stelle und zu einem anderen Termin gesprochen und diskutiert werden. Selbstverständlich bauen Entscheidungen über die Vergütung oder den weiteren Karriereweg auf vorausgegangene Mitarbeiterbeurteilungen auf und ignorieren sie keineswegs, aber sie sollten sich nicht damit vermischen und ihre jeweiligen Anwendungszwecke sauber auseinanderhalten.

1.4   Beurteilungsformulare zur Selbst- und Fremdbeurteilung?

Schließlich sei noch erwähnt, dass nichts dagegen spricht, Mitarbeiter- oder Feedbackgespräche durch geeignete technische Hilfsmittel wie Beurteilungsbögen o. ä., Intranet und eine automatische digitale Ablage in die Personalakte zu unterstützen und z. B. über eine vorherige Selbstbeurteilung (s. Abschn. 6.2) des MA den Prozess zentral zu initiieren, der dann mit dem gemeinsamen Gespräch zusammen mit der Führungskraft und einer ggf. abgestimmten (und von beiden Parteien unterzeichneten) Beurteilung endet. Gegenüber „frei vagabundierenden" Beurteilungen oder Einschätzungen von Leistungen und Verhalten liegt der Vorteil von Beurteilungsformularen oder Systemen in der Standardisierung des Verfahrens, dem sich alle Anwender und Beurteiler zu unterziehen haben.

Für eine der Beurteilung vorausgehende Selbstbeurteilung spricht nicht nur die damit erzwungene Vorbereitung durch den zu beurteilenden Beschäftigten, sondern auch die wissenschaftliche Erkenntnis (s. Brandstätter, 1970, S. 702 ff.), dass bei Selbstbeurteilungen besser zwischen den Merkmalsaspekten differenziert wird und somit *Unterschiede* zur Fremdbeurteilung per System provoziert und präjudiziert werden, die dann im Gespräch zu diskutieren und zu klären sind. Unterschiede treten z. B. aufgrund des häufig bei Vorgesetzten zu beobachtenden

Halo-Effektes auf (s. dazu Abschn. 8.2.2). Bereits vor langer Zeit plädierte z. B. Kornhauser (1926/1962, S. 10) dafür, unbedingt formale „Rating Skalen" einzusetzen, da nach seinen Beobachtungen Beurteiler sonst dazu neigen, sich nur auf die auffallenden oder herausragenden Eigenschaften zu beschränken und andere ebenso wichtige Charakteristika übersehen (ähnlich dem Halo-Effekt). Zudem haben seiner Meinung nach formale Beurteilungsverfahren den Vorteil, dass deren Ergebnisse auch anderen Mitgliedern in einer Organisation bei ihrer Arbeit oder bei ihren Entscheidungen zu gute kommen und ihnen behilflich sein können.

Bei freiformulierten Beurteilungen, z. B. um später ein Arbeitszeugnis zu erstellen, scheinen in der Praxis vorausgehende Selbstbeurteilungen im Sinne eines „Formulierungsvorschlages" für den Vorgesetzten als Beurteiler Usus zu sein, wie es von einigen Autoren zitiert wurde (z. B. Müller, 2006, S. 29).

1.5 Resümee

Wenn von strategischen Personalbeurteilungen die Rede ist, sind zukunftsbezogene mit der verabschiedeten Personalstrategie kompatible Zielvorstellungen gemeint. Um diese personalstrategischen Ziele zu erreichen, muss auch die Praxis der Mitarbeiterbeurteilung als das betriebliche Evaluationssystem per se ihren Beitrag leisten. Hehre anspruchsvolle Zielsetzungen reichen dazu aber allein nicht aus, sondern sie bedürfen sowohl eines tragfähigen und auf die Organisation zugeschnittenen Systems als auch ein von allen Beteiligten notwendiges und wohlwollendes Commitment sowie eine kompetente Handhabung.

Hilfreich könnte für den Umsetzungsprozess sein, nicht alles auf einmal zu wollen, sondern peu a` peu oder nach und nach die gewählten Ziele anzugehen und den Gesamtprozess nach Anwendungszwecken zu diversifizieren. Augenscheinlich existiert eine Grenze oder Trennungslinie zwischen der Mitarbeiterberatung bzw. Mitarbeiterförderung und allen darüber hinausgehenden Personalmaßnahmen, die mit Leistungshonorierung und Karriereentwicklung zu tun haben.

Die hier zu Beginn angesprochenen Aspekte: Strategische Zielsetzungen, Trennung oder Diversifizierung der Anwendungen und Gestaltung sowie Administration des Beurteilungsprozesses sind die zentralen Herausforderungen des Personalmanagements und treten im weiteren Verlauf in unterschiedlichen Kontexten wiederholt auf.

Literatur

Baron, J. N., & Kreps, D. M. (1999). *Strategic human resources. Frameworks for general managers*. Wiley.

Becker, F. G. (1998). *Grundlagen betrieblicher Leistungsbeurteilungen* (3. Aufl.). Schäffer-Poeschel.

Brandstätter, H. (1970). Die Beurteilung von Mitarbeitern. In A. Mayer & B. Herwig (Hrsg.), *Betriebspsychologie 9. Band* (2. Aufl., S. 668–734). Hogrefe.

Ilgen, D. R., & Feldman, J. M. (1983). Performance appraisal: A process focus. In L. L. Cummings & B. M. Staw (Hrsg.), *Research in organizational behavior, An annual series of analytical essay and critical reviews* (5. Aufl., S. 141–197). JAI Press.

Kaplan, R. S., & Norton, D. P. (1997). *Balanced Score Card. Strategien erfolgreich umsetzen.* Schäffer-Poeschel.

Kornhauser, A. W. (1962). What are rating scales good for? In T. L. Whisler & S. F. Harper (Hrsg.), *Performance appraisal, research and practice* (S. 8–12). Holt Rinehart and Winston. (Erstveröffentlichung 1926).

Latham, G. P., & Wexley, K. N. (1982). *Increasing productivity through performance appraisal.* Addison-Wesley. (Erstveröffentlichung 1981).

Müller, J. (2006). *Personalbeurteilung. Bewertungsfehler, Optimierung.* VDM Verlag Dr. Müller.

Rao, T. V. (2004). *Performance management and appraisal systems. HR tools for global competitiveness.* Response Books.

Smither, J. W. (Hrsg.). (1998). *Performance appraisal. State of the art in practice.* Jossey-Bass.

Whisler, T. L., & Harper, S. F. (Hrsg.). (1962). *Performance appraisal. Research and practise.* Holt, Rhinehart and Winston.

Möglichkeiten der Mitarbeiterkommunikation und Gestaltung des Feedbacks

2

Zusammenfassung

Gesprächsanlässe zwischen Führungskräften und ihren Mitarbeitern oder Mitarbeiterinnen gibt oder sollte es genügend geben. Ein gegenseitiger offener Meinungsaustausch über Leistungen und Ergebnisse kann für die Beziehungsqualität nur bekömmlich und förderlich sein. Nur sollten nicht zu viele Dinge durcheinandergeraten, sodass es sich empfiehlt, zwischen anlassbezogenen Gesprächen und den auf die Mitarbeiterberatung und Förderung abzielenden Feedbackgesprächen, die alle relevanten Themen einer Beurteilungsperiode umfassen, zu unterscheiden. Auf jeden Fall ist es ratsam, zur Verbesserung der Kommunikation und des gemeinsamen Verständnisses geeignete Instrumente einzusetzen, damit auch das Personalmanagement die Chance bekommt, ggf. auf das Gesprächsergebnis zu reagieren. Zwischenzeitlich ist in der Praxis sowie in der Personalforschung die methodische Entwicklung von Beurteilungssystemen soweit fortgeschritten, sodass es bei disziplinierter Befolgung bestimmter Prinzipien und realistischen Ambitionen möglich sein sollte, für die anzustrebenden personalstrategischen Ziele und Zwecke ein passendes System zu finden oder selbst zu entwickeln.

Menschen entwickeln bekanntlich ein natürliches Bedürfnis nach einer Leistungsrückmeldung, denn sie wollen, vergleichbar mit Leistungssportlern im Training, wissen, wo sie aktuell stehen und wie sie sich noch steigern können. Ohne dieses menschliche Bedürfnis nach Feedback wäre die entscheidende Voraussetzung zur Kommunikation mit anderen zum eigenen aktuellen Leistungsstand bzw. zur Leistungsentwicklung gar nicht gegeben. Nur wenn Individuen etwas zu verbergen haben, schauen sie der Wahrheit nur ungern ins Gesicht (s. Malik, 2000, S. 371). Von dieser Ausgangslage sollten Führungskräfte als Beurteiler grundsätzlich ausgehen!

Kontext: **Arbeitsplatz**

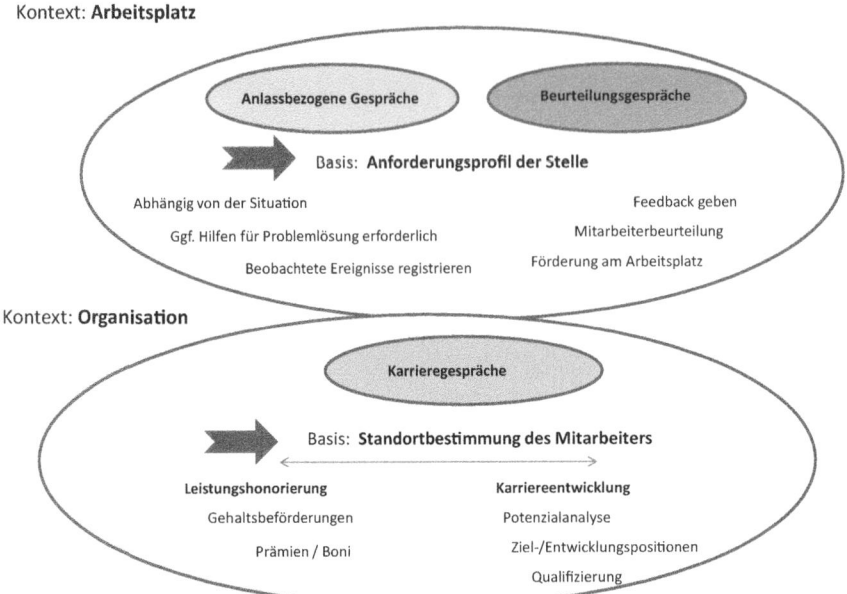

Kontext: **Organisation**

Abb. 2.1 Ausgangssituation

Sicherlich ist ferner die Erkenntnis nicht neu, dass Mitarbeitergespräche zwischen der Führungskraft und ihren MA eher dem gegenseitigen Gedankenaustausch dienen und im Laufe der Zeit zu einer vertrauensvollen Zusammenarbeit und tragfähigen Beziehung beitragen sollen. Dieses Ansinnen würde niemand bestreiten oder infrage stellen! Personenbeurteilungen unterliegen im strengeren Sinne, wie bereits angedeutet, anderen betrieblichen Zwecksetzungen und gehen über das „Vorgesetzten-Mitarbeiter-Verhältnis" hinaus. Aus der Perspektive der Organisation liegt das an den unvermeidlichen *Personenvergleichen* und den daraus folgenden relativen Bewertungen, aus deren Ergebnissen entweder Honorierungen, Förderungen oder auch ggf. Sanktionen resultieren. Klar ist, dass hierfür ganz andere Entscheidungsgrundlagen vonnöten sind, um diesem Ansinnen gerecht zu werden und argumentativ zu überzeugen, dass es in dem Unternehmen „mit rechten Dingen" zugeht und niemand systematisch und willentlich benachteiligt wird. Einen Überblick über die Ausgangssituation gibt Abb. 2.1.

2.1   Gesprächsanlässe

Es empfiehlt sich hinsichtlich den zu erwartenden Gesprächssituationen zwischen zwei Anlässen oder Zwecken zu trennen: Neben den ohnehin geplanten und praktizierten Teambesprechungen (z. B. Jour fix), in denen schon aufgabenbezogene gegenseitige Rückmeldungen zu bestimmten Ergebnissen, Ereignissen oder Projektarbeiten und deren Entwicklung unter den Teammitgliedern zur Sprache kommen, können anlassbezogene, relativ kurzfristig anberaumte Gespräche zwischen einem MA und seiner oder ihrer zuständigen Führungskraft zu einem aktuell konkreten Thema außerhalb einer Teambesprechung, sozusagen „unter vier Augen", zusätzlich erforderlich sein. Charakteristisch wäre an dieser Situation, dass es sich aus gegebenem Anlass nur um ein Thema oder Problem, was ggf. einer Klärung bedarf, und nicht um eine Themenliste, wie bei einem evtl. vereinbarten Feedbackgespräch, handelt.

Natürlich bilden mehrere anlassbezogene Gespräche zu diversen Themen oder Problemen später die Basis für ein formales Mitarbeiter- oder Feedbackgespräch. – Aus einem anlassbezogenen Gespräch kann sich auch ein Prozess mit mehreren Gesprächen ergeben, wenn das Problem oder die Angelegenheit dies erfordert. Nichts spricht im Übrigen dagegen, die angesprochenen Ereignisse als Beobachtungen zu registrieren und festzuhalten.

Im Gegensatz zum situationsspezifischen Gespräch hat das *Feedbackgespräch* einen dazu geeigneten Rahmen, der einige organisatorische, aber auch formale Bedingungen berücksichtigt (z. B. sollte der MA formal zu einem für beide Seiten passenden Termin eingeladen werden und sich zeitlich ausreichend auf das Beurteilungsgespräch vorbereiten können). Mitarbeitergespräche sollten sich darüber hinaus an hierzu ausgewählte Kommunikationsmodelle anlehnen und die dort empfohlenen Regeln beherzigen (s. auch Kap. 9). Nicht nur der Meinungsaustausch ist hierbei angesagt und gefragt, sondern das Mitarbeitergespräch soll als Führungsinstrument des Weiteren noch einige übergeordnete Organisationsziele erfüllen und einen betrieblichen Nutzen für *alle* Seiten stiften.

Zunächst ist als Voraussetzung für die Durchführung eines Mitarbeitergespräches sicher zu stellen, falls noch nicht ausreichend geschehen, dass der MA zunächst seine oder ihre Aufgaben gemäß Stellenbeschreibung kennt. Nicht immer ist die formale Stellenbeschreibung in diesem Zusammenhang die „Methode der Wahl", sondern es hat sich in der Praxis gezeigt, dass die konkrete Benennung von Aufgabenschwerpunkten (= Key Performance Areas oder KPA), entweder zugewiesene Daueraufgaben oder temporär zugewiesene Projekte, mit Auflistung der erfolgskritischen Bewertungsdimensionen: Output (Ergebnis), Input (Kompetenz, Motivation und Support durch Führungskraft oder Betrieb), Zeit oder Termine, Prioritäten, Qualität und Kosten, viel entscheidender sind (s. Rao, 2004, S. 5 und 52). Auf dieser Basis lassen sich dann die daraus resultierenden Erwartungen an die Leistung bzw. Ergebnisse des MA konkret ableiten. Beispiele für die Erstellung solcher KPA`s finden sich für einen Personalreferenten im Stabsbereich einer Personalabteilung (s. Anhang 1) und – in etwas anderer Aufmachung – bei Wienkamp (2021a, S. 72) für den Sachbearbeiter Beteiligungen in einer Bank als sogenannter „Steckbrief" zur Vorbereitung einer Psychologischen Anforderungsanalyse.

Idealerweise kann die Führungskraft das geforderte Anforderungsspektrum an ihre MA mit Unterstützung der am Humanverhalten orientierten *Anforderungsprofile* übermitteln und mit zutreffenden Beispielen oder Beobachtungen aus der Praxis belegen und verdeutlichen. – Anforderungsprofile sind das Ergebnis von sogenannten *Psychologischen Anforderungsanalysen,* die sich auf die stellenbezogenen Anforderungen oder Leistungsvoraussetzungen beziehen und i. d. R. empirisch erhoben wurden oder werden (siehe z. B. Wienkamp, 2020a, 2020b, 2021a und 2021b). Sie enthalten als sogenannte Leistungsvoraussetzungen die erforderlichen Fähigkeiten und i. d. R. erlernten Fertigkeiten, zudem soziale sowie persönlichkeitsbedingte Anforderungsmerkmale, die zugleich auch als Beurteilungsmerkmale fungieren können.

Falls der Arbeitnehmer sich noch in der Einarbeitung oder beruflichen Entwicklung befindet, sind peu a` peu mit ihm Leistungs- oder Verhaltensziele gemeinsam zu entwickeln und zu vereinbaren, bis die notwendige Kompetenz, evtl. durch zusätzliche Unterstützung geeigneter Qualifizierungsmaßnahmen, erreicht ist. Wenn von Verhalten die Rede ist, schließt das natürlich auch das menschliche Miteinander, also die sozialen oder persönlichen Beziehungen zu Arbeitskollegen bzw. Kolleginnen, zum eigenen Vorgesetzten etc., mit ein und nicht nur die fachliche Seite (weitere Gesichtspunkte und Anregungen gerade zur Führung und Gestaltung solcher Mitarbeitergespräche s. auch Abschn. 9.1).

Aus anderen Anlässen zu führende Personalgespräche, wie z. B. bei einer bevorstehenden Versetzung oder Vorgesetztenwechsel, die ebenso eine Beurteilung aus arbeitsrechtlichen Gründen für die spätere Erstellung eines Arbeitszeugnisses verlangen, bedürfen keiner besonderen Kommentierung und sind längst eingeübte Praxis und Routine. Bei Ablauf der Probezeit, mit der, wenn man so will, eine folgenschwere Entscheidung für alle Seiten verbunden ist, kann eine formale Beurteilung ebenfalls erforderlich sein. Aufgrund der hohen personalpolitischen Bedeutung sollten diese Gespräche in gleicher Weise formalen Ansprüchen genügen und Eingang in die Personalakte finden. Mit welchen Hilfsmitteln oder Formularen, z. B. freiformulierte Beurteilung oder Bewertungsbogen, dies erfolgt, ist eine nachgeordnete Entscheidung, die in der Regel die Personalabteilung in Abstimmung mit dem Vorstand für das Haus trifft.

2.2   Rahmenbedingungen und ergänzende Hinweise

Während es zur Durchführung „normaler" Gespräche keiner nennenswerten Rahmenbedingungen, mit Ausnahme einer störungsfreien und entspannten Gesprächsatmosphäre, und formaler Regelungen bedarf, ist das bei Beurteilungsrunden auf Unternehmensebene anders gelagert, wenn „bessere", „richtigere" oder qualifiziertere Bewertungen angestrebt oder erwünscht sind (s. z. B. Schuler, 1980, S. 73 ff.). Trotz und alledem ist die Beachtung allgemeingültiger Kommunikationsgepflogenheiten, wie Ausreden lassen, Zuhören können, vorschnelle Bewertungen, Kritik oder Rechtfertigungen vermeiden, bei allen Arten von Gesprächen zu beherzigen und einzuhalten (s. Abschn. 9.1).

Mitunter ist es eine personalpolitische Entscheidung, ob das Unternehmen an den Mitarbeiter- oder Feedbackgesprächen partizipieren möchte und irgendeine Art von Ergebnisdokumentation, wie z. B. einen ausgefüllten Beurteilungsbogen, verlangt, oder ob das Gespräch eine vertrauliche Angelegenheit zwischen den beteiligten Personen, Führungskraft und MA, bleibt und auf eine Dokumentation für die Personalakte grundsätzlich verzichtet wird. Wenn es rein um eine ehrliche Rückmeldung und um das „Verstehen" oder „Begreifen" des Mitarbeiterverhaltens geht, ist eine formale Beurteilung entbehrlich (Brandstätter, 1970, S. 673). Unterschiedliche „Spielarten" in Abhängigkeit von der Unternehmenskultur, der Größe des Unternehmens und den gesetzten strategischen Zielen der Personalbeurteilung, können dabei in Erscheinung treten und beeinflussend wirken und sollten nicht aus übergeordneter Perspektive ohne Kenntnis der internen Verhältnisse, mit „richtig" oder „falsch" vorschnell und einseitig bewertet werden. Wichtig ist zunächst einmal, dass überhaupt ein intensiver Meinungsaustausch zwischen den Betroffenen auf „breiter Flur" stattfindet und dies auch für die Kommunikation und Zusammenarbeit positive Folgen hat. – Gemäß lfd. Umfragen finden „institutionalisierte Mitarbeitergespräche" weiterhin zunehmende Verbreitung und zustimmende Akzeptanz (s. z. B. Hossiep et al., 2020, S. 60).

Unabhängig von dem gewählten Beurteilungssystem (s. nächster Abschn. 2.3) scheint die Art und der Prozess der Informationssammlung für eine spätere Beurteilung mehr oder weniger festzustehen: Am Anfang stehen zahlreiche Beobachtungen, die je nach Relevanz und Bedeutung für eine Mitarbeiterbeurteilung als „Rohmaterial" zu selektionieren und zu registrieren sind. Je nach Wahl des Beurteilungsinstrumentes sind diese Wahrnehmungen des Mitarbeiterverhaltens oder seine oder ihre Leistungen den Beurteilungs- oder Merkmalskategorien später gemäß Erinnerung zuzuordnen und zu skalieren, d. h. zu messen. Der Einstufung auf der Basis einer Merkmalsskala geht eine persönliche Würdigung und Einschätzung des Beurteilers voraus, ob es sich im einfachsten Falle um eine gute, akzeptable Leistung handelte oder nicht! Diese Wertung kann die verantwortliche Führungskraft nur adäquat und fair vornehmen, wenn sie auch die Umstände der Situation oder des Handelns mit-berücksichtigt und sich daran erinnert. Dass eine Leistungs- oder Verhaltensbeurteilung verlässlich und praxistauglich zu sein hat, darauf wies bereits in früheren Jahren Lattmann (1994, S. 10) ausdrücklich hin. Voraussetzung hierfür ist, dass das Beurteilungssystem die psychometrischen Gütekriterien nach Möglichkeit erfüllt, zumindest sich daran orientiert (s. hierzu auch die Abschn. 2.4 und ausführlich Abschn. 8.1).

Anlassbezogene Gespräche können, wie die Bezeichnung schon sagt, bei gegebenem Anlass und zu jeder beliebigen Zeit durchgeführt werden. Mitarbeiterbeurteilungsgespräche sollten vorher geplant und vereinbart und am Besten in der 2. Jahreshälfte (nach den Sommerferien) parallel zur Planung und Budgetierung stattfinden. Die „Karrieregespräche" wären dann im 1. Quartal des nächsten Jahres zu terminieren, wenn die Planungsergebnisse vom Vorstand oder der Geschäftsleitung verabschiedet und der Jahresabschluss vorliegt (s. hierzu Kap. 3).

Ob nun das Beratungs- und Feedbackgespräch als ein „Zwischenergebnis" und das darauffolgende Karrieregespräch als finales Ergebnis der Beurteilungsrunde insbesondere wegen der Vergütungseinstufungen anzusehen ist, wie es Lattmann (1994, S. 117) empfahl und deklarierte, sei dahingestellt und innerhalb des Unternehmens individuell zu entscheiden.

2.3   Personalbeurteilungssysteme

Wer sich schon einmal Gedanken über ein MBS machen musste, es angewandt oder sogar konzipiert hat, weiß, worüber gesprochen wird. Solche Personalsysteme sind keineswegs trivial oder ein Selbstläufer – und es gibt auch keine „Ideallösung", die allen Zwecken gerecht wird und alle Anwender oder Betroffene zufriedenstellt. Ihr Hauptzweck bleibt, den Beurteiler vor (oberflächlichen) Pauschalurteilen zu bewahren und ihn durch ihre Struktur und Operationalisierung auf spezifische und relevante Attribute aufmerksam zu machen, die sonst vielleicht übersehen werden. Infolgedessen scheinen sie notwendig zu sein! Nicht umsonst weist Schuler (1980, S. 10) mit Hinweis auf mehrere Studien daraufhin und hebt die Notwendigkeit des Einsatzes solcher Systeme hervor: „(Die) ganze Überlegenheit der Psychologen in der Urteilsbildung gründet sich auf die Technologie, die sie sich selbst geschaffen haben – auf verbesserte Beobachtungsverfahren, auf Tests,...ohne diese Hilfsmittel abgegebenen Urteile sind meistens nicht oder nicht wesentlich richtiger als die Urteile anderer Leute". Zumindest sollte noch zusätzlich erwähnt werden, dass natürlich das im Studium erworbene Hintergrundwissen zweckdienlich ist und bei der Erstellung und Interpretation der Urteilsbefunde hilft.

Es sollte bei aller Kritik auch nicht vergessen werden, dass formale Beurteilungssysteme sowohl selbst Evaluationsverfahren sind als auch andere Evaluationsverfahren (z. B. Tests) bei ihren Validität-Prüfungen unterstützen können, worauf bereits schon zu früheren Zeiten hingewiesen wurde (s. Kornhauser, 1962, S. 10).

2.3.1   Systemkritik

Von den in der Praxis eingeführten MBS sind die Einstufungsverfahren am weitesten verbreitet und ziehen zugleich auch die stärkste Kritik auf sich (vgl. Neuberger, 1980). Daneben gibt es noch eher vereinzelt Kennzeichnungs- und Rangordnungsverfahren sowie vornehmlich im Führungskräftekader Zielvereinbarungssysteme („Management by Objectives" oder abgekürzt MbO). Anscheinend wurde aber die von Wissenschaftlern aus der Personalforschung vorgetragene Kritik an der Personalbeurteilung von den Unternehmen und den verantwortlichen Führungskräften als Beurteiler so nicht geteilt, denn die Kritik an methodischen, prozeduralen und erkenntnisverwertenden Fragen der MBS blieb in der Praxis nahezu wirkungslos (s. Liebel & Oechsler, 1994, S. 227).

Kritisiert werden hauptsächlich Merkmalskataloge, die nicht zu beobachtende (und nicht operationalisierte) Persönlichkeitsmerkmale oder Charaktereigenschaften enthielten, mit denen dann Personen mithilfe einer numerischen Skala auf Gültigkeit oder Zustimmung einzuschätzen waren, was Beurteilungsfehler und damit gravierende Fehlurteile geradezu provozierte und heraufbeschwörte (s. auch Abschn. 8.2). Merkmalskataloge, die nur pauschale Beurteilungskriterien enthalten, verleiten dazu, als Ergebnisse das hervorzubringen, was der Beurteiler über die Person denkt, und weniger das was sie macht oder was sie leitet (s. Patton, 1962, S. 66).

Schon vor mehr als 50 Jahren gab Brandstätter (1970 S. 684 ff.) dazu einige Gestaltungshinweise, um die gröbsten Mängel dieser Systeme vorzubeugen. Quintessenz war, die Verankerung der Merkmalsausprägungen, wie „schlechtes", „mittleres" oder „gutes" Verhalten durch anschauliche Verhaltensbeispiele zu portraitieren, die Zugehörigkeit der Verhaltensanker (Items) zu den Merkmalskategorien aus vorher erhobenen Anforderungsprofilen empirisch zu überprüfen und nicht zu viele Merkmalsskalen zu verwenden, um die Beurteiler nicht zu überfordern.

2.3.1.1 Personalbeurteilungen sind (nur) „Unsinn mit Methode"!

Ob evtl. „Personalbeurteilungen nicht viel mehr als Unsinn mit Methode (sind)" wie es Neuberger (1980) mit seiner (beißenden) Kritik an der Beurteilungspraxis auf den Punkt brachte, sei einmal dahingestellt. Seine Kritik entzündete sich speziell an den nebulösen „eigenschaftsorientierten Einstufungsverfahren", wenn sie

a) sich nicht an den arbeitsplatzspezifischen Aufgaben und Anforderungen orientierten und sich stattdessen über gemutmaßte abstrakte Persönlichkeitsausprägungen ausließen und sie bei MA bewerteten;

b) diese unsicheren und abstrakten Bewertungsergebnisse noch unternehmensweit für Quervergleiche zwischen den beurteilten Personen nutzten;

c) besondere Unzulänglichkeiten in den statistischen Voraussetzungen (z. B. keine normalverteilten Bewertungen, sondern Rechts- oder Linksverschiebung der Urteile) oder in der methodischen oder praktischen Handhabung (z. B. nicht Berücksichtigung situativer Einflüsse bei der Erzielung von Leistungsergebnissen oder Verhaltensreaktionen) aufwiesen;

d) z. T. artfremden personalpolitischen Zwecken ausgesetzt waren oder sind, die eher mit dem Selbstbildnis oder dem Beurteilungsvermögen des Beurteilers als mit dem beurteilten MA zu tun hatten.

Neuberger (2000, S. 27) ging mit seiner Kritik noch weiter, wenn sich Beurteiler von einer allgemein üblichen Norm oder von ihren Erwartungen leiten lassen, beurteilen sie weniger den Beurteilten, sondern geben mehr über sich selbst und ihren Ansprüchen preis und sie projizieren z. B. ihre persönlichen Vorstellungen, Wünsche oder Bedürfnisse auf den zu beurteilenden MA. Entsprechend sind die Beurteilungsergebnisse aufgrund eigener persönlicher Ambitionen gefärbt bzw. manipuliert. Zudem finden eher *Beziehungsbeurteilungen* in verschiedenster Richtung, Perspektive und Qualität als reine Personenbeurteilungen statt (s. hierzu auch Kap. 7). Mit Ausnahme der Entgeltdifferenzierung und der Feststellung von Schulungsmaßnahmen ist die Verwendung von Leistungsbeurteilungen nach Neuberger (1980) für in die Zukunft gerichtete personalpolitische Schlussfolgerungen (wie z. B. Potenzialempfehlungen) unzureichend, fragwürdig, bestenfalls nur spekulativ.

2.3.1.2 Personalbeurteilungen sind ein „notwendiges Übel"!

Angesichts solch einer herben Kritik könnte die Ansicht herrschen, das Personalmanagement sollte lieber auf Personalbeurteilungen verzichten, anstatt reihen-
weise falsche, verzerrte oder unsinnige Beurteilungsergebnisse zu produzieren, die
ggf. mehr Schaden als Nutzen anrichten und außerdem noch Zeit und Geld kosten.
Viele Anwender aus der Praxis oder aus der Beraterszene (Consulting) teilen
allerdings diese Ansicht nicht, oder nicht in dem Maße, und sehen Mitarbeiterbeurteilungen als „notwendiges oder unvermeidliches Übel" („unavoidable or
inevitable evil"; vgl. Rao, 2004, S. 66) an. Für sie ist ein MBS bzw. eine formale
Personalbeurteilung der Ausgangspunkt oder die nicht zu ersetzende Basis für
die aktuelle Einschätzung von Leistungsvermögen und Kompetenzentwicklung
(oder Performance appraisal) zur Ermöglichung von Leistungssteigerungen und
Wachstum oder beruflicher Entwicklungen. Soweit sich dies konkretisieren lässt,
wären Leistungssteigerungen graduelle Verbesserungen oder Fortschritte, wie
z. B. beim Sport das Übertreffen persönlicher Bestmarken oder Rekorde, und
Entwicklungsschritte entweder das Erklimmen einer höheren Entwicklungsstufe
mit der Übernahme anspruchsvollerer Tätigkeiten („Job Enrichment"), was im
Einzelfall auch ein Quantensprung sein kann, wenn z. B. ein MA vom Projektmitarbeiter zum Projektleiter auserkoren und befördert wird. In horizontaler
Richtung ist dagegen die Übernahme *zusätzlicher* Aufgabenfelder die Methode
der Wahl. Zum Beispiel neben der Verantwortung für die Produktion könnte ein
MA auch die Verantwortung für die Arbeitsplanung und Arbeitsvorbereitung übernehmen und sich in seinem Zuständigkeitsbereich „breiter" aufstellen, was auch
als „Job Enlargement" zu bezeichnen ist. M.a.W.: Ohne einen handfesten belastbaren Bezug als „baseline" zur heutigen Leistungsstärke und den vorhandenen
Kompetenzen sind alle weiteren Überlegungen oder Maßnahmen zur Leistungsförderung und PE der MA pure Spekulation oder „ein Herumstochern im Nebel"!
Es kommt somit darauf an, nicht bei der vergangenheitsbezogenen Personen-
bewertung stehen zu bleiben, sondern den Blick nach vorn, in die Zukunft zu
richten.

2.3.1.3 Methodenvielfalt hilft auch nicht unbedingt weiter

Aber, nicht nur Einstufungsverfahren „haben ihre Macken", sondern auch die
ebenso gebräuchlichen *Rangordnungsverfahren* führen ggf. zu fragwürdigen
„Nullsummenspielen", nämlich, wenn gemäß dieser Logik ein MA aufrückt, muss
ein anderer MA (bei konstanten unveränderten Leistungen) im Rang zurückgestuft
werden. Oder die *„Forced choice – Methoden"* als Auswahlentscheidung unter
verschiedenen, teilweise gleichwertigen Aussagen zum Verhalten des Beurteilten
bergen für die Betroffenen ein hohes Maß an Intransparenz, da sie nicht erkennen
können, wie ihre ausgewählten Beurteilungsaussagen (aus jeweils positiven und
vermeintlich negativen Statements) später ausgewertet und zu einem Gesamt-
skalenwert als Beurteilungsergebnis verrechnet werden. Ungeachtet methodischer
Raffinesse, und anders als vielleicht in wissenschaftlichen Untersuchungen,
verletzt diese Beurteilungsmethode grundlegende Gebote der Fairness in der
Beurteilungspraxis und auch Personalpolitik.

Gegen Zielvereinbarungssysteme ist zwar im Grundsatz nichts einzuwenden, auch wenn sich die Zielformulierungen nicht auf handfeste quantitative Zielgrößen wie Budgets stützen können, sondern mit qualitativen Richtmaßen Vorlieb nehmen müssen. Besonderes Augenmerk liegt jedoch auf den Aushandlungs- bzw. Vereinbarungsprozess, der impliziert, den MA mitzunehmen oder einzubinden und ihn nicht irgendwelche Zielvorstellungen des Vorgesetzten aufzuoktroyieren.

2.3.2 Systemvarianten

Jedem Nutzer von Personalsystemen dürfte klar sein, dass es bei den vielen personalwirtschaftlichen Anwendungen wie Bewerberauswahl, Mitarbeiterbeurteilung, Gehaltsfindung etc. nicht das oder das eine System oder Verfahren gibt, sondern es steht stets ein Bündel von unterschiedlichen Methoden oder Instrumenten für die jeweiligen Anwendungszwecke zur Verfügung. Auf dem Gebiet der Beurteilungssysteme sind die bekanntesten Instrumente die Kennzeichnungssysteme, die Einstufungsmethoden, die Rangordnungsverfahren und die Zielvereinbarungssysteme.

Nach einer kritischen Analyse und Zusammenfassung von Drenth (1998, S. 66) mit der Differenzierung zwischen zu beobachtenden einzelnen Aktivitäten („incidental activities"), eingeübten Verhaltensmustern („habitual behaviour") und Persönlichkeitsmerkmalen („abstract factors") scheinen Beurteilungsinstrumente auf der Basis operationalisierter kritischer Verhaltensweisen am ehesten für die Personenbeurteilung geeignet zu sein, insbesondere dann, wenn die Beurteilungssysteme sich testtheoretischen Anforderungen stellen und empirisch überprüft wurden.

2.3.2.1 Kennzeichnungssysteme

Anscheinend gibt es sogar Personalbeurteilungssysteme, die mit einem (umfangreichen) Katalog von Adjektiven auskommen und diesen anbieten, aus denen sich dann der Beurteiler nach Belieben bedienen kann. Das Beurteilungsergebnis gleicht dann einem „Bildnis mit vielen bunten Farbtupfern", die die Persönlichkeit des MA widerspiegeln. Beurteilte können bei Anwendung dieser Methode: fleißig, pünktlich, zuverlässig, kommunikativ, kooperativ und vieles mehr sein. Ein weltweitbekanntes Beispiel für die Art solch eines Verfahrens ist der „The Predictive Index (PI)", der zwar als (kognitiver) psychologischer Test eigentlich für die Personalauswahl konzipiert wurde, aber in dieser Aufmachung dem eben beschriebenen Ansinnen entspricht bzw. sehr nahe kommt. Nach einem Muster zum PI von Stracke (2005, S. 144) erhalten die Beurteiler die Anweisung, aus einer umfangreichen Liste von Adjektiven „kreuzen Sie diejenigen (Adjektive) an, von denen sie glauben, dass Sie Ihr Verhalten so beschreiben, wie es von Ihnen erwartet wird". - Ähnlich der Selbstbeurteilung in der Personalauslese, ließen sich analog dazu diese Eigenschaftskriterien auch für eine Fremdbeurteilung gegenüber einen MA verwenden. Entsprechend der in der Personalforschung und Beurteilungspraxis gelebten Systematik würden diese wie Checklisten aufgebauten Instrumente oder Systeme zu den *Kennzeichnungsverfahren* gehören.

Wenn schon auf Adjektive als Eigenschaftskriterien zurückgegriffen wird, empfiehlt es sich, auf die Bildung von Gegensatzpaaren oder dichotomen Merkmalen wie *heiß – kalt* oder *gut – schlecht* etc. zurück zu greifen und MA mithilfe des sogenannten *„Semantischen Differentials"* (Osgood et al., 1957) oder zu Deutsch: dem *„Polaritäten-Profil"* einzuschätzen. Ob dafür eine zwei- oder eine mehrstufige Skala Verwendung findet, ist letztendlich Geschmackssache und individuell zu entscheiden.

Wenn Beurteilungsverfahren nicht spezifisch auf die Stellenanforderungen bezogen sind und nicht die Chance bieten, gerade die an diesem Arbeitsplatz geforderten Stärken eines Beurteilten zu erkennen und damit die Ambitionen auf eine weitere berufliche Entwicklung unterstützen, sind sie für die Praxis nicht zu gebrauchen, denn niemand redet gerne über Schwächen o. ä., *die für den Arbeitsplatz noch nicht einmal relevant sind.* Wie ein typisches anforderungsorientiertes System aussehen könnte zeigt Abb. 2.2 auf Basis der Anforderungsprofile aus der Kreditbearbeitung mit bankttechnischen (Abk. Bank) und finanzanalytischen Funktionen (Abk. BWL) einer Bank (s. Wienkamp, 2020b, S. 132). Ein Anforderungsprofil kann dann für die Mitarbeiterbeurteilung wie eine Checkliste fungieren, indem geprüft wird, ob der MA im notwendigen und vollem Umfang die aufgelisteten Arbeits- oder Verhaltensanforderungen erfüllt – wenn nicht, besteht noch Entwicklungsbedarf! Als Skala würde eine Nominalskala als einfachste Variante mit *ja* oder *nein, erfüllt* oder *nicht erfüllt* usw. ausreichen.

Mit der Differenzierung zwischen Grund- und Zusatzanforderungen ließe sich noch die Auflage der Spezifität von Anforderungs- oder Beurteilungskriterien erfüllen. Während *Grundanforderungen* eher ein universeller Anforderungskatalog oder eine Anforderungsnorm für alle relevanten und untersuchten Arbeitsplätze wären, würden die *Zusatzanforderungen* die für diesen Job gerade *spezifischen* Arbeitsanforderungen aufgreifen und präzisieren, was für die Orientierung und Entwicklung der betroffenen MA sehr wesentlich ist.

2.3.2.2 Einstufungssysteme

Anscheinend ist es eine Gradwanderung, ob ein MBS auf der Basis von häufig gewählten Anforderungsmerkmalen hilft oder nicht! – Wie ein typisches MBS aus der betrieblichen Praxis als *Einstufungsverfahren* aussehen könnte, zeigt Tab. 2.1. – Oberflächliches Ankreuzen von vorgegebenen mehreren numerischen Skalenstufen hilft dann beim Gebrauch nicht weiter, wenn es nicht zum Nachdenken und zur begründeten Urteilsfindung anregt. In dem Falle sind diese Beurteilungsmethoden sogar irritierend und unnütz, wie Malik (2000, S. 366 f.) es kommentierte und beklagte. Bestenfalls können Beurteilungssysteme, wenn sie handwerklich gut gemacht sind, Hilfestellung bei der Identifikation der Leistungsmerkmale und der sprachlichen Veranschaulichung der möglichen Verhaltensbeobachtungen geben.

Bei dem vorgestellten Verfahren eines MBS (s. Tab. 2.1) darf zu Recht von einem „institutionalisierten" Beurteilungssystem gesprochen werden, da rund um die Mitarbeiterbeurteilung, mit einer Ausnahme, nämlich der strikten Trennung und Herauslösung der Beurteilung von Vergütungsentscheidungen, alle Personal-

	Bank	BWL	Bank	BWL	Bank	BWL
Zukunft Anford.	Kalkulierbare Risiken eingehen	Entwickeln von Paket-Lösungen Denken in Szenarien	Unlust von hartnäckigem Widerstand unterscheiden	Gespür für die Gepflogenheiten des Kunden entwickeln		
Zusatz Anford.	Sich schnell entscheid. können	Gefühl für Zahlen bzw. gutes Zahlengedächtnis	Bei Konflikten ausgleichen u. vermitteln	Alle Aktivitäten steuern u. zusammenführen		Passende Gesprächstechnik entwickeln
Grund Anford.	Wesentliche Zusammenhänge sehen u. begreifen Infos kritisch hinterfragen		Sich in Gruppen integrieren können		Eindeutige u. klare Vereinbarungen treffen	
Merkmal	**Intellekt**		**Kooperation**		**Durchsetzung**	

Abb. 2.2 Anforderungsprofile (Aus Wienkamp, 2020b)

fragen angesprochen und abschließend behandelt wurden. Für die Führungskraft als Beurteiler gab es zur Unterstützung einen *„MBS-Leitfaden"*, in dem neben vielen organisatorischen und personalpolitischen Fragen auch die Anwendung der Skala im Hinblick auf die Beurteilungsmerkmale operationalisiert und konkretisiert wurde. So wäre z. B. das Submerkmal *„Einteilung der Arbeit"* (Nr. 13) wie folgt und sinngemäß zu handhaben:

„Der oder die Beurteilte ist in der Lage, seine oder ihre Arbeitsschritte zu planen und zu organisieren, ohne dabei das Ziel aus den Augen zu verlieren sowie auftretende Hindernisse oder Schwierigkeiten nicht nur zu erkennen, sondern sie auch zu beseitigen oder zu umgehen. Es macht dem Beurteilten keine Mühe, auf neue Informationen oder situative Herausforderungen zu reagieren und mit den geltenden Terminen in Einklang zu bringen oder sich entsprechend abzustimmen."

Tab. 2.1 Mitarbeiterbeurteilungsverfahren auf der Basis von Arbeits- und Persönlichkeitsmerkmalen

1. Personalien	z. B. Name des Beurteilten
	Organisationseinheit (OE-Nr.)
	Name des Beurteilers
	usw.
2. Organisatorische Fragen	a) Beurteilungsgrund (z. B. Regelbeurteilung)
	b) Beurteilungszeitraum (von…bis….)
3. Hauptaufgaben der Stelle	a) Aufgabe X (Beschreibung und Anteil in %)
	b) Aufgabe Y (Beschreibung und Anteil in %)

4. Mitarbeiterbeurteilung	Beurteilungsskala				
10 Arbeitsleistung	**1**	**2**	**3**	**4**	**5**
11 Fachwissen					
12 Qualität der Arbeit					
13 Einteilung der Arbeit					
20 Arbeitsverhalten					
30 Zusammenarbeit					
40 Unternehmerisches Handeln					
50 Führungsverhalten					

5. Fördermaßnahmen	a) am Arbeitsplatz (z. B. Koordination der Budgetierung als künftige Zusatzaufgabe)
	b) Fortbildungsmaßnahmen (z. B. Seminar Z)
	c) Potenzialempfehlung (ja/nein)
6. Ergänzende Bemerkungen	z. B. Der Mitarbeiter/die Mitarbeiterin war vom… bis zum….in die Abt. XY abgeordnet
7. Gesprächsprotokoll	z. B. Unterschriften des Beurteilten und des Beurteilers und Sichtvermerk des nächsthöheren Vorgesetzten

Legende zur Beurteilungsskala:	
1	Ist von den Anforderungen häufig überfordert
2	Erfüllt die Anforderungen nicht immer
3	Erfüllt regelmäßig alle Anforderungen
4	Übertrifft häufig die Anforderungen
5	Übertrifft die Anforderungen ständig

Anmerkung: In Anlehnung an ein Mitarbeiterbeurteilungsverfahren aus der Praxis einer Bank

Vor dem Hintergrund der vorgegebenen Skala ist somit zunächst zu urteilen, wie häufig dieses Verhalten in der geschilderten Form als Anforderungsnorm vorkam bzw. zu beobachten war, wie z. B. „erfüllt regelmäßig alle Anforderungen" (=Stufe 3) oder „erfüllt die Anforderungen nicht immer" (=Stufe 2). Bei den Skalenstufen „4" (=übertrifft häufig die Anforderungen) und „5" (=übertrifft die Anforderungen ständig) wechselt der Beurteilungsmaßstab von der reinen Beobachtungshäufigkeit (also „nicht immer" bzw. „regelmäßig") zu einem anderen, ergänzenden Beurteilungs- bzw. Qualitätsmaßstab, nämlich den der Güte oder der Kompetenz (=übertrifft die Anforderungen häufig bzw. ständig). Gleiches gilt im Übrigen auch für die Skalenstufe „1" („ist …häufig überfordert"), was nichts anderes bedeutet als (noch) inkompetent zu sein. Für die Annahme oder Feststellung eines Maßstabswechsels bei dieser Skala spricht im Übrigen, dass ein Übertreffen von Anforderungen eines Kompetenz- oder Qualifikationsniveaus von mehr als 100 % (%) Zielerreichungsgrad dieses impliziert. Ein Unterschreiten dieser „Messlatte" bedeutet stattdessen, dass die gehegten Erwartungen zu weniger als 100 % erfüllt wurden, und als defizitär empfunden und markiert wurden. Anscheinend mag diese Auffassung von Zielerreichung oder sogar Zielüberschreitung durchaus den Gepflogenheiten in der Praxis entsprechen und vorkommen, aber logisch ist dieser Bewertungsmaßstab nicht, da mehr als 100 % eigentlich per System nicht möglich und bei vernünftiger anspruchsvoller Zielvereinbarung auch nicht notwendig ist.

Da dieses MBS sowohl für die Betroffenen (Beurteilte und Beurteiler) als auch für die Ansprechpartner im Personalwesen äußerst beratungsintensiv bezüglich der Interpretation und Einstufung des Mitarbeiterverhaltens aufgrund der Zusammenfassung unterschiedlicher Merkmalsaspekte und der komprimierten Skalenbeschreibung war, lag es auf der Hand, bei nächster Gelegenheit die zusammengefassten Skalenbeschreibungen zu „entkomprimieren" und die interessierenden Merkmalsaspekte oder Facetten jeweils separat beurteilen zu lassen. Ein Beurteilungsbogen würde sich dann dem Aufbau und der Konstruktionsweise von psychologischen Tests mit ihren zugehörigen Operationalisierungen oder Aussagen (Items) nähern, unabhängig davon, ob für Beurteilungsverfahren ein Gesamtwert je Arbeits- oder Beurteilungsmerkmal vorgesehen ist oder nicht. Für das o. g. Submerkmal „Einteilung der Arbeit" (hier „Arbeitstechnik" genannt) ergab sich dann folgendes Schema als Beurteilungsmuster bzw. Verhaltensprofil (s. Tab. 2.2).

Ähnlich der teilweisen Beurteilungspraxis beim MBS (s. Tab. 2.1) richtete sich die Bewertung bei diesem Verfahren für Nachwuchskräfte gemäß Vorgabe im Leitfaden strikt nach der beobachteten Häufigkeit des Verhaltens als Beurteilungsmaßstab – und eben nicht nach dem Vorhandensein bzw. der Intensität eines Arbeits- oder Persönlichkeitsmerkmals. Die Anwender konnten sich hilfsweise daran orientieren, ob ein Verhalten eher *unterdurchschnittlich* z. B. mit einer Häufigkeit von bis zu ca. 25 % (=Stufe 2), *durchschnittlich* bis zu ca. 75 % (=Stufe 3) oder *überdurchschnittlich* häufig, also über 75 % (=Stufe 4 oder 5), auftrat.

Tab. 2.2 Beurteilungsverfahren auf der Basis einzelner Merkmalsaspekte oder Facetten

Beurteilungsmerkmal: z. B. Arbeitstechnik	1	2	3	4	5
1 Der Beurteilte ist in der Lage, seine Arbeitsschritte zu planen und zu organisieren					
2 Er/Sie verliert bei seiner/ihrer Arbeit nicht das Ziel aus den Augen					
3 Er/Sie erkennt auftretende Hindernisse					
4 Er/Sie versteht es, Hindernisse zu beseitigen oder zu umgehen					
5 Er/Sie ist gewillt, neue Informationen unvoreingenommen zur Kenntnis zu nehmen und sie auf ihren aufgabenspezifischen Nutzen zu überprüfen					
6 Er/Sie ist im Stande, sich geeigneter Arbeitshilfen zu bedienen					

Beurteilungsbogen für Nachwuchskräfte (Auszubildende, Trainees)	
Legende zur Beurteilungsskala:	
1	Trifft nicht zu
2	Trifft weniger zu
3	Trifft teils, teils zu
4	Trifft meistens zu
5	Trifft zu

Die Entzerrung der einzelnen Merkmalsaspekte aus dem übergeordneten Beurteilungsmerkmal in Verbindung mit einer jeweils getrennten Einschätzung fand der Beurteiler Kreis hinreichend konkret, einleuchtend und sehr hilfreich – und es vermied häufiges Nachfragen im Personalbereich. Ähnlich schätzen bereits Latham und Wexley (1982, S. 63) diesen Vorteil von Verhaltensbeurteilungen auf Item Basis ein, als sie die Verhaltensbeobachtungsskalen (die „Behavioral observation scales", oder „BOS") mit den Verhaltenserwartungsskalen („Behavioral expectation scales", oder „BES") verglichen und evaluierten. Auch die Reliabilität eines Beurteilungsmerkmals, wie z. B. Arbeitstechnik (s. Tab. 2.2), würde hiervon profitieren und höhere Reliabilitätswerte hervorbringen, da (wie bei psychologischen Tests) verschiedene Items desselben Merkmals – ähnlich mehrerer Fotoaufnahmen eines Objektes – das Beurteilungsmerkmal aus unterschiedlichen Perspektiven beleuchten und ggf. zu einem ausgewogenen gemeinsamen Gesamtergebnis kommen (s. Latham & Wexley, 1982, S. 65).

Parallel zur Anlehnung von Personalbeurteilungsverfahren an psychologische Tests, wie das Praxisbeispiel zeigte, plädierte auch die Personalforschung als Wissenschaft für die Etablierung sogenannter „Verhaltensorientierter Beurteilungsskalen", die aus den Vorgängern oder Varianten: „Verhaltens-erwartungsskalen", „Verhaltensverankerte Beurteilungsskalen" und „Verhaltens-beobachtungsskalen" hervorgingen und von Domsch und Gerpott (1985) als Oberbegriff für diese Skalen- oder Skalierungsform gebraucht wurden. Auch bei diesen Skalierungsverfahren kommt es darauf an, die zu beurteilenden Leistungs-dimensionen (z. B. Arbeitsverhalten) durch eine empirische anforderungs-orientierte Arbeitsanalyse systematisch zu erfassen, zu analysieren und mittels einer geeigneten Merkmalsskala (wie z. B. die Beobachtungshäufigkeit) zu skalieren oder zu messen. Verbesserungen in der Methodik und Mitarbeiter-beurteilung lassen sich dann erzielen, wenn weniger unsystematisch und intuitiv, also nicht nur „nach dem gesunden Menschenverstand", bei der Systement-wicklung vorgegangen wird, und stattdessen das Hauptaugenmerk auf empirische Analysen mit anschließender psychometrischer Kontrolle läge. Für das Personal-management mit seinen schwerwiegenden und weitreichenden Entscheidungen, z. B. bei Potenzialanalysen (s. Kap. 4) oder internen Stellenneubesetzungen im Führungskräftekader oder im außertariflichen oder AT-Bereich, wäre das sehr von Nutzen und erkennbar von Vorteil, da das Risiko von falschen oder ungenauen Mitarbeiterbeurteilungen zwar nicht gänzlich vermieden, aber doch die Gefahr von „Beurteilungs- oder Messartefakten" (s. Abschn. 8.2.3) zumindest per System oder Methodik in Verbindung mit einer regelgeleiteten Handhabung gemindert wird.

Unterstützung findet die Konstruktion von MBS auf der Basis von Verhaltens-beschreibungen auch aufgrund einiger dazu durchgeführten, von Rao (2004, S. 74) zitierter Studien, die zu dem Ergebnis kamen, dass solche verhaltensver-ankerten Beurteilungsinstrumente zwar akkurater in der Beurteilung oder Messung des Leistungsverhaltens sind, da sie die übergeordneten Merkmalsdimensionen definieren und Bezugspunkte durch die Verhaltensanker oder Items den Beurteilern anbieten. Sie sind jedoch nicht im Stande, Beurteilungsfehler merklich zu reduzieren oder zu verhindern; dies ist und bleibt eine Sache der Beurteiler – unabhängig von dem gewählten Beurteilungsinstrument oder dem Format.

2.3.2.3 Ipsative Merkmalsskalen („forced choice instruments")

Medizinstudenten haben in ihren schriftlichen Prüfungen mit ipsativen Leistungs- bzw. Wissenstests bereits reichliche Erfahrungen gewonnen. Diese Prüfungsformate folgen den „Forced-Choice – Verfahren" und fordern von den Prüfungskandidaten eine Auswahl von richtigen Antworten unter mehreren angebotenen Alternativen. Bei diesen Medizinertests gilt eine Aufgabe erst dann als richtig gelöst, wenn alle korrekten Antworten auch angekreuzt sind (teilweise richtige Beantwortungen einer Aufgabe honoriert dieser Test nicht und vergibt dafür keine Punkte).

Während Leistungstests auf der Basis von Forced-Choice Konzepten nicht nur objektiv und eindeutig lösbar, sondern im Prinzip auch durchschaubar für den Testteilnehmer sind, ist die Transparenz bei Persönlichkeitstests gerade nicht gewollt, um ungewollten Beurteilungs- oder Verfälschungstendenzen keinen Vorschub zu leisten. Persönlichkeitsdiagnostiker machen nämlich Neigungen zur „Sozialen Erwünschtheit" bei Selbstbeurteilungen oder Milde- oder Härteeffekte bei Fremdbeurteilungen anderer Personen immer wieder Sorgen bezüglich der Validität der Antworten bzw. Bewertungen.

So hing in der Vergangenheit auch bei den amerikanischen Streitkräften die Berufung von Soldaten für Aufstiegspositionen oder Laufbahnbeförderungen vom Votum oder der Beurteilung der zuständigen Vorgesetzten ab. Um zu aussagefähigeren, belastbaren Urteilen zu kommen, führte das Militär anstelle von Rating-Skalen oder Einstufungsverfahren versuchsweise ipsative Skalenformate ein und testete sie in unterschiedlichen Untersuchungen (s. hierzu die übernommenen Fachartikel über die damaligen Forced-Choice Untersuchungen aus wissenschaftlichen Publikationen in dem Sammelband von Whisler & Harper, 1962). Als Fazit lässt sich aus diesen Nachforschungen ziehen, dass je nach Variante die Forced-Choice Verfahren weniger anfällig für die o. g. Beurteilungsschwächen waren, aber die Unterschiede zu den zur Kontrolle parallel dazu eingesetzten Raing-Skalen nicht allzu groß ausfielen, sodass sich die Frage von Aufwand und Nutzen zunehmend stellte und die zitierten Autoren zu unterschiedlichen Voten und Empfehlungen kamen.

Heutzutage werden ipsative Merkmalsskalen z. B. im Rahmen der Persönlichkeitsdiagnostik für arbeitspsychologische Anwendungen oder Zwecke als Selbstbeurteilungen eingesetzt wie z. B. der *OPQ32i – Occupational Personality Questionnaire* von Saville und Holdworth (SHL; s. z. B. https://www.jobtestprep. de). Bei diesem Persönlichkeitstest hat der Testkandidat von jeweils vier vorgegebenen Aussagen zu berufsrelevanten Einstellungen und Verhalten zwei Präferenzen zu wählen, die einmal *„Am ehesten"* bzw. *„Am wenigsten"* zutreffen. Ein Skalenwert zu den insgesamt 32 Merkmalen ergibt sich durch Verrechnung und Summation der Präferenzen nach einer dem Testteilnehmer unbekannten und nicht einsehbaren Verfahrensweise. Eine Rezension dieses Tests liegt von Dormann und Krumm (2010) nach dem Standard des „Testkuratoriums der Föderation deutscher Psychologenvereinigungen" vor.

Eigene Erfahrungen mit der Konstruktion und dem Einsatz der Skalen *Anreizmotivation* und *Risikotoleranz* als Prädiktoren für Risikoentscheidungen auf der Basis eines ipsativen Formates war ebenfalls vielversprechend (s. Wienkamp, 2017), da sowohl die testtheoretischen Güte Maße als auch die Effekte auf die abhängige Kriteriumsvariable „Risikoentscheidungen" statistisch überzeugend waren (s. hierzu auch die Ergebnisse der Varianzanalyse auf der Basis der dichotomisierten Gesamtpunktwerte der Merkmale gemäß Mediansplitting aus einer Studie mit 165 Teilnehmern in Anhang 2). Ähnlich dem Test OPQ32i von SHL mussten auch hier aus jeweils vier vorgegebenen möglichen Selbstbeschreibungen als „Statements", die jeweils eine aktive bzw. eine passive Haltung zu dem Persönlichkeitsmerkmal präferierten, zwei Aussagen gewählt werden die am besten zutrafen und zwei Aussagen die weniger zutrafen. Präferenzen für *aktive* oder *offensive* Einstellungen oder Verhaltensmuster erhielten den Punktwert 2, *passive* oder *defensive* Selbstaussagen den Punktwert 1, sodass sich je Aussagenblock ein Skalenwert von maximal 8 Punkten ergab (bei einem Skalenrange von 4 bis 8 Punkten), wenn die aktiven Statements präferiert und zugleich die passiven abgelehnt wurden. Bei Wienkamp (2019, S. 268 ff.) sind diese beiden Merkmalsskalen veröffentlicht und zur Selbstanalyse zu nutzen.

Analog zu den Validität-Studien beim amerikanischen Militär kamen im Rahmen der Testentwicklung des *„Six & Six"* als Persönlichkeitstest (Wienkamp, in Vorbereitung) für „Business-Anforderungen" aus der Geschäftswelt auch mehrstufige Merkmalsskalen der Konstrukte Anreizmotivation und Risikotoleranz als Rating-Skalen zum Einsatz. So bestand die Möglichkeit, die ipsativ erhobenen Testbefunde mit den Rating-Skalen auf der Basis derselben Teilnehmergruppe sowohl bezüglich der testtheoretischen Standardmaße als auch ihrer Effekte auf die „Outcome-Variable" Risikoentscheidungen zu vergleichen (s. Anhang 3). In beiden Anwendungen beeinflusste einmal das Merkmal Anreizmotivation direkt die abhängige

Variable Risikoentscheidungen. Zum anderen traten einerseits unterschiedliche Wirkungen des Merkmals Risikotoleranz in Abhängigkeit von dem Skalenformat auf, andererseits waren weder bei den ipsativen Formaten noch bei den Rating-Skalen dieser Konstrukte Interaktionseffekte mit Wirkung auf die abhängige Variable festzustellen.

2.3.2.4 Rangordnungsverfahren

Rangordnungsverfahren sind in der Anwendung auf den ersten Blick recht simpel und im Prinzip eine Beurteilung einer Grundgesamtheit, also einer Gruppe von MA. Je nach Ausrichtung des Verfahrens sind entweder die Gruppenmitglieder in eine Rangreihe zu bringen (ähnlich einer Hitparade oder Bundesligatabelle) oder sie sind auf bestimmte Kategorien mit einer vorgegebenen Quote zu verteilen. So dürfen z. B. nur maximal 10 % der MA einer Kategorie angehören oder mit der Note „sehr gut" beurteilt werden, höchstens 25 % mit der Note „gut" usw.

Sobald innerhalb einer Organisationseinheit mehrere Gruppen mit verschiedenen Vorgesetzten von einer Rangbildung oder Verteilung z. B. wegen der Vergabe von Leistungsprämien betroffen sind, findet in einer dafür einberufenen Personalkonferenz ein Aushandlungsprozess statt, der aufgrund der wahrscheinlich nur bedingten Vergleichbarkeit zwischen den Teams und den zu befürchtenden negativen Konsequenzen in eine hochgradig politische Auseinandersetzung, vielleicht sogar „Schlammschlacht" unter den beteiligten Führungskräften, mündet. Verständlicherweise möchte jede verantwortliche Führungskraft das „Beste" für seine oder ihre MA herausholen und dadurch auch sein oder ihr Ansehen oder Image fördern oder verteidigen!

Nach den Beobachtungen und Erfahrungen aus der Praxis führen Führungskräfte häufig implizit Rangordnungen oder Mitarbeitervergleiche entweder summarisch oder hinsichtlich bestimmter Merkmalsattribute durch, um sich die Arbeit, also die Beurteilung oder eine sonstige Personalentscheidung zu erleichtern. Insbesondere, wenn in ihrem Zuständigkeitsbereich Stellen vom gleichen Funktionstyp (z. B. Kredit- oder Verwaltungssachbearbeiter) mit gleichem Anforderungsprofil beheimatet sind, greifen sie auf dieses Hilfsmittel gern (und ggfs. implizit) zurück. Nachdem die MA geordnet und in eine Rangreihe überführt worden sind, vergeben sie dann für die Mitarbeiterbeurteilung oder im Rahmen der Vorbereitung dessen z. B. ihre Bewertungsstufen für die relevanten Merkmale oder Beurteilungskriterien (vgl. Becker, 1998, S. 288).

2.3.2.5 Zielvereinbarungssysteme

Kommt es Sinne von „Hard Facts" auf Leistungsergebnisse an, die zumeist durch vorgegebene oder zuvor vereinbarte Zielvereinbarungen fixiert wurden, kommen die Verfahren aus der Gruppe der zielabhängigen Systeme oder der sogenannten „Management by Objectives (MbO)" zum Zuge. Meistens handelt es sich bei diesen Zielen um quantifizierbare betriebswirtschaftliche Größen wie Kostenbudgets, Gewinn, Umsatz, Anzahl neuer Kunden oder Marktanteile, Bearbeitungszeiten als Ausdruck von Produktivität etc., die eigentlich eher das Leistungsspektrum einer Organisation abbilden und weniger oder nur in bestimmten Fällen das konkreter Arbeitsplätze wie z. B. im Verkauf oder in der Produktion bei Akkordarbeit (s. Latham & Wexley, 1982, S. 41). Es können aber auch qualitative Ziele wie z. B. Servicequalität, Kundenzufriedenheit etc. in die engere Wahl kommen, die dann gewöhnlich über eine angemessene Methode sowohl zu operationalisieren als auch zu quantifizieren sind, wenn sie z. B. mittels Umfragen oder Surveys ermittelt werden. – Für die Würdigung des Zielerreichungsgrades macht die Synthesebildung von qualitativen und quantitativen Größen sogar Sinn, wenn nämlich die Erreichung qualitativer Ziele im Sinne von erfolgreichem Arbeits- oder Leistungsverhalten für die Beurteilung der quantitativen Leistungsergebnisse vorauszusetzen ist (s. Becker, 1998, S. 383).

Nach Latham und Wexley (1982, S. 187 ff.) zur Anwendung von Zielen oder Zielvereinbarungen sollten die Ziele nicht nur anspruchsvoll und herausfordernd sein, sondern sie sollten bei Veränderungen, also i. d. R. Steigerungen oder neue Herausforderungen, unbedingt auf eine vorausgehende Vereinbarung mit den betroffenen MA basieren. Nur dann ist sichergestellt, dass die MA sich einmal die Erfüllung dieses Ziels auch zutrauen und sich dafür nach besten Kräften engagieren.

Im Zuge verbesserter interner Informations- und Abrechnungssysteme lag der Gedanke nahe, eine *interne Leistungsverrechnung* zwischen nicht bilanzierenden Organisationseinheiten durchzuführen, um sowohl die gegenseitig erbrachten Leistungen innerhalb des Unternehmens ordnungsgemäß zu erfassen als auch über diese Schiene jeden, oder zumindest sehr viele Betriebsbereiche zu Profit-Centern mit einer regelrechten Gewinn- und Verlustrechnung (G + V) oder Leistungsrechnung zu machen. Was vielleicht bei Tochtergesellschaften (mit eigener Bilanz) bisher gang und gäbe und trotz oder jenseits einer internen Leistungserbringung für andere Unternehmensbereiche sinnvoll war, traf leider nicht auf alle Betriebsbereiche mit Stabs- oder Dienstleistungsfunktionen als eigentliche „Cost-Center" (mit nur Overhead-Kosten) zu. Viel Energie musste für das Aushandeln der internen Verrechnungspreise investiert werden, ohne dass es unbedingt „dem großen Ganzen" direkt genutzt hätte. Somit ist bei den ökonomischen Zielgrößen die Schnittstelle zwischen dem Wunsch nach mehr Transparenz und Objektivität in der Leistungserbringung einerseits und der Wirklichkeit andererseits jeweils neu auszutarieren.

Mitunter kann es auch vorkommen, dass herkömmliche MBS als Zielsysteme umfunktioniert werden, wenn z. B. über alle Beurteilungskriterien und Skalenstufen eine Mindestgröße an Punktwerten als Ziel oder eine Steigerung an Scores entweder insgesamt oder bei spezifischen Anforderungskriterien verlangt wird (s. z. B. Latham & Wexley, 1982, S. 184). So kann z. B. die Führungskraft die Erwartung äußern (oder das Ziel vorgeben oder vereinbaren), dass der MA sich im Gesamtwert um „X" Punkte steigert oder sich in mindestens „Y" Beurteilungskriterien der Merkmale um eine Skalenstufe verbessert.

Zielvereinbarungssysteme haben gegenüber anderen Beurteilungsverfahren einen entscheidenden Vorteil: Sie sind nicht nur vergangenheitsorientiert und schauen also nicht nur zurück oder auf das was war, sondern bei ihnen ist die zukünftige Entwicklung systemimmanent aufgrund der abschließenden Vereinbarung von Zielen für die nächste Periode. – Bei den anderen Verfahrensansätzen geschieht der Ausblick auf die Zeit, die vor einem liegt, also auf die Zukunft, außerhalb des Instrumentes oder des eigentlichen Beurteilungsaktes, wenn z. B. über PE-Maßnahmen zur Leistungsförderung (hoffentlich) zu sprechen ist.

2.4 Berücksichtigung inhaltlicher und methodischer Besonderheiten

Die hier vorgestellten Beurteilungsverfahren (s. Tab. 2.1 und Tab. 2.2) stammen wie bereits erwähnt aus der Praxis und sind dort sowohl als Eigenkreationen entwickelt als auch über viele Jahre angewendet worden. Natürlich lassen sich MBS auch anders gestalten, wie den bisherigen vielen Veröffentlichungen in der Fachliteratur zu entnehmen ist (s. z. B. Kiefer & Knebel, 2004).

Aber nicht nur allein die existierenden Instrumente oder Beurteilungssysteme finden mehr oder weniger geteilte Aufmerksamkeit in der Fachpresse und sorgen dann bei anderen Autoren ggf. für Diskussionen, sondern es finden auch noch ganz andere Aspekte zur inhaltlichen und methodischen Konstruktion von Personalbeurteilungen Gehör! Während auf der einen Seite massive und zum Teil auch berechtigte Kritik an der Beurteilungspraxis geübt wurde (s. insbesondere Neuberger, 1980 und Abschn. 2.3.1.1), sehen andere Autoren zwar auch Gestaltungsmängel und Verbesserungsbedarf, gehen damit aber moderater und konstruktiver um (z. B. Brandstätter, 1970). Geht es nach Schuler (1980, S. 10) sind, wie bereits zitiert (s. Abschn. 2.3), entsprechende Systeme bei der Personenbeurteilung nicht weg zu denken, da sie die Überlegenheit der Fachleute oder Professionellen in der Urteilsbildung über Leistungserstellungen und deren erforderlichen und begutachteten Kompetenzen zumindest begünstigen und unterstützen.

Sofern noch nicht erwähnt, wäre noch an folgende Gesichtspunkte im Rahmen der Personal- und Leistungsbeurteilung zu denken.

2.4.1 Personalbeurteilung vs. Leistungsbeurteilung

Wenn von *Personalbeurteilung* einerseits und *Leistungsbeurteilung* andererseits die Rede ist, stellt sich für viele Personen die Frage, finden diese Begriffe synonym Verwendung oder stellen sie etwas Verschiedenes dar? Bei Personalbeurteilungen stehen die betreffenden Personen mit ihrer erlebten Persönlichkeitsausstrahlung, ihren Kompetenzen, ihrem Verhalten und ihren Potenzialen oder besonderen Begabungen oder Stärken im Focus. Leistungsbeurteilungen basieren zwar auch auf das zu beobachtende Verhalten, hinzukommt aber noch das Leistungsergebnis als Beurteilungsgegenstand sowie als Maßstab einer Bewertungseinschätzung oder Entscheidung. Was allerdings dann Leistung für eine Beurteilung ist, ist nach Auffassung einiger Autoren (z. B. Becker, 1998, S. 78) klärungsbedürftig, wenn es nicht bei der einfachen und schlichten Etikettierung „gute" vs. „schlechte" Leistung bleiben soll. Beispielhaft mögen zwei Ansätze zur Begrifflichkeit von Leistung dieses Problem umreißen:

– Leistung bedeutet in den Arbeitswissenschaften oder auch in der Produktion *Arbeitsmenge im Verhältnis zur Zeiteinheit*, d.h., je größer die produzierte Menge oder je weniger Zeitaufwand dafür nötig ist, desto größer ist die Leistung;
– In der Betriebswirtschaft ist Leistung das Äquivalent zu Aufwand bzw. Kosten und Ertrag, was gleichbedeutend ist mit der Relation von Output: Input, wobei der Output die Wertschöpfung bzw. der Mehrwert ist, der logischerweise dem geleisteten Input als Einsatz übersteigen sollte.

So gesehen ist der Leistungsbegriff immer kontextabhängig!

2.4.2 Gütekriterien für Beurteilungsinstrumente

Ein Beurteilungsinstrument sollte nach herrschender Lehre sowohl *reliabel* (also zuverlässig und zeitlich stabil messen) als auch *valide* sein, also das richtige, oder gemeinte Beurteilungsmerkmal im Focus haben und nicht (reliabel und permanent) ein anderes und falsches Merkmal messen oder bewerten. Wenn z. B. die Zuverlässigkeit oder Termintreue eines MA beurteilt werden soll, ist nicht seine Arbeitsproduktivität oder Schnelligkeit das Beurteilungsziel!

Korrelationsrechnungen können helfen und anzeigen, ob die Beurteiler evtl. „Halo-Effekten" als Beurteilungsfehler anheimfielen (s. Abschn. 8.2.2), wenn sie zwischen den verschiedenen Beurteilungsdimensionen nicht genügend diskriminierten (s. auch Latham & Wexley, 1982, S. 68 f.). Von einem tauglichen MBS wäre somit zu erwarten und zu fordern, dass das sogenannte „Stärken-Schwächen-Profil" eines MA deutlich herausgearbeitet und zum Vorschein kommt und natürlich auch zumindest in Ansätzen – oder so gut wie es geht – der Realität entspricht.

Leider sind diese Gütekriterien der „Klassischen Testtheorie (KTT)" auf betriebliche psychometrisch angelegte MBS nicht im strengen Sinne ohne weiteres anwendbar. Sie sind eine Idealvorstellung, an welchen Kriterien sich ein MBS bestenfalls messen lassen sollte! Auch wenn sie im Prinzip nicht erfüllbar oder erreichbar sind, sind sie dennoch für die Beurteilungspraxis eine ständige Herausforderung und eine Orientierungshilfe (s. Becker, 1998, S. 202).

Strittig schien bei psychometrischen Beurteilungsinstrumenten die Anwendung von Reliabilitätsschätzungen nach der „Internen Konsistenz (Cronbach`s Alpha)" zu sein, da anders als bei Tests eine hohe Reliabilität zwar eine zuverlässige Messung induziert, aber auch auf der Grundlage eines „Halo-Effektes" möglicherweise auf künstliche Art und Weise zustande gekommen sein kann. Nachvollziehbar wäre dieser Einwand, wenn nur nach einzelnen Merkmalsfacetten beurteilt wird, die unterschiedliche separate Merkmalsqualitäten des Arbeitsverhaltens abgreifen (z. B. Schnelligkeit vs. Gewissenhaftigkeit). Bei Verhaltensskalen, die eine gleiche Merkmalsqualität nur aus verschiedenen Perspektiven beleuchten, würde sich dieses Problem so nicht stellen. Test-Retest-Nachweise werden bei Mitarbeiterbeurteilungen nicht empfohlen, da erfahrungsgemäß die Beurteiler bei ihren Bewertungen bleiben und sich wiederholen. Generell scheint die Beurteiler Qualität für die Validität einer Mitarbeiterbeurteilung einen höheren Stellenwert zu haben als die Qualität oder Güte des Beurteilungsinstrumentes (s Bayroff et al., 1954/1962, S. 124).

2.4.3 Skalierungsformen

Die Messtheorie unterscheidet im Allgemeinen zwischen vier Skalierungsarten. Hierzu zählen die Nominalskala, die Ordinalskala, die Intervallskala und die Verhältnisskala.

(1) Nominalskala
Die Nominalskala besteht nur aus zwei Abstufungen oder Skalenstufen, die beliebig inhaltlich zu beschreiben sind. In der Regel gilt der Vorzug einer dichotomen Ausprägung wie z. B. „gut" vs. „schlecht", „Anforderungen erfüllt" vs. „Anforderungen nicht erfüllt" usw. Auszuwerten wäre eine Nominalskala entweder über die Vergabe von Skalierungsstufen, wie für „gut = 1" bzw. „schlecht = 2", oder über eine Häufigkeitsauszählung der qualitativen Ausprägungen.
In der Praxis kommen Nominalskalen als im Grunde genommen robustestes Mess- oder Skalierungsverfahren bei der Verwendung von Checklisten mit Merkmals Attribute oder Kennzeichnungsverfahren vor (s. Abschn. 2.3.2.1)

(2) Ordinalskala
Ordinalskalen sind zur Bildung einer Rangreihe mit vorgegebenen Platzierungen vorgesehen. Allerdings werden nach dieser Skalierungsmethode die Abstände zwischen jeweils zwei Rangplätzen nicht beachtet, sodass sie unterschiedlich groß sein können. Zum Beispiel könnte der Abstand zwischen dem Rangplatz Nr. 3 und Nr. 4 größer sein als zwischen den Rangplätzen 7 und 8. Ein schönes Beispiel liefert Rao (2004, S. 65) zu dieser Skalierungsform anhand der Geschwisterreihenfolge. Danach wird die Geschwisterreihenfolge nach den Geburtstagen festgelegt und der Altersunterschied zwischen jeweils zwei Geschwistern ist irrelevant.
Rangordnungsskalen sind in einigen Ländern (z. B. in den USA) rechtlich problematisch und deren Ergebnisse vor Gericht angreifbar (s. Latham & Wexley, 1982).

(3) Intervallskala
     Intervallskalen erfreuen sich bei Personalbeurteilungen einer großen Beliebtheit
     und sind infolgedessen sehr verbreitet, also die bevorzugteste und am häufigsten
     eingesetzte Skalierungsform. Im Gegensatz zu den Ordinalskalen berücksichtigt
     die Intervallskala auch den wertmäßigen Abstand zwischen zwei Positionen
     oder Rangplätzen. So ist der Abstand in der Körpergröße zwischen 179 und
     182 cm ebenso drei Zentimeter wie zwischen 151 und 154 cm. Von Vorteil
     ist, dass arithmetische Operationen wie Addition, Subtraktion und die Bildung
     von Mittel- oder Durchschnittswerten möglich ist und für Vergleichszwecke zu
     nutzen sind.
     Bei der Mitarbeiterbeurteilung sind die Skalenabstände zwischen z. B. Stufe 1
     und 2 genauso groß wie zwischen Stufe 5 und 6, also äquidistant oder gleich-
     wertig. Innerhalb vergleichbarer Einheiten, wie MA auf den gleichen Arbeits-
     plätzen innerhalb eines Teams, sind Personenvergleiche anhand der gemittelten
     Beurteilungsergebnisse im Grundsatz möglich, wenn, wie bereits gesagt, die
     Aufgaben und Stellenanforderungen vergleichbar sind und die Beurteilungen
     von ein und derselben Person vorgenommen werden; Vergleiche über
     Abteilungsgrenzen hinweg sind dagegen nicht aussagekräftig und demnach
     auch mit Vorsicht zu genießen.
(4) Verhältnisskala
     Verhältnis- oder Rational Skalen kommen nur in den Naturwissenschaften vor,
     die einen natürlichen Nullpunkt, wie z. B. dem Gefrierpunkt bei null Grad
     Celsius, kennen. An Rechenoperationen sind damit auch Multiplikationen und
     Divisionen möglich, da die Größenverhältnisse aufgrund des absoluten Null-
     punktes sich nicht ändern.
     Bei dieser methodischen Restriktion sind Verhältnisskalen bei der Personen-
     beurteilung vollkommen ausgeschlossen und kommen auch nicht vor.

Andere Skalierungsmethoden wie z. B. die *Fibonacci-Skala* sind in manchen
betrieblichen Anwendungsbereichen (z. B. im Anforderungsmanagement bei IT-
Projekten; s Ebert, 2019, S. 166) manchmal zu beobachten, da ihre Verfahrens-
oder Skalierungstechnik sehr anschaulich ist. So bilden bei dieser Skalierungsform
jeweils zwei aufeinander folgende Skalenstufen als gemeinsame Summe die
nächste Skalenstufe, z. B. Skalenstufe 2 und 3 ergeben als Summe 5 die nächste
größere Skalenstufe. Ob Fibonacci-Skalen in der Personalbeurteilung schon einmal eingesetzt wurden, ist nicht bekannt und eher unwahrscheinlich.

2.4.4 Gewichtung von Beurteilungsmerkmalen?

Item basierte Merkmalsskalen bieten auch den Vorteil, dass auf eine Merkmals-
oder Kriterien Gewichtung üblicherweise zu verzichten ist und somit „künstlich
erzeugte" Beurteilungsfehler aufgrund einer falschen Gewichtung nicht vorkommen können (s. Latham & Wexley, 1982, S. 72). Bemängelt wird im Übrigen
auch an einer Merkmals- oder Kriterien Gewichtung, dass das Verfahren in der
Handhabung komplizierter wird und das Gesamtergebnis womöglich verfälscht
oder verzerrt wird, da ein oder bestimmte Beurteilungskriterien aus vielleicht

persönlichen oder personalpolitischen Gründen hervorgehoben werden und das Gesamtergebnis überstrahlen (s. Kiefer & Knebel, 2004, S. 79).

2.4.5   Unterstützung durch quantitative Erfolgskriterien oder Kennziffern

Von verschiedenen Dienstleistungsunternehmen, die für Kundenanfragen jeglicher Art (z. B. bei einem Problem oder bei einer Störung) eine „Hotline" installiert haben, z. B. bei Telekommunikationsanbietern oder Lieferanten von Softwarepaketen für bestimmte kommerzielle Anwendungen, wie z. B. zur Erstellung einer computergestützten Einkommensteuererklärung, wo sowohl technische als auch inhaltliche Fragen zu erwarten sind, ist bekannt, dass sie, „nach getaner Tat", Rückfragen bei ihren Kunden automatisch durchführen, ob

- das Problem gelöst ist;
- sie mit dem Service des MA zufrieden waren;
- sie ihren Zufriedenheitsgrad in Form einer Note, z. B. von 1 bis 6, quantifizieren könnten.

Ebenfalls machen Autohersteller nach Aufsuchen einer Reparaturwerkstatt von nachträglichen Kundenbefragungen über den geleisteten Service der Autowerkstatt Gebrauch.

Nach dem „Gesetz der großen Zahlen" lassen sich diese gesammelten Kundendaten z. B. als Durchschnitt der Zufriedenheit errechnen und als Leistungskennziffer für die Service-MA der Hotline z. B. für eine BSC verwenden (s. hierzu auch Abschn. 5.3). Solche Parameter sind natürlich für die Leistungsbeurteilung und ihre Konsequenzen, z. B. bezüglich Leistungsprämien oder Boni, personalpolitisch relevant.

Verkaufs- und serviceorientierte Unternehmen im Retailing-Geschäft gehen gerne auf Nummer sicher und setzen Testkäufer zur Überprüfung des Verkaufs- und Servicepersonals ein. Das kann in Gastronomiebetrieben sein, wo die Testkäufer die Wartezeiten bis zur Bedienung registrieren, die Sauberkeit sowie die Beachtung der Hygienevorschriften festhalten und die Servicebereitschaft und Kundenfreundlichkeit einschätzen und deren Resultate anschließend zu einem „Service-Index" der Filiale verdichtet und begutachtet wird und für die spätere Leistungshonorierung Relevanz hat. Vergleichbar ist die Situation mit Testkäufen in Supermärkten, wo z. B. die Kassierer oder Kassiererinnen voll und umfänglich darauf achten müssen, ob unter Einkaufstaschen oder sperrigen Waren im Einkaufswagen der Kunde, ob nun absichtlich oder unabsichtlich, Waren versteckt hat. Vorkommnisse werden an die Zentrale gemeldet und der Filiale bzw. dem Filialleiter angekreidet und bei der Leistungsvergütung ebenso zum Nachteil ausgelegt.

Ähnlich ist auch die Situation im Hochschul- oder Universitätsbereich (inkl. Forschungsinstitute), wo die Beurteilung des wissenschaftlichen Nachwuchses oder von Lehrkräften mittels anderer Methoden und Verfahren geschieht. So werden z. B. Lehrkräfte und deren Lehrveranstaltungen, wie Vorlesungen oder Seminare, zum Abschluss des Semesters über *Umfragen* oder *Surveys* von den Studenten oder Studentinnen bewertet und die erhaltenen qualitativen Noten oder Einschätzungen quantifiziert und zu Durchschnitts- oder Häufigkeitswerten (in %) verrechnet und ausgewiesen.

Als Ergebnis kommt, wie bei einer Seminarevaluation nach dem „Vier-Stufen-Modell" von Kirkpatrick (s. z. B. Kirkpatrick & Kirkpatrick, 2006), als *erste* Stufe heraus, der sogenannte „the happiness sheet" oder die unmittelbar empfundene Zufriedenheit mit dem Curriculum des Seminars, der Durchführung sowie dem Seminarleiter als Dozent oder Lehrkraft.

Neben der vorliegenden Seminarbeurteilung dürfte der wissenschaftliche Nachwuchs nach den Ergebnissen oder Erfolgen erteilter Forschungsaufträge oder Projekte (also z. B. der Akquisition von Drittmitteln) sowie an der Platzierung von Artikeln in anerkannten Fachzeitschriften, sozusagen als „objektive" Kriterien beurteilt werden. Aussagekraft haben lt. Kanning (2015, S. 93 ff.) entweder Publikationen, die von einem Autor allein erstellt, oder wo der Autor als Erstautor genannt wurde. Arbeitszeugnisse schreiben in der Regel die Personen in der Wissenschaft als Entwurf selbst, bevor sie dann entweder von ihrem Professor korrigiert oder unterschrieben werden. Das hierüber auch Gespräche geführt werden und auch wichtige Entscheidungen über die berufliche Zukunft abhängen, wie z. B. eine Verlängerung des i. d. R. befristeten Vertrages bei Postdoc-Wissenschaftlern, dürfte klar und verständlich sein.

Bei der Berufung oder Bestellung hauptamtlicher Wissenschaftler oder Lehrkräfte läuft das Einstellungs- oder Berufungsverfahren nach z. T. anderen oder zusätzlichen Regeln und Gepflogenheiten ab (s. hierzu speziell Peus et al., 2015).

2.4.6 Statistische Auswertungen der Beurteilungsergebnisse als Rückmeldung

Nichts spricht dagegen, die Masse an vorliegenden Beurteilungsbögen aus einer gerade abgeschlossenen Beurteilungsperiode einer statistischen Auswertung zu unterziehen. Im Mittelpunkt stehen sicherlich die statistischen Kennwerte wie Mittel- oder Durchschnittswerte in den Beurteilungsmerkmalen oder Verhaltensmustern, um festzustellen, welches Level die Beurteilungen im Mittel bei den Merkmalsskalen erreichten und ob es Veränderungen gegenüber der Vorperiode gegeben hat. Bei Einbeziehung von Streuungsmaßen wie die Standardabweichung oder der genutzten Spannweite einer Skala (Skalenrange) lässt sich außerdem überprüfen, inwieweit die Breite der vorgegebenen Skala ausgeschöpft wurde. Eine z. B. 7-stufige Skala mit einer Standardabweichung von ungefähr plus – minus 1,0 Skalenstufen würde signalisieren, dass in überwiegendem Maße die Beurteilungen sich um einen Mittelwert „ballen" und eng beieinanderliegen. Häufig ist damit zu rechnen, dass bis auf wenige Ausreißer fast alle Beurteilungsergebnisse sich oberhalb der Skalenmitte (z. B. = 4 bei einer 7-stufigen Skala) im rechten Zweig der Skala ansiedeln, wenn ein hoher Skalenwert mit einem positiven Ergebnis gleichzusetzen ist.

Für Personalforscher und anspruchsvolle Personal-Controller wäre noch die Korrelation zwischen einzelnen Merkmalsskalen interessant, um z. B. Beurteilungstendenzen wie den „Halo-Effekt" (s. Abschn. 8.2.2) festzustellen. Häufigkeitsauszählungen geben darüber hinaus Auskunft, ob z. B. eine „Tendenz zur Mitte" vorherrscht, wenn häufig (z. B. bei > 80 % der Einzelergebnisse über alle Merkmalsskalen) nur der mittlere Wert einer Skala angekreuzt wurde. – Bei einem Skalenrange mit geraden Zahlen von z. B. 2, 4 oder 6 Skalenstufen ist dieser Effekt methodisch ausgeschlossen.

Neben bereichsspezifischen Auswertungen, die aufgrund der Größe der Grundgesamtheit ohne weiteres möglich sind und zu Vergleichen zwischen den Betriebsbereichen anstiften, können solche statistischen Analysen auch für die einzelne Führungskraft als Beurteiler hilfreich sein und als Feedback verwandt werden, wenn die Anonymität der betroffenen Personen bzw. deren Ergebnisse gesichert ist. Auch die beurteilten MA können sich anhand solcher Gesamtauswertungen mit ihren individuellen Ergebnissen verorten und einordnen.

Vor dem Hintergrund statistischer Auswertungen und Analysen könnten sich nach den ersten Beurteilungsrunden Hinweise ergeben, an welchen Stellen das MBS nachzubessern oder anzupassen ist. Ohnehin wird nach Meinung von Autoren und Systementwicklern (z. B. Rao, 2004, S. 192) dafür plädiert, nach etwa 3 bis 5 Jahren an eine Überprüfung und ggf. Revision des Beurteilungssystems zu denken. Nach eigenen Erfahrungen ist allerdings davor zu warnen, ohne konkrete Hinweise und ohne konkreten Grund das komplette System durch ein anderes System zu ersetzen, denn das macht das Personalmanagement unglaubwürdig und stellt mit einer kompletten Systemumstellung viel zu hohe Anforderungen an die davon betroffenen Führungskräfte und MA.

2.5   Resümee

Mitarbeiterkommunikation kann zu unterschiedlichen Anlässen, auf verschiedenen Ebenen entweder zum Arbeitsverhalten bzw. zur Leistung oder zur Zusammenarbeit und Beziehungsqualität erfolgen. Geschickter ist es, die einzelnen Kommunikationszwecke und Inhalte auseinander zu halten und jeweils geeignete Foren zu wählen. Mitunter kann es sinnvoll und notwendig sein, auch entsprechende Hilfsmittel oder Personalsysteme für die Mitarbeiterbeurteilung sowie zu Dokumentationszwecken einzusetzen. Aber bitte nicht blind und aktionistisch, sondern mit Instrumenten, die über eine hochentwickelte und kontrollierte Methodik und Praxis verfügen. Um nach besten Wissen und Gewissen eine angemessene und auch faire Beurteilung zu gewährleisten, sind einige Verfahrensschritte standardmäßig einzuhalten.

An welche Systeme, wie Kennzeichnungs- oder Einstufungsverfahren von Merkmalen, Verhaltensbeobachtungsskalen oder Zielvereinbarungssysteme für die Beurteilung wirtschaftlicher betrieblicher Leistungen oder Ergebnisse, unter den jeweils gegebenen Umständen und Anforderungen zu denken wäre, war zu diskutieren und anhand konkreter Verfahrensvorschläge zu illustrieren. Auch wenn die Meinungsbildung in der Personalforschung über die Gestaltung von Beurteilungsverfahren alles andere als übereinstimmend und einheitlich ist, scheinen sich doch MBS zunehmend zu bewähren, die sich einerseits sehr stark und spezifisch an die betrieblichen Anforderungen eines Arbeitsplatzes anlehnen, andererseits bei ihrer Konstruktion zumindest versuchen, testtheoretischen Prinzipien und Gütestandards nachzukommen, auch wenn die spätere Evaluation manchmal ernüchternd ausfällt. Unter Umständen kann dies auch an widrigen situativen Gegebenheiten liegen, weil z. B. statistische Analysen aufgrund geringer Stichprobengrößen nicht repräsentativ im strenggenommenen Sinne und instabil sind. Dennoch ist dies kein Argument, die notwendigen Überprüfungen auszusetzen und auf sie grundsätzlich zu verzichten. Als Einstieg in ein sogenanntes „Performance Management" sind Personalbeurteilungen als Bestandsaufnahme und lfd. Fortschrittskontrolle für weitergehende Maßnahmen zur Leistungssteigerung und PE unerlässlich.

Auf welche Aspekte neben der Auswahl einer Systemvariante oder der konkreten Gestaltung des Instrumentes noch zu denken ist, war ebenso zu diskutieren.

Literatur

Bayroff, A. G., Haggerty, H. R., Rundquist, E. A. (1954/1962). Validity of ratings as related to rating techniques and conditions. In T. L. Whisler, S. F. Harper (Hrsg.), *Performance appraisal, research and practice* (S. 112–126). Holt, Rinehart and Winston.

Becker, F. G. (1998). *Grundlagen betrieblicher Leistungsbeurteilungen* (3. Aufl.). Schäffer-Poeschel.

Brandstätter, H. (1970). Die Beurteilung von Mitarbeitern. In A. Mayer & B. Herwig (Hrsg.), *Betriebspsychologie* (9. Bd., 2. Aufl., S. 668–734). Hogrefe.

Domsch, M., & Gerpott, T. J. (1985). Verhaltensorientierte Beurteilungsskalen. Eine Analyse von Varianten eines Ansatzes zur Verbesserung der Methodik der Leistungsbeurteilung von Mitarbeitern. *Die Betriebswirtschaft, 45*(6), 666–680.

Dormann, C., & Krumm, S. (2010). TBS-TK Rezension: „OPQ32". *report psychologie, 36*(3), 125–127.

Drenth, P. J. D. (1998). Personnel appraisal. In P. J. D. Drenth, H. Thierry, & C. J. de Wolff (Hrsg.), *Personnel psychology, handbook of work an organizational psychology* (2. Aufl., S. 59–87). Psychology Press.

Ebert, C. (2019). *Systematisches Requirements Engineering. Anforderungen ermitteln, dokumentieren, analysieren und verwalten* (6. Aufl.). Dpunkt.

Hossiep, R., Zens, J. E., Berndt, W. (2020). *Mitarbeitergespräche. Motivierend, wirksam, nachhaltig.* H. Schuler, J. Felfe, R. Hossiep, M. Kleinmann (Hrsg.), Praxis der Personalpsychologie, Human Resource Management kompakt, (Bd. 16, 2. Aufl.). Hogrefe.

Kanning, U. P. (2015). Sichtung von Bewerbungsunterlagen. In C. Peus, S. Braun, T. Hentschel, & D. Frey (Hrsg.), *Personalauswahl in der Wissenschaft, Evidenzbasierte Methoden und Impulse für die Praxis* (S. 83–101). Springer.

Kiefer, B.-U., & Knebel, H. (2004). *Taschenbuch Personalbeurteilung. Feedback in Organisationen* (11. Aufl.). Verlag Wirtschaft und Recht.

Kirkpatrick, D. L., & Kirkpatrick, J. D. (2006). *Evaluating training programs. The four levels* (3. Aufl.). Berret-Koehler.

Kornhauser, A. W. (1962). What are rating scales good for? In T. L. Whisler, S. F. Harper (Hrsg.), *Performance appraisal, research and practice* (S. 8–12). Holt, Rinehart and Winston (Erstveröffentlichung 1926).

Latham, G. P., Wexley, K. N. (1982). *Increasing productivity through performance appraisal.* Reading. Addison-Wesley (Erstveröffentlichung 1981).

Lattmann, C. (1994). *Die Leistungsbeurteilung als Führungsmittel.* In M. E. Domsch, M. Hofmann, C. Lattmann (Hrsg.), Management Forum (2. Aufl.). Physica-Verlag.

Liebel, H. J., & Oechsler, W. A. (1994). *Handbuch human resource management.* Gabler.

Malik, F. (2000). *Führen Leisten Leben. Wirksames Management für eine neue Zeit* (4. Aufl.). Deutsche Verlags-Anstalt.

Neuberger, O. (1980). Rituelle (Selbst-) Täuschung. Kritik der irrationalen Praxis der Personalbeurteilung. *Die Betriebswirtschaft, 40*(1), 27–43.

Neuberger, O. (2000). *Das 360⁰–Feedback. Alle Fragen? Alles sehen? Alles sagen?* In O. Neuberger (Hrsg.), Schriftenreihe Organisation & Personal (Bd. 9). Rainer Hampp.

Osgood, C. E., Suci, G. J., & Tannenbaum, P. H. (1957). *The measurement of meaning.* University of Illinois Press.

Patton, A. (1962). How to appraise executive performance. In T. L. Whisler, S. F. Harper (Hrsg.), *Performance appraisal, research and practice* (S. 65–67). Holt, Rinehart and Winston (Erstveröffentlichung 1960).

Peus, C., Braun, S., Hentschel, T., & Frey, D. (2015). *Personalauswahl in der Wissenschaft. Evidenzbasierte Methoden und Impulse für die Praxis.* Springer.

Rao, T. V. (2004). *Performance management and appraisal systems. HR tools for global competitiveness.* Response Books.

Schuler, H. (1980). *Das Bild vom Mitarbeiter. Leistungsbeurteilung im Betrieb.* In BRATT-Institut für Neues Lernen (Hrsg.), Psychologie im Betrieb (Bd. 2, 3. Aufl.). Bratt-Institut für Neues Lernen.

Stracke, F. (2005). *Menschen verstehen – Potenziale erkennen. Die Systematik professioneller Bewerberauswahl und Mitarbeiterbeurteilung.* Rosenberger.

Whisler, T. L., & Harper, S. F. (Hrsg.). (1962). *Performance appraisal. Research and practise.* Holt, Rhinehart and Winston.

Wienkamp, H. (2017). *The influence of incentive motivation and risk tolerance on risky decisions. An empirical study to show how direct effects from these psychological constructs and indirect effects from two mediators connected with risk, influence decision in ambivalent situations.* A thesis submitted for the degree of Ph.D., University of Nicosia, Department of Psychology.

Wienkamp, H. (2019). *Anreiz, Risiko, Ruin. Finanzpsychologie für Jedermann!* Springer.

Wienkamp, H. (2020a). *Psychologische Anforderungsanalysen in Theorie und Praxis. Für Führungskräfte und Personalmanager, die Anforderungsprofile erheben wollen.* Essentials. Springer.

Wienkamp, H. (2020b). *Der Weg zum Personalkennzahlensystem. Das HR-Cockpit in der Praxis – einfach, pragmatisch, systematisch.* Springer.

Wienkamp, H. (2021a). *Psychologische Anforderungsanalysen. Anforderungsprofile für Management, Arbeit und Business.* Springer.

Wienkamp, H. (2021b). *Psychological requirements in theory and practise. for excecutives and human resource managers who want to raise requirement profiles.* Essentials and eBook. Springer.

Wienkamp, H. (in Vorbereitung). *Persönlichkeitstest über Ihr Business- und Finanzprofil. Der „Six & Six".* Springer.

Strategische Personalbeurteilungen

Zusammenfassung

Strategische Personalbeurteilungen hängen eng mit der geplanten Karriereentwicklung zusammen, da sie zukunftsbezogen sind. Sie legen fest, wo
der Mitarbeiter oder die Mitarbeiterin aktuell stehen, indem eine Standortbestimmung mit aktueller Platzierung im Personalportfolio vorgenommen
wird, was auch Konsequenzen für die Leistungshonorierung und die Entgeltdifferenzierung hat. Gegenstand in den sogenannten „Karrieregesprächen"
ist weiterhin die künftige Karriereentwicklung sowie die PE als Weg dorthin.
Nicht zu übersehen sind die dahinterstehenden personalstrategischen Ziele,
die auf Leistungsförderung, Arbeitszufriedenheit bzw. Commitment und
nach Möglichkeit auf einen langen Verbleib im Unternehmen als Zeichen von
Betriebstreue oder Personalbindung abzielen.

Nachdem der Hinweis erfolgte, die Kommunikation mit den MA zu differenzieren
und je nach Anlass und Zweck zu gestalten, geht es nun um die Erreichung oder
Umsetzung weitergehender strategischer Personalziele wie Leistungshonorierung
oder Karriereförderung, die ebenso einer adäquaten kommunikativen Vermittlung
bedürfen.

Nach Ilgen und Feldman (1983, S. 142 ff.) übersah bis dato die Personalforschung, dass es nicht nur auf eine akkurate Beobachtung und Beurteilung
des Mitarbeiterverhaltens ankommt, sondern das diese Resultate Eingang finden
in kritische, erfolgsabhängige Entscheidungen der Organisation selbst. Gerade
dieser übergreifende Aspekt von Personalentscheidungen, die die Organisation
als Ganzes betreffen, ist für die herrschende Praxis essentiell. Insofern ist es nicht
verwunderlich, wenn sich schon damals bei der Grundsatzfrage „*Controlling*"
vs. „*Coaching*" diese Problematik jeweils neu stellte und eine angemessene

Berücksichtigung und Handhabung von evtl. notwendigen Honorierungs- oder Sanktionsmaßnahmen gegenüber den Beschäftigten verlangte.

Erschwerend kam bereits immer hinzu, dass sich Beurteilungen zum Zwecke der Rückmeldung (also Coaching oder Beratung inkl. PE-Maßnahmen zur Leistungsförderung) auf die Vergangenheit bezogen, während Vergütungsmaßnahmen wie z. B. Leistungsprämien u. ä. die Anreizförderung in der Zukunft betrafen und es einer Führungskraft fast unmöglich war, zum gleichen Zeitpunkt einer Beurteilung „die Schere im Kopf zu haben", also zwischen den beiden Funktionalitäten eindeutig zu trennen (s. hierzu auch die Probleme bei Rangreihenbildungen als Beispiel in Abschn. 2.3.2.4). Angesichts der berechtigten Erwartungen nach Anerkennung (und Honorierung) exzellenter Leistungen, würde solch eine „Schizophrenie" bei der Mitarbeiterbeurteilung nicht oder nur schwer funktionieren.

Unabhängig davon, scheint eine Parallelisierung von Leistungsbeurteilungen und deren Vergütung unproblematisch zu sein, wenn die Personalbeurteilung auf der Basis eher quantitativer Leistungsergebnisse z. B. im Lichte von Zielvereinbarungen o.ä. (MbO) erfolgt, wie es z. B. im Verkauf oder Vertrieb üblich ist und praktiziert wird. Vorausgesetzt, die Leistungshonorierung geschieht nicht willkürlich, sondern nach transparenten objektiven Standards oder Regeln und wird von den Betroffenen als fair und angemessen empfunden.

Aufbauend auf einem institutionalisierten vorausgehenden Feedback- oder Beurteilungsgespräch soll als Lösungsvorschlag in diesem strategischen Kontext über „das Schicksal" des MA in Richtung Anerkennung bzw. Belohnung seiner oder ihrer Leistungen und über den weiteren Karriereweg separat gesprochen werden. Strategisch ist dieses Vorhaben allemal, wenn es für das Wohlergehen und für die Arbeitszufriedenheit der Arbeitnehmer positive Konsequenzen hat, sodass sie ihre berufliche Entwicklung auch in der Zukunft im Unternehmen fortzusetzten gedenken, was zur Erreichung des strategischen Personalziels der „Personalbindung (engl.: retention)" beitragen würde.

Beginnend mit einer 1) Standortbestimmung, also *wo* steht der MA aktuell bezüglich der geltenden Arbeitsanforderungen seiner oder ihrer Position und *wo* wäre sein oder ihr Platz in einem Mitarbeiterportfolio (also im Vergleich zu anderen MA in gleichen oder anderen Funktionen), sind dann im weiteren Gesprächsverlauf 2) die Entlohnung bzw. Leistungsvergütung und 3) die künftige berufliche Entwicklung und 4) ihr Weg dorthin zu diskutieren und zu klären.

Eine grundsätzliche Weichenstellung oder Differenzierung zwischen Beratungs- und Feedbackgesprächen einerseits, und Karrieregesprächen andererseits erinnert sehr stark an die in früheren Jahren in der Psychodiagnostik und Persönlichkeitsforschung propagierte Unterscheidung zwischen einer *Selektionsstrategie* zwecks Personalauswahl und *Modifikationsstrategie* zwecks Mitarbeiterschulung und PE. Bezogen auf die Mitarbeiterbeurteilung wird dann in der personalwirtschaftlichen Literatur zwischen „Selektionsbeurteilungssystem" und „Förderbeurteilungssystem" unterschieden (s. Müller, 2006, S. 128). Für eine Entkoppelung der Karriereentscheidungen von dem Feedback an die MA plädierte auch Becker (1998, S. 379).

3.1 Standortbestimmung

Für eine Standortbestimmung zur Qualifikations- und Kompetenzeinschätzung hat sich als Personalkennzahl der sogenannte *„Qualifikations-Index"* als absoluter Beurteilungsmaßstab für diesen Zweck angeboten (s. Wienkamp, 2020, S. 32 f.). Gemessen an den Verhaltensnormen und dem geforderten Leistungsniveau als Herausforderungen dieses Arbeitsplatzes (dem SOLL) erfolgt eine Einschätzung, indem der zuständige Vorgesetzte seine oder ihre MA danach einstuft, in welchem Ausmaß sie aktuell den Erwartungen der Arbeitsanforderungen aufgrund ihrer erbrachten Leistungen (dem IST) ganz allgemein oder in Summe entsprechen.

3.1.1 Handhabung des Systems

Folgendes ist bei der Beurteilung und Einstufung der MA zu beachten:

(1) Vorgegeben sind bei dieser Prozentskala bestimmte Intervalle als Beurteilungskategorien, deren Einstufungen sich sowohl nach der Entwicklung als auch nach der Arbeitsleistung und Qualität der Ergebnisse richten. So ist z.B. für MA in der Einarbeitungsphase die Kategorie „1" (= Normerfüllung bis 60 % des Anforderungslevels) vorgesehen; für weitere positive Entwicklungen und Leistungssteigerungen sind die Kategorien „2" (= 61 bis 80 %), „3" (= 81 bis 95 %) und schließlich die Kategorie „4" (= 96 bis 100 %) exklusiv für „Professionals" zu vergeben.

(2) Ein Übertreffen der Anforderungen um mehr als 100 % ist per System ausgeschlossen. Für die Endnote der Kategorie „4" empfiehlt es sich deshalb, wie z.B. beim Eiskunstlaufen, zu differenzieren zwischen Standard und Kür. So ist (gedanklich) eine *A-Note* für die Leistung und Qualität in den Standardaufgaben und eine *B-Note* für die Kür zu vergeben. Bei Chirurgen oder Piloten ist z.B. aus Sicherheitsgründen unbedingt eine Normerfüllung von 100 % in den Standards gefordert, aber Schnelligkeit, Eleganz u. ä. können eine differenzierte qualitative Bewertung in der B-Note unter „Könnern" bedingen und sich auf den zu vergebenden Prozentwert auswirken.

(3) In der Regel richtet sich die Benotung auf der Basis dieses allgemeinen Kategorienschemas nach der Leistung oder dem Erfolg (z.B. Null-Fehler-Quote), der Zuverlässigkeit wie Termintreue o.ä. und den sonstigen relevanten Verhaltensnormen.

Auf einen Nenner gebracht soll dieses Kategoriensystem das Ausmaß an Reife oder Kompetenz bzw. Professionalität zum Ausdruck bringen. Wenn zum einen die Unterschiede in den Anforderungsprofilen der Stellen oder Funktionen Berücksichtigung fänden, zum anderen die Arbeitnehmer an ihren derzeitigen Aufgaben und Arbeitsanforderungen gemessen würden, kann z. B. die Qualifikations- oder Leistungseinstufung zwischen einer Sekretärin und ihrer Führungskraft gleich sein und jeweils als Basis für nachfolgende personalwirtschaftliche Maßnahmen dienen. Für gleichwertige Arbeitsplätze mit vergleichbaren Anforderungsprofilen läuft die Einstufung gemäß dieses Schemas als Qualifikations-Index letztendlich auf ein allgemeines Ranking (oder Grading) nach der Leistung und Qualität der Arbeit oder der Professionalität bzw. Kompetenz der MA über alle Beurteilungskriterien hinaus.

Einen Vorschlag von Rao (2004, S. 122) folgend, sollten die Bemühungen eines MA, bessere Leistungen zu erzielen, einen höheren Stellenwert bei der Anerkennung und Honorierung der Leistungsergebnisse erhalten als eine natürliche Begabung bei nur moderater oder mäßiger Arbeitsmotivation, die zu vergleichbaren Resultaten geführt hat.

Dass als Vorarbeiten für Standortbestimmungen u. ä. Mitarbeiterbeurteilungen einen sehr guten Dienst erweisen könnten und überhaupt erst auf einem einigermaßen gesicherten Fundament die Voraussetzungen dafür schaffen, liegt wohl auf der Hand und dürfte überzeugen.

3.1.2 Qualifikations-Index ist Basis der strategischen Personalplanung

Vor diesem Hintergrund wäre eine Aufnahme sowohl in ein Mitarbeiterportfolio des Fachbereiches, differenziert nach den zugehörigen Funktionsgruppen oder Arbeitsplatztypen, als auch eine Einspeisung in ein unternehmensweites Personalportfolio über alle Funktions- oder Mitarbeitergruppen möglich und für die qualitative strategische Personalplanung sinnvoll und nützlich, wenn zusätzlich zum Qualifikationslevel noch der Potenzialgesichtspunkt dazu kommt.

Nicht nur im Rahmen eines Personalportfolios eignet sich der Qualifikations-Index für planerische Zwecke. Zugleich sind auf dieser Basis auch innerbetriebliche Vergleiche zwischen verschiedenen Fachbereichen, Geschäftsfeldern oder sonstigen Unternehmensteilen möglich, da eine Durchschnittsbildung oder eine Häufigkeitsanalyse bei vergleichbaren Arbeitsplätzen oder Funktionen Sinn machen kann. Sicherlich wäre auch die Korrelation zwischen dem Qualifikationsniveau einer Fachabteilung und der gezahlten Vergütung, also der Leistungshonorierung interessant, die erwartungsgemäß aufgrund der Systemregeln sehr hoch sein dürfte. Die jeweilige MA-Qualifikation sollte auf dieser Basis auch, falls als System vorhanden, mit dem Qualifikations-Index als Kennziffer Eingang in die BSC finden (s. hierzu auch Abschn. 5.3).

3.1.3 Alternativen zum Qualifikations-Index als Methode zur Standortbestimmung?

Abgesehen von den bereits diskutierten Einstufungs- oder Rankingverfahren (s. Abschn. 2.3), die ebenfalls zu einer Klassifikation der MA eines Fachbereiches führen dürften, wenn bei den nach Arbeitsmerkmalen oder Kriterien differenzierten Einstufungsskalen noch zum Abschluss ein Gesamtwert als *Summe* aller Einstufungen oder Bewertungen errechnet würde. Beim Mitarbeiterranking ergibt sich zwangsläufig aufgrund der Sortierung eine Art „Hitparade" als Rangreihe über alle MA des Bereiches nach der zugrundeliegenden Leistungseinschätzung und es liegt an dem Beurteiler, wo er (oder sie) die Schnitte zur Differenzierung oder Klassifizierung ansetzt.

Sozusagen als Gegenreaktion und Replik auf ein Plädoyer für Einstufungs- skalen (hier: „Graphic-Rating-Scales" genannt) von Paterson (1922–1923/1962) äußerte Ryan (1945/1962) Kritik an dieser Beurteilungtechnik und plädierte stattdessen für einen *summarischen* Ansatz auf der Basis eines Gesamtpunkt- wertes. Hintergrund seines Gegenvorschlages war die (ungelöste) Problematik des „Halo-Effektes" als Beurteilungsfehler, der bei merkmalsbezogenen oder Kriterien orientierten Beurteilungsmethoden, ob nun bewusst oder unbewusst, geradezu systemseitig provoziert und produziert wird. Neben dem eingesparten Arbeits- und Zeitaufwand gegenüber der Bewertung von einzelnen Kriterien sowie eine ehrlichere Verfahrensweise im Hinblick auf die zu beurteilenden MA spricht anscheinend mehr für diese Alternative einer einfachen summarischen Methode als Standortbestimmung oder „Leistungsbild" der oder des MA.

Praktisch kann eine Aufteilung der MA einer Organisationseinheit nach einem simplen überschaubaren Schema, das als *Personal-Inventar* (engl.: „personal inventory") bezeichnet wird, erfolgen (s. Tab. 3.1):

Beginnend sowohl mit den leistungsstarken MA der *Kategorie 1* als auch mit den eher leistungsschwächeren MA der *Kategorie 2* bleibt bei vorheriger Berück- sichtigung von MA in der Ausbildung oder Einarbeitung *(Kategorie 4)* noch eine Restgröße als *Kategorie 3* übrig, die dem Leistungsdurchschnitt entspricht und diesen repräsentiert. Alle MA eines Arbeitsbereiches sollten nach diesem Schema verteilt und klassifiziert werden oder sein.

In den bei Whisler und Harper (1962) referierten „Case studies" zur Leistungs- bewertung in namentlich genannten Firmen kamen die von den Autoren zitierten Systeme ebenfalls nicht um eine abschließende summarische Klassifikation mit

Tab. 3.1 Schema zur Verteilung der Mitarbeiter eines Arbeitsbereiches nach ihrer Leistungsein- schätzung (in Anlehnung an Ryan, 1945/1962, S. 167)

Nr	Kategorie oder Leistungsklasse	Name des Mitarbeiters
1	* Hervorragend * Exzellent * Professionell („outstanding workers")	
2	* Verbesserungsbedürfig * Fehlerhaft * Unbeständig („poor workers")	
3	* Durchschnittlich * Unauffällig * Zufriedenstellend bis gut („average workers")	
4	* BERUFSEINSTEIGER * Noch in der Ausbildung oder Einarbeitung * Trainees („Trainees and inexperienced workers")	

einmal *sechs* bzw. zum anderen *acht* Abstufungen herum. Vorher erstellte verbale Beurteilungen des MA entweder als „Stärken-Schwächen-Profil" (Kellogg, 1955/1962, S. 515 ff.) oder als ausformulierte verbale Leistungs-, Qualifikations- und Potenzialeinschätzung (Rowland, 1951/1962, S. 529 ff.) sollten der summarischen Klassifikation eine Hilfe sein und sie stützen.

Der hier vorgeschlagene Qualifikations-Index (s. Abschn. 3.1.1) bietet verglichen mit diesen Schemata zusätzlich noch den Vorteil, dass über die Punktwerte von 0 bis 100 sich eine individuelle Leistungs- und Vergütungsbemessung berechnen und administrieren lässt.

3.2   Leistungshonorierung und Entgeltdifferenzierung

Viele Unternehmen haben schon in der Vergangenheit zu Recht es vermieden, vertrauliche Feedback- oder Beurteilungsgespräche mit irgendwelchen Belangen der Leistungshonorierung oder Entlohnung zu verknüpfen und zu belasten. Entweder zählt dann zunächst einmal nur „das Geld" und die Rückmeldung über die Leistung oder das Verhalten rückt in den Hintergrund und kommt viel zu kurz (vgl. hierzu auch Crisand et al., 2003, S. 40), oder beide Parteien bedienen sich zu ihrer Gesichtswahrung bestimmter Taktiken oder Rituale und versuchen sich gegenseitig in ihrem Sinne zu beeinflussen. Das wäre dann „Mikropolitik" pur (s. Neuberger, 1995, 2006)!

Auf der anderen Seite ist es aber auch unredlich, nach einer Rückmeldung an den MA die Frage der Leistungsanerkennung und Belohnung zu ignorieren und auszuklammern. Solche Usancen oder Gesprächsstrategien würden in dem Moment nicht die Erwartungen der MA erfüllen, da ihre Leistung bzw. Leistungsanstrengungen nicht die erwartete Aufmerksamkeit erfahren und er oder sie über eine evtl. Belohnung im Unklaren gelassen werden, was wahrscheinlich auf keine positive Resonanz stösst. Bleibt somit die Frage nach der Lösung des Problems und wie in geschickter Weise, nicht zuletzt aus Gründen der Motivationsförderung und Mitarbeiterbindung an das Unternehmen, zu verfahren ist?

Offensichtlich gibt es Firmen, die sich offensiv dieser Frage gestellt und angenommen haben. Sie haben den Zusammenhang zwischen Mitarbeiterbeurteilung einerseits und Entgeltdifferenzierung andererseits aufgegriffen und geregelt, und das Procedere in Form von Betriebsvereinbarungen mit der Arbeitnehmervertretung verbindlich vereinbart, das damit allen Betriebsangehörigen bekannt sein dürfte (s. Hossiep et al., 2020, S. 81 f.). Zu solch einer Regelung gehört oder sollte gehören:

a) Zeitlich festzulegen, *wann* über *was* zu sprechen ist; in dem oben zitierten Unternehmen von Hossiep et al. (2020) sah die Betriebsvereinbarung ein Zeitraster vor, indem im 4. Quartal des Vorjahres die Mitarbeiterbeurteilung vorzunehmen und zu Beginn des neuen Jahres innerhalb des 1. Quartals u.a. die Vergütungsfragen nach Vorliegen aller Geschäfts- oder Jahresabschlüsse und Zahlen zu behandeln und zu entscheiden waren;
b) Die Kriterien der Vergütung und Leistungshonorierung, sei es für Zulagen, Prämien oder variable Gehaltsteile wie Boni bzw. Tantieme, festzulegen, damit sie auch für die

Belegschaft transparent und kalkulierbar sind; idealerweise könnte dies durch ein Vergütungssystem geschehen, bei der der Vorgesetzte zwar für die individuelle Leistungshonorierung noch gewisse Spielräume innerhalb eines definierten Korridors besitzt, aber ein verbleibender Anteil entweder personenunabhängig ist oder durch andere Regeln beeinflusst wird (s. Punkt c);

Tab. 3.2 Beispiel eines Vergütungssystems zur Leistungshonorierung

1. Systemregeln	a) Alle MA des Unternehmens nehmen an dem leistungsbezogenen Vergütungsmodell teil
	b) In Abhängigkeit von der Funktion oder Hierarchieebene sind die einzelnen Vergütungskomponenten unterschiedlich gewichtet
	c) Für jeden Beschäftigten sieht das System sowohl eine Gewinnbeteiligung, die sich nach dem Erreichen der geplanten und vom Vorstand beschlossenen Ertragsziele (z. B. Umsatzrendite, Eigenkapitalrendite, Gewinn lt. G + V – Rechnung) bemisst, als auch eine individuelle Leistungsprämie nach Einschätzung des verantwortlichen Vorgesetzten vor
	d) Gewinnbeteiligung und individuelle Leistungsprämie hängen in ihrer Höhe von der prozentualen Einstufung des MA durch seine Führungskraft gemäß „Standortbestimmung" ab
	e) Das Vergütungssystem ersetzt bei AT-Angestellten die bisherige Tantiemeregelung, und bei Tarifangestellten das bisher gezahlte 13. Monatsgehalt
	f) Tarifangestellte haben unabhängig von einer Gewinnbeteiligung die Möglichkeit, bei exzellenten Leistungen (Einstufung = 100 %) ein Monatsgehalt zu erhalten
	g) MA in der Einarbeitung mit Einstufung in Kategorie „1" gemäß „Standortbestimmung" erhalten eine Mindestvergütung von 40 % sowohl als Gewinnbeteiligung als auch als individuelle Leistungsvergütung unter Berücksichtigung der geltenden Systemregeln
	h) Bei einer individuellen Einstufung von 0 % durch den Vorgesetzten entfällt automatisch auch eine mögliche Gewinnbeteiligung
2. Vergütungsbeispiel	a) Monatsgehalt = 5000 €
	b) Gewinnbeteiligung = 50 % bzw. ½ Monatsgehalt maximal
	c) Individuelle Leistungsprämie = 100 % (oder maximal ein Monatsgehalt) bei einem Range von 0 bis 100 % in Abhängigkeit von der Standortbestimmung bzw. Einschätzung des Vorgesetzten
	d) Individuelle Einstufung durch den Vorgesetzten z. B. = 90 %; das ergibt eine individuelle Leistungsprämie von 0,90 x (100 % des Monatsgehaltes =) 5000 € = **4500 €**
	e) Renditeziel (Soll) = 8 %, Ist-Rendite = 6 % => **75 %**; somit würde sich eine Gewinnbeteiligung von 0,75 × 0,90 x (50 % des Monatsgehaltes =) 2500 € = **1.687,50 €** ergeben
	f) Gesamtvergütung = 4500 + 1687,50 = **6.187,50 €** (das übersteigt im Übrigen das frühere 13. Monatsgehalt von 5000 €) Wäre dieser MA in der Einarbeitung würde sich ergeben:
	a) Individuelle Leistungsprämie: 0,40 × 5000 € = 2000 €
	b) Gewinnbeteiligung: 0,75 × 0,40 × 2500 € = 750 €
	c) Gesamtvergütung: 2000 + 750 = 2750 €
Anmerkung: Praxisbeispiel in Anlehnung an ein Vergütungsmodell in einer Bank	

c) Falls am Geschäftsergebnis (G+V-Ergebnis o. ä.) Vergütungsleistungen für alle als Kollektiv gekoppelt sind, sollte ferner in der Betriebsvereinbarung vereinbart werden, unter welchen Bedingungen MA keine, oder nur anteilig Leistungen oder Zuwendungen erhalten, weil sie z.B.

- aus Krankheitsgründen nicht im Betrieb präsent und somit nicht an der Leistungserstellung beteiligt waren;
- durch mangelhafte Leistungen auffielen und ihre Führungskräfte bereits eine individuelle Leistungsprämie o.ä. verwehrten;
- sich in einem gekündigten Arbeitsverhältnis befinden.

Bei der Einstufung gemäß Qualifikations-Index (s. Abschn. 3.1) sollte die Führungskraft einmal die Kategorie im Hinblick auf die Stellung des MA im Personalportfolio festlegen, zum anderen könnte er oder sie einen konkreten Prozentwert innerhalb des Intervalls oder Skalenrange für die Leistungsvergütung fixieren, nach dem sich alle weiteren Schritte innerhalb des Systems richten (s. Tab. 3.2). Vorteilhaft ist, dass der Score innerhalb der Bandbreite variieren kann und zwar sowohl unter Berücksichtigung der Leistungsentwicklung im Zeitablauf (also aktuelles Leistungsniveau im Vergleich zum Vorjahr) als auch im interindividuellen Vergleich der Beschäftigten z. B. innerhalb eines Fachbereiches jeweils gemessen an den Anforderungsprofilen der Arbeitsplätze. Um Scheingenauigkeiten oder ungewollte Frustrationen aufgrund unzureichender Anreize zu vermeiden, sollten die Sprünge oder Veränderungen jeweils groß genug sein und z. B. mindestens fünf Prozent (5 %) betragen. Alternativ kann der Bonus oder die Leistungsprämie direkt an ein Beurteilungsergebnis als durchschnittliches Gesamtergebnis über alle Beurteilungsmerkmale gekoppelt werden oder vom Zielerreichungsgrad abhängig sein, wobei ein Mindestergebnis erreicht sein muss, um überhaupt in den Genuss einer Vergütung als Incentive zu kommen (s. hierzu Kiefer & Knebel, 2004, S. 162 und 176).

Sensibel reagieren Beurteilte besonders in den unteren und oberen Enden einer Skala, z. B. bei *mäßigen* oder *unterdurchschnittlichen* Leistungen einerseits und *mangelhaften* Leistungen andererseits. Von den Beurteilern ist daher ebenso eine hohe Sensibilität bei der Bewertung und Differenzierung nach solchen Leistungskategorien gefordert, um den Ansprüchen und den gehegten Vorstellungen der MA gerecht zu werden.

Aus Gerechtigkeits- und Fairnessgründen besteht daher allgemein die Neigung, sich stark voneinander abzugrenzen (s. Baron & Krebs, 1999, S. 219 f., 231). Bestätigung fand dieses Bedürfnis bei Beurteilten durch die Beobachtung schon in früheren Jahren von Brandstätter (1970, S. 697), wonach *erfolgreiche* Führungskräfte stärker zwischen „tüchtigen" und „untüchtigen" MA differenzierten, und in einer Studie von Becker et al. (2001, S. 16), nach der die *zehnprozentbesten* Unternehmen dadurch auffielen, dass sie auf „effektives" und „ineffektives" Arbeitsverhalten nicht nur mit Worten oder im Geiste, sondern auch spürbar mit Taten reagierten.

Bei der Leistungshonorierung ist außerdem unbedingt darauf zu achten, inwieweit äußere Umstände, auf die die MA keinen Einfluss haben, das Leistungsergebnis negativ beeinträchtigen könnten und die Vergütung schmälern. Um solche Effekte zu berücksichtigen, hat z. B. Thamm (1990) für die Filialen einer Bank ein „Markt-Scoring Modell" entwickelt, das das Markt- oder Ertragspotenzial auf der Basis bestimmter Einflussgrößen, wie z. B. Einkommens- und Sozialstruktur, Konkurrenz-dichte etc., jeder Filiale ermittelte und die Leistungen der Filialen vergleichbar machte (s. Beispiel in Anhang 4).

Mithilfe der gewählten Einflussgrößen (Prädiktoren) ergibt sich ein ungefähres Bild, wie die einzelnen Filialen in Relation zum Gesamtdurchschnitt aller Filialen gewirtschaftet haben. Zumindest sollte eine Klassifikation in *unterdurchschnitt-liches* Ergebnis, *durchschnittliches* Ergebnis und *überdurchschnittliches* Ergebnis möglich sein, um dann mithilfe von Zu- und Abschlägen die adäquate Vergütung oder Leistungsprämie einer Filiale zu bemessen. Es liegt somit auf der Hand, solche situativen oder lokalen Unterschiede für eine faire Leistungsvergütung im Rahmen eines Vergütungscontrollings zur Kenntnis zu nehmen und einfließen zu lassen.

Natürlich lassen sich die vorgestellten Systemregeln variieren und bei Bedarf anpassen (s. z. B. Wienkamp, 1993, 1996, 1997). So dürften z. B. Führungskräfte als Geschäftsbereichsleiter oder Geschäftsführer über ein eigenes Bereichsbudget mit entsprechenden Renditeerwartungen verfügen, was dann die individuelle Leistungskomponente ersetzen könnte. Um strategische Herausforderungen und Leistungen zu honorieren, empfiehlt es sich allerdings, neben dem persönlichen Budget als betriebswirtschaftliche Leistungs- und Ergebniskomponente auch einen diskretionär bemessenen individuellen Anteil als variable Vergütung für diese Ziel-gruppe vorzusehen, der wie bei den Nicht-Budgetverantwortlichen innerhalb eines bestimmten Korridors sich bewegt. Geschickt wäre es überdies, wenn auch die Teilnahmequote an der Mitarbeiterbeurteilung und die Resonanz der Betroffenen in der Form eines „Zufriedenheits-Index" bei der Festlegung einer diskretionären variablen Vergütungskomponente eine gewichtige Rolle spielt. Es spricht im Übrigen auch nichts dagegen, solche Erfolgsparameter wie die Beurteilungs-quote in eine BSC zu integrieren und damit die BSC-Dimension „Lernen und Ent-wicklung" zu untermauern oder „anzufüttern" (s. Kap. 5).

Darüber hinaus würden AT-Angestellte oder „Vertriebsleute" mit einem Kunden-budget wesentlich höhere Maximalgehälter als Leistungsprämie erwarten. Üblich sind im Management oder AT-Bereich zwischen drei und sechs Monatsgehältern als variable Leistungsvergütung. – Die Vergütungsmöglichkeiten können in manchen Branchen oder Geschäftssparten wie z. B. im Investment Banking in Finanzhäusern noch um ein vielfaches höher liegen. Allerdings auch „Boni- Banker" o. dgl. unter-liegen in ihren Finanzinstituten bei der Bemessung ihrer leistungsbedingten Ver-gütung den Systemregeln des jeweiligen Hauses, die zugegebener Weise noch viel variantenreicher ausfallen können, wenn z. B. „Long-Term-Incentives" als Erfolgs-beteiligungsmodelle wie Aktienoptionen o. ä. ins Spiel kommen.

Abhängig von den betrieblichen Gepflogenheiten können zusätzlich zu den Leistungsprämien noch Gehaltsbeförderungen in diesem Kontext zur Sprache kommen, wenn das Stellenbewertungs- oder Gehaltssystem dies als Gehaltsent-wicklung vorsieht.

3.3   Karriereentwicklung

Karriereentwicklungen beginnen entweder neben einer eigenen internen (Selbst-) Bewerbung auf eine ausgeschriebene Stelle oder mit einer Nominierung des Fachbereiches oder des direkten Vorgesetzten als Potenzialkandidat „für höhere Weihen".

Bei einer Potenzialempfehlung durch den direkten Vorgesetzten (s. Tab. 2.1, Punkt 5), die auch in diesem sogenannten „Karrieregespräch" zur Sprache kam oder kommt, nahm der betreffende Potenzialkandidat, nach einem Informationsgespräch mit dem Bereich der Personalentwicklung über das bevorstehende Assessment Center (AC), direkt an einem Gruppen-AC teil – es sei denn, der MA war an einem AC nicht interessiert.

Wie sich später herausstellte, war dieser Durchführungsweg nicht unumstritten, da etwa 30 bis 40 % der AC-Teilnehmer das AC aufgrund des nachweislich fehlenden Potenzials für Management- oder Führungsaufgaben nicht bestanden und als Verlierer oder „Loser" galten. – Im AC erfolgreiche Kandidaten standen dem internen Arbeitsmarkt sofort zur Verfügung und erhielten bei passender Gelegenheit diverse Stellenangebote im Konzern und wurden versetzt.

Bei Nominierung von Potenzialkandidaten durch den Fachbereichsleiter als alternativen Weg, was in den sogenannten „Jahresgesprächen" mit der Personalabteilung geschah, wurde der direkte Vorgesetzte entweder vorher oder unmittelbar danach informiert und um eine „Potenzialanalyse" in Form eines strukturierten Interviews mit Ergebnisprotokoll (s. Kap. 4) gebeten. Die Potenzialanalyse führte der jeweils zuständige Personalbetreuer aus dem Personalbereich durch.

Dieses Konzept wurde in einem anderen (mittelständischen) Unternehmen favorisiert und praktiziert. Nach der Potenzialanalyse wurde der Potenzialkandidat über das Ergebnis durch seine oder ihre Führungskräfte informiert und bei entsprechender Vakanz einer AT-Stelle zu einem Einzel-AC (EAC) eingeladen. Bis auf wenige Ausnahmen haben alle „EAC-Teilnehmer" die Potenzialüberprüfung bestanden und konnten danach auf die avisierte Stelle versetzt werden. Mit Ausnahme der im EAC nicht möglichen Gruppenübung waren die restlichen Übungen wie Postkorb, Rollenspiele oder Präsentationen identisch und in den Anforderungen vergleichbar. Anstelle der fehlenden Gruppenübung hatte der Teilnehmer oder die Teilnehmerin sich einem biographischen Interview zu seinem oder ihrem bisherigen Lebensweg, den Karriereambitionen und dem Führungsverständnis zu stellen.

Neben der Selektion von Stellen auf der Basis der Potenzialanalyse lag nach eigenen Beobachtungen der größte Unterschied zwischen dem Gruppen-AC und dem EAC darin, dass beim EAC logischerweise stärker auf den Teilnehmer eingegangen wurde und seine oder ihre „Potenzialgrenzen" bezüglich (noch) Akzeptanz stärker durchleuchtet und überprüft werden konnten. Auch stellte sich im Hinblick auf die Eignung für die vakante Stelle verstärkt die Frage, ob die bestehenden „Potenzialbremsen" durch PE-Maßnahmen noch zu „lockern" waren – oder sich doch als unüberwindbare „Potenzialbarrieren" erwiesen.

Unstrittig erscheint auch, dass die vorherige Potenzialanalyse bei den verantwortlichen Führungskräften noch einmal zusätzliche Klarheit über die vermuteten Potenziale sowie die sich bietenden Entwicklungsrichtungen gebracht hat. Hätten sich bei der Potenzialanalyse sogenannte „Show-Stopper" als Bedenken o.ä. aufgetan oder ergeben, wäre noch genügend Zeit zum Umdenken, zur Besinnung oder für unterstützende PE-Maßnahmen verblieben, ohne negative Auswirkungen auf den Ruf und die Psyche des betroffenen MA, wie bei einem nicht erfolgreichen AC, zu riskieren. An dieser Stelle kommt es gerade auf die Beratungskompetenz und die Erfahrungen des Personalbereiches an, um einen ggf. notwendigen Reflexionsprozess auszulösen.

3.4   Qualifizierung

Mit Fragen der PE hatten sich Führungskräfte und MA bereits im Rahmen des Beurteilungs- und Feedbackgespräches beschäftigt (s. Kap. 2). Bei dem früheren Gespräch standen allerdings PE-Maßnahmen im Focus, die den gegenwärtigen Job dienen können und die Mitarbeiterqualifikation noch verbessern oder erweitern. Zu denken wäre an Schulungen in neue Technologien (z. B. IT-Schulungen) oder der ständige Ausbau oder Auffrischung (also „Up-to-Date" sein) an Fachkenntnissen durch entsprechende Seminare.

Im Rahmen der Karriereentwicklung hat die PE oder die Mitarbeiterqualifizierung einen anderen Stellenwert, denn sie soll den MA auf *neue* Aufgaben und Herausforderungen vorbereiten, die jenseits seiner oder ihrer aktuellen Arbeitsanforderung liegen. Wenn sich z. B. eine junge Bürokraft dafür interessiert, sich bei nächster Gelegenheit als Chefsekretärin im Unternehmen zu bewerben und diesen Wunsch in diesem Karrieregespräch vorträgt, kann es durchaus Sinn machen, dass ihr Vorgesetzter sie beim Ausbau oder Auffrischung ihrer Fremdsprachenkenntnisse aktiv unterstützt, obwohl diese Sprachkenntnisse an ihrem heutigen Arbeitsplatz nicht verlangt werden.

Für Führungsnachwuchskräfte o. ä. besteht die Qualifizierungsphase nach einer Potenzialanalyse bzw. einem AC aus laufbahnspezifischen Entwicklungsprogrammen (mit „Training-on-the-job" und „Training-off-the-job"), die sie zur Übernahme von zunächst *Entwicklungspositionen* (= Training-on-the-job) und später *Zielpositionen* im Zuge einer Nachfolgeregelung im Management oder Führungskräftekader befähigen sollen.

Sämtliche geplanten PE-Maßnahmen sind den spezifischen Karrierezielen untergeordnet und sollen sich später bei Übernahme einer neuen höherwertigen Stelle amortisieren. In solch einem Zusammenhang darf dann berechtigterweise von PE als „Bildungsinvestition" gesprochen werden.

3.5   Strategische Ziele: Leistungsförderung, Arbeitszufriedenheit und Personalbindung

PE und Karriereförderung sind kein Selbstzweck, sondern folgen strategischen personalwirtschaftlichen Zielen oder Zwecken der Leistungsförderung. Aber, diese Maßnahmen sollen auch die Beschäftigten zufriedenstellen und an das jeweilige

Unternehmen binden. Selbst in einschlägigen Lehrbüchern (s. z. B. Scholz, 2011, S. 45 ff.) kommt der Personalbindung eine besondere strategische Bedeutung zu. Personalbindung bedeutet nämlich, dass alle Investitionen in die Qualifizierung und Förderung von MA bis zu ihrem altersbedingten Austritt aus dem Unternehmen infolge des Ruhestands sich bestmöglich auszahlen oder amortisieren sollen, um auf diese Weise eine bestmögliche „Bildungs-Rendite" einzufahren. In neuerer Zeit hat sich zur Betriebstreue oder Personalbindung einmal der Begriff *„Commitment"*, also eine positive Zustimmung und Zugehörigkeitsgefühl zur Organisation als Arbeitgeber, zum anderen das *„Organizational Citizenship Behavior"* als Ausdruck für tadelloses und konformes Verhalten der Betriebsangehörigen dazu gesellt.

Nicht umsonst vereinbaren Firmen zeitlich gestaffelte Rückzahlungsklauseln, wenn sie viel Geld in die Qualifizierung ihrer MA investiert haben und sie fürchten, dass ihr „Marktwert" signifikant gestiegen ist und diese jetzt besonders qualifizierten MA mit lukrativen Gehaltsangeboten von der Konkurrenz abgeworben werden könnten. Oder sie beginnen damit, ihre „Know how – Träger" (s. hierzu insbesondere Wienkamp 2020, S. 50 f.) systematisch zu identifizieren und zu erfassen mit dem Ziel, sie nach Möglichkeit „lebenslang", also bis zum ihrem Austritt aus dem Erwerbsleben an das Unternehmen zu binden und sie während ihrer aktiven Zeit, wenn man so will, „bei Laune zu halten".

3.5.1   Arbeitszufriedenheit durch Arbeitsmotivation

Aus diesem Grunde hat sich die Arbeits- und Organisationspsychologie dem Thema *Arbeitszufriedenheit* (oder englisch: job satisfaction) als „Mantel" oder Rahmen für berufsmäßige Motivation und Bedürfnisbefriedigung durch die Arbeit selbst gewidmet. Arbeitszufriedenheit resultiert demnach vor allem aus der Ausübung der Arbeitstätigkeit selbst und erst in zweiter Linie aus den Arbeitsbedingungen bzw. aufgrund der Zugehörigkeit zu einer Gruppierung wie Team oder Betrieb. In der psychologischen Forschung wurde die Arbeitszufriedenheit als psychologisches Konstrukt vor dem Hintergrund verschiedener psychologischer Motivationstheorien wie Bedürfnistheorien, Anreiztheorien, soziale Kognitionstheorien und humanistische Theorien mit ihren einschlägigen Forschungsbefunden diskutiert.

Hinzuzufügen und hervorzuheben ist, dass die *Arbeitsmotivation* ein „Produkt von Bedingungen" ist, wie Neuberger (1974, S. 51) es nannte, die der Arbeitnehmer in seiner Firma bzw. an seinem Arbeitsplatz vorfindet. Somit ist es auch möglich, die Arbeitsmotivation bzw. die Arbeitszufriedenheit vereinfacht in einem „Stimulus – Reaktionsmodell (S – R – Modell)" abzubilden, dass in der Psychologie allgemein und vielfach das individuelle Verhalten beschreibt und erklärt. Wahlweise können in Abhängigkeit vom Theoriebezug noch innerpsychische Einflüsse, wie Einstellungskomplexe, Persönlichkeitseigenschaften wie eine allgemeinde Motivation o. ä., als intervenierende Variablen oder Konstrukte ergänzend hinzutreten (s. Neuberger, 1974, S. 13 f.).

Bedürfnistheorien der Motivation setzen immer einen eintretenden Mangel (z. B. Hunger oder Durst) oder einen Bedarf nach etwas voraus (z. B. Essen oder Trinken), den es dann zu stillen gilt. Ihr Regelungsprinzip ist die *Balance,* die bei einem Bedürfnis als Mangelerscheinung oder Defizit auszugleichen und wiederherzustellen ist. Menschliche Bedürfnisse sprechen demnach nicht nur die Befriedigung durch Arbeit an, sondern allgemeiner die *Lebenszufriedenheit* (englisch: life satisfaction) schlechthin. Arbeitszufriedenheit ist nach dieser Auffassung dann erreicht, wenn eine Art von *„Sättigung"* als Ausdruck einer Zufriedenheit von dem befragten Arbeitnehmer verspürt wird, egal um welchen Aspekt seiner Arbeitstätigkeit oder Arbeitsbedingungen es sich handelt. Homöostatische Modelle eignen sich aber nicht als Erklärungsansätze, wenn besondere Verhaltensweisen wie Neugier, Abenteuerlust, Kreativität usw. zu beobachten sind (s. Neuberger, 1974, S. 25). Sind allerdings die Bemühungen zur Bedürfniserfüllung gehindert oder blockiert, ist mit Frustration zu rechnen und widersprüchliche oder ambivalente Entscheidungssituationen sind konfliktträchtig, was sich aus diesem Motivationsmodell ergibt (s. Neuberger, 1974, S. 39).

Vom hedonistischen Prinzip beseelt sind hingegen die Anreiztheorien der Arbeitsmotivation. Das heißt, sie folgen dem „Lustprinzip", das besagt, mache oder erfahre das, was einem gefällt und vermeide alles Negative, was im herkömmlichen Sinne zu Unlust führt. Anhänger dieser Motivationsschule sind ständig mit Auswahlentscheidungen beim Vollzug ihrer Arbeit befasst, um ihre Lust zu maximieren (z. B. durch die Bearbeitung interessanter Projekte) und alles Unlustige oder für sie Abträgliche (z. B. langweilige Routinearbeiten) zu vermeiden.

Bei den sozialen Kognitionstheorien stehen in erster Linie Wahrnehmungs- und Bewertungsprozesse im Vordergrund, insbesondere auch *soziale Vergleichsprozesse* zu anderen Personen im Arbeitsumfeld, die im Ergebnis zu Gerechtigkeits- oder Ungerechtigkeitsempfindungen führen. Wenn z. B. ein Kollege oder Kollegin für den gleichen oder sogar geringeren Arbeitseinsatz mehr an Gehalt erhält oder sogar befördert wird, kommt es automatisch zu Ungerechtigkeitsgefühlen, was unweigerlich die Arbeitszufriedenheit negativ tangiert.

Motivationstheorien, die der humanistischen Lehre nahestehen, sehen das Streben nach Arbeitszufriedenheit (genauso wie das Streben nach Glück o. ä.) als Ausdruck der bisher vollzogenen individuellen Persönlichkeitsentwicklung oder Lebensgeschichte. Um das Endziel *„Selbstverwirklichung"* zu erreichen, sind z. B. gemäß der *Bedürfnispyramide* von Maslow zunächst andere Bedürfnisse wie z. B. das Streben nach (Arbeitsplatz-) Sicherheit zu befriedigen. Ähnlich der Auffassung von Maslow teilten Herzberg und seine Mitwirkenden die Bedürfnisse in *Hygienefaktoren,* die bei Mangel oder Verletzung zu Unzufriedenheit führen, und *Motivationsfaktoren* auf, die allein für das Erreichen von Arbeitszufriedenheit und auch Leistungssteigerungen verantwortlich sind.

Für Vroom (1964, S. 49 ff.) beginnt das Thema Arbeitszufriedenheit bereits mit der Berufswahl und dem Eintritt in das Berufsleben. Verständlich und nachvollziehbar ist, dass viele Organisationen deshalb mithilfe ihres sogenannten „Talentmanagements" versuchen, Berufseinsteiger mit vielversprechendem Potenzial entweder als Auszubildende oder als Trainees für sich zu gewinnen.

Nach der Einarbeitung soll dann die Tätigkeit selbst die intrinsische Motivation anstacheln und fördern bis dann irgendwann sich neue Herausforderungen stellen.

Nach dem Modell von Vroom (1964) ist der *Wert* („Valenz") der Arbeit in Verbindung mit ihren Leistungsergebnissen und den nachfolgenden Honorierungen und der positiven Erwartung, dies auch unter Ausschöpfung der eigenen Fähigkeiten oder Begabungen zu schaffen oder zu bewerkstelligen, der Kern der Arbeitszufriedenheit. Umstritten ist von einigen Forschern (s. Neuberger, 1974, S. 178 ff.) in diesem Zusammenhang die Frage, ob es über die Arbeitszufriedenheit zu besonderen Leistungen (z. B. gemessen anhand der Produktivität) kommt, oder ob herausragende exzellente Leistungen zur Arbeitszufriedenheit im Sinne einer menschlichen Bedürfnisbefriedigung führen? Darüber hinaus treibt vielen Forschern die Frage um, ob es sich bei der Arbeitszufriedenheit um einen summarischen Zustand oder Begriff im Sinne eines „Generalfaktors" handelt, der alles in sich aufnimmt oder erklärt, oder ob Arbeitszufriedenheit etwas ganz spezifisches ist und nur in Zusammenhang mit bestimmten Einflussfaktoren, wie z. B. den Führungsstil des Vorgesetzten, die Leistungsvergütung, die Kollegialität im Team oder die Tätigkeit (Job Content oder Arbeitsinhalte) an sich, zu diskutieren ist? Bei Annahme eines Generalfaktors wurde die Arbeitszufriedenheit in der Forschung eher experimentell untersucht, während Zusammenhänge mit spezifischen Merkmalen eher korrelationsstatisch erhoben oder als abhängige Kriteriums- oder Ergebnisvariable analysiert wurden und die Frage einer Kausalität, egal aus welcher Richtung, blieb unbeantwortet.

Nicht von ungefähr stellte sich bei multiplen Zusammenhängen auch das Problem der *Kompensation* einzelner Merkmale, wenn z. B. ein autoritärer Führungsstil auf ein sehr gutes Betriebsklima in der Arbeitsgruppe traf, und wie sich diese unterschiedlichen Einflüsse dann auf die Arbeitszufriedenheit auswirkten! In diesem Kontext ist z. B. bei der Bemessung der Leistungsvergütung nicht unbedingt die absolute Höhe des Gehaltes oder der Leistungsprämie entscheidend, sondern es kommt aus Sicht des betroffenen Individuums vielmehr darauf an, wie seine (oder ihre) Leistungshonorierung im Vergleich zu *anderen* Kollegen oder Kolleginnen sich bemisst oder ausfällt. Nach den Vorstellungen der „Social Comparison Theory", also der Sozialen Vergleichstheorie (nach Patchen, 1961; zitiert bei Vroom, 1964, S. 151), aber auch der Balancetheorie (s. Abschn. 7.2) und der „Kognitiven Dissonanz Theorie" (Festinger, 1957), führen Unstimmigkeiten zwischen dem, was MA im Vergleich zu anderen an Vergütung erhalten und was sie dafür tun oder leisten, zu Dissonanzen aufgrund von Ungerechtigkeitsempfindungen, die sich natürlich auch auf die Stimmung und damit auf die Arbeitszufriedenheit auswirken. Aus Sicht des Anreizmanagements bewahrheitet sich damit die Vermutung, dass Vergütungsentscheidungen hinsichtlich der Motivation oder der Arbeitszufriedenheit keine absolute, sondern eine relative Einflussgröße sind.

Über eine Messung der Arbeitszufriedenheit (s. Abschn. 5.4.2) kann sich ein Unternehmen ein zusätzliches Feedback von den MA an der Basis und vor Ort verschaffen, das, sofern eingeführt und vorhanden, eine multiple Beurteilung

z. B. als Vorgesetztenbeurteilung (s. Abschn. 6.1) sinnvoll ergänzen kann. Strategisch wäre die Erhebung dieses Parameters Arbeitszufriedenheit allemal, da die Organisation als Ganzes – und nicht nur einzelne Führungskräfte – von den Beschäftigten Antworten auf die wichtigsten gestellten oder vielleicht noch nicht gestellten Fragen erhält.

3.5.2 Commitment oder Zustimmung und Bindung an die Organisation als Arbeitgeber

Zugehörigkeitsgefühle zu einer sozialen Gruppierung wie eine Organisation oder Firma sowie eine positive Grundstimmung dort zu sein und zu arbeiten sind die Elemente, die das sogenannte Commitment charakterisieren und beschreiben. Nicht verwunderlich ist, dass das im Zusammenhang mit Commitment angeführte Organizational Citizenship Behavior (OCB) genau das Gegenteil dessen ist, was „Dienst nach Vorschrift" ausmacht. Freiwilliges Engagement zum Wohle der Firma auf allen Ebenen und Kanälen dürfte in Verbindung mit Kollegialität und Hilfsbereitschaft die zutreffendste Hervorhebung und Charakterisierung sein. Nicht zu vergessen ist die Gewissenhaftigkeit, das Streben nach Perfektion und die Selbstdisziplin, die als persönliche Eigenschaften tagtäglich unter Beweis zu stellen sind, um nur einige der in der Fachliteratur angemerkten Facetten von OCB zu erwähnen (s. z. B. Felfe & Six, 2006, S. 48 ff.).

Unter personalstrategischen Aspekten ist Commitment die Voraussetzung insbesondere für Loyalität und Betriebstreue oder (lebenslange) Personalbindung an das Unternehmen und was die Firma für die betroffenen MA so etwas wie „ihre Familie" darstellt. Gerade Mitarbeiterbeteiligungsmodelle (z. B. Belegschaftsaktien) oder eine kollektive Komponente bei der Leistungsvergütung (s. Abschn. 3.2) können diesen (sozialen) Zusammenhalt noch verstärken und intensivieren.

3.6 Resümee

Ohne strategische Personalbeurteilungen im Sinne einer übergeordneten, unternehmensweiten Qualifikations- und Potenzialeinschätzung der MA lassen sich eine Reihe wichtiger strategischer Aufgaben des Performance Managements nicht bewältigen. An dem „Wert", den ein MA aufgrund seiner oder ihrer Qualitäten für eine Firma hat, müssen sich auch die Entlohnung und die spätere Karriereentwicklung orientieren und richten. Nur so gelingt es dem Personalmanagement, die wichtigsten und kompetentesten MA langfristig an das Haus zu binden und Investitionen in die Aus- und Fortbildung der MA mit einer „Bildungs-Rendite" als Mehrwert an Leistungen zurückzubekommen. Optimal ist es, wenn es ein Unternehmen gelingt, gerade ihre „Spitzenkräfte" wie talentierte Führungsnachwuchskräfte oder ihre „Know how – Träger" auf Dauer in der Firma bis zu ihrem natürlichen Eintritt in den Ruhestand zu halten. Arbeitszufriedenheit mit der Arbeitstätigkeit an sich und Commitment zur Organisation als Arbeitgeber sind die Voraussetzungen nicht nur für „Spitzenleistungen", sondern auch für die Loyalität zur Firma und für ein „Correctness" (oder OCB) im Mitarbeiterverhalten.

Literatur

Baron, J. N., & Kreps, D. M. (1999). *Strategic human resources. Frameworks for general managers.* Wiley.

Becker, B. E., Huselid, M. A., & Ulrich, D. (2001). *The HR Scorecard. Linking people, strategy, and performance.* Harvard Business School Press.

Becker, F. G. (1998). *Grundlagen betrieblicher Leistungsbeurteilungen* (3. Aufl.). Schäffer-Poeschel.

Brandstätter, H. (1970). Die Beurteilung von Mitarbeitern. In A. Mayer & B. Herwig (Hrsg.), *Betriebspsychologie 9. Band* (2. Aufl., S. 668–734). Hogrefe.

Crisand, E., Kramer, S., & Schöne, M. (2003). Personalbeurteilungssysteme. Ziele – Instrumente – Gestaltung. In E. Crisand, H. J. Bauschke (Hrsg.), *Arbeitshefte Personal und Organisation* (3. Aufl., Bd. 23). Sauer.

Felfe, J., & Six, B. (2006). Die Relation von Arbeitszufriedenheit und Commitment. In L. Fischer (Hrsg.), *Arbeitszufriedenheit, Konzepte und empirische Befunde* (2. Aufl., S. 37–60). Hogrefe.

Festinger, L. (1957). *A theory of cognitive dissonance.* Stanford University Press.

Hossiep, R., Zens, J. E., & Berndt, W. (2020). Mitarbeitergespräche. Motivierend, wirksam, nachhaltig. In H. Schuler, J. Felfe, R. Hossiep & M. Kleinmann (Hrsg.), *Praxis der Personalpsychologie, Human Resource Management kompakt* (2. Aufl., Bd. 16). Hogrefe.

Ilgen, D. R., & Feldman, J. M. (1983). Performance appraisal: A process focus. In L. L. Cummings & B. M. Staw (Hrsg.), *Research in organizational behavior, an annual series of analytical essay and critical reviews* (Bd. 5, S. 141–197). JAI Press.

Kellogg, M. S. (1955/1962). Appraising the performance of management personnel. In T. L. Whisler & S. F. Harper (Hrsg.), *Performance appraisal, research and practice* (S. 515–528). Holt, Rinehart and Winston.

Kiefer, B.-U., & Knebel, H. (2004). *Taschenbuch Personalbeurteilung. Feedback in Organisationen* (11. Aufl.). Verlag Wirtschaft und Recht.

Müller, J. (2006). *Personalbeurteilung, Bewertungsfehler Optimierung.* VDM Verlag Dr. Müller.

Neuberger, O. (1974). *Theorien der Arbeitszufriedenheit. Sozialökonomie 7.* Kohlhammer.

Neuberger, O. (1995). *Mikropolitik. Der alltägliche Aufbau und Einsatz von Macht in Organisationen.* In O. Neuberger (Hrsg.), Basistexte Personalwesen, Bd. 7. Enke.

Neuberger, O. (2006). *Mikropolitik und Moral in Organisationen* (2. Aufl.). UTB, Lucius & Lucius.

Paterson, D. G. (1922–1923/1962). The Scott company graphic rating scale. In T. L. Whisler & S. F. Harper (Hrsg.), *Performance appraisal, research and practice* (S. 145–60). Holt, Rinehart and Winston.

Rao, T. V. (2004). *Performance management and appraisal systems. HR tools for global competitiveness.* Response Books.

Rowland, V. K. (1951/1962). Management inventory and development. In T. L. Whisler & S. F. Harper (Hrsg.), *Performance appraisal, research and practice* (S. 529–540). Holt, Rinehart and Winston.

Ryan, T. A. (1945/1962). Merit rating criticized. In T. L. Whisler & S. F. Harper (Hrsg.), *Performance appraisal, research and practice* (S. 161–169). Holt, Rinehart and Winston.

Scholz, C. (2011). *Grundzüge des Personalmanagements.* Vahlen.

Thamm, B. (1990). Markt-Scoring. Ein systematisches Verfahren zur Beurteilung von Filial-märkten. *Markforschungsreport 90/6 von tele RESEARCH Institut für Telefon-Markt-forschung GmbH (IFM Mannheim), 1990*, 3–6.

Vroom, V. H. (1964). *Work and motivation*. Wiley.

Whisler, T. L., & Harper, S. F. (1962). (Hrsg.). *Performance appraisal. Research and practise*. Holt, Rhinehart and Winston.

Wienkamp, H. (1993). Mit dem Bonus kommen Sie ans Ziel. *Bank Magazin, 4*(93), 35–39.

Wienkamp, H. (1997). Performanceorientierte Anreizsysteme im Finanz- und Dienstleistungs-geschäft. *M & M Marktforschung & Management. Zeitschrift für marktorientierte Unter-nehmenspolitik, 41*(3), 98–105.

Wienkamp, H. (2020). *Der Weg zum Personalkennzahlensystem. Das HR-Cockpit in der Praxis – Einfach, pragmatisch, systematisch*. Springer.

Wienkamp, H. (1996). Anreizförderung durch systematisches Gehaltsmanagement. In H. Meier & U. Schindler (Hrsg.), *Human Resources Management in Banken. Strategien, Instrumente und Grundsatzfragen* (S. 261–290). Gabler.

Potenzialbeurteilungen

4

Zusammenfassung

Für Potenzialbeurteilungen existieren verschiedene Durchführungswege. Einmal lassen sie sich als strukturiertes Interview, evtl. unterstützt mit einem Beurteilungsbogen als Checkliste, durchführen, oder die Potenzialkandidaten werden nach ihrer Identifizierung direkt einem AC zur Potenzialüberprüfung unterzogen. Auf jeden Fall ist zu prüfen und herauszufinden, in welchen Anforderungsmerkmalen verfügt der Kandidat über Potenzialstärken und welche Potenzialrichtungen sind zu erkennen (z. B. Generalmanagement, Beratung, Prozessgestaltung usw.).

Am Anfang einer Potenzialbeurteilung kann eine Potenzialanalyse durch Befragung der zuständigen Führungskräfte stehen. Ohne den Einsatz entsprechender Instrumente, wie ein Beurteilungsbogen, eine Checklist oder ein Interviewleitfaden als Strukturierungshilfe, wäre dieses Vorhaben ein schwer zu meisterndes Unterfangen und mit einigen Schwierigkeiten und Mühen verbunden. Vorteil dieser Analyse- und Dokumentationsmittel ist, dass sie dem Interview sowohl eine Struktur geben, deshalb heißt diese Methode auch „strukturiertes Interview", als auch als Ergebnis der Befragung ein erstes Portrait oder „Psychogramm" des Potenzialkandidaten liefern, das dann im weiteren Prozess zur Diskussion steht und der abschließenden Bestätigung (oder Falsifikation) bedarf.

© Der/die Autor(en), exklusiv lizenziert an Springer-Verlag GmbH, DE, ein Teil von   53
Springer Nature 2022
H. Wienkamp, *Strategische Personalbeurteilungen*,
https://doi.org/10.1007/978-3-662-66220-5_4

4.1   Potenzialmerkmale zur Diagnostik der Potenzialstärke

Potenzialmerkmale entstammen den Anforderungsmerkmalen, die für eine Position das Anforderungsprofil ergeben und abbilden. Inhaltlich verbergen sich hinter den Anforderungs- oder Potenzialmerkmalen sowohl Qualifikations-erfordernisse des jeweiligen Fachgebietes oder ein besonderes „Know how" als auch Persönlichkeitsmerkmale, deren Erfüllung von den Potenzialträgern zu fordern sind. So standen in einem als Praxisbeispiel zitierten Unternehmen im Mittelpunkt des Interesses Potenzialmerkmale, die auf die meisten Funktionen im Management- und Führungsbereich mehr oder weniger zutrafen. Dazu zählten:

1. **Komplexitätsbewältigung**: das kognitive Potenzial, um schwierige intransparente Situationen zu durchschauen, sie zu analysieren und mit einer systematischen Arbeits-weise zu Lösungen zu kommen
2. **Neugier**: der Drang zu Veränderungen, zum Lernen und zu neuen innovativen Wegen
3. **Leistungsmotivation**: Antrieb und Zielstrebigkeit bei voller Verantwortungsbereit-schaft
4. **Konfliktmanagement**: Bevorzugung von kooperativen Umgangsformen, aber im Aus-nahmefall auch die Bereitschaft, Konflikte einzugehen und zu bewältigen
5. **Persönlichkeitsstruktur**: Realistische Selbsteinschätzung, gepaart mit Kritikfähigkeit bei hoher Selbstwirksamkeit in Entscheidungssituationen und unter Belastungen
6. **Außenwirkung**: persönliche Ausstrahlung in der Kommunikation und Wirkung auf andere Personen (s. Abb. 4.1)
7. **Sonstige spezifische Potenzialeigenschaften**: besonderes Know how oder z.B. exklusive (intime) Kenntnisse über Kunden, Verbund- oder Kooperationspartnern etc.

Entsprechend dem vorgesehenen Procedere sollten die befragten Führungskräfte den Potentialkandidaten bezüglich der Potenzialmerkmale zuerst *allgemein* nach seinen oder ihren besonderen auffälligen Stärken (s. Skala, wobei „1" = sehr stark; „2" = stark und „3" = weniger stark ausgeprägt bedeutete) und dann die Aus-prägungen der zugehörigen *Verhaltensmuster* einschätzen, was im Ergebnis ein Verhaltensprofil ergab. Nach dem Vorliegen des Verhaltensprofils erfolgte ein Ver-gleich mit der allgemeinen Merkmalseinschätzung auf Stimmigkeit zur Reflexion und Selbstkontrolle des Befragten. Primär aus differentialdiagnostischen Gründen galt das Bestreben, *relative Urteile* zu erhalten, d. h., auch wenn alle Persönlich-keitsmerkmale bei dem Potenzialkandidaten vorhanden und gut erkennbar und entwickelt waren, kam es darauf an, zu erfahren, welche waren für ihn oder sie besonders kennzeichnend und prägten sein oder ihr Persönlichkeitsprofil und wären das, was hier als *Potenzialstärken* verstanden wurde.

4.2   Potenzialrichtungen

Zur Einschätzung der *Potenzialrichtung,* wie der andere Teil der Potenzialanalyse genannt wurde, standen definierte Persönlichkeitstypen, die an unterschiedlichen Stellen in dem Unternehmen gefragt waren bzw. sind und vorkommen können,

Nr.	Merkmal	Allgemeine Ein- schätzung	Verhaltensmuster (Einzelbeurteilung)	Ausprägung Weniger stark / stark	
6	Außenwirkung	1 2 3	a) Argumentationsstärke: Überzeugt durch sachliche Argumente sowie durch angemessene Kommunikation / Präsentation	☐	☐
			b) Überzeugungskraft: findet zu Anderen den richtigen Zugang; überzeugt auch durch die Person	☐	☐
			c) Vertrauen: erreicht persönliche Akzeptanz	☐	☐
			d) Gesprächsführung: hat die Gesprächsführung in der Hand	☐	☐
			e) Begeisterungsfähigkeit kann Andere positiv beeinflussen bzw. begeistern und zum Mitmachen bewegen	☐	☐

Abb. 4.1 Auszug aus einem Potenzialanalyseinstrument zur Feststellung der Potenzialstärke

zur Debatte. So fand nach der Aufgabenkompetenz eine Unterscheidung zwischen *Generalisten* einerseits und *Fachspezialisten* andererseits statt. Zur Risiko-kompetenz gehörten entweder *Chancennutzer* oder *Risikovermeider* (s. Abb. 4.2). In der Rollenkompetenz als dritte Potenzialrichtung wurden zum einen *dominante* Persönlichkeitstypen gesucht, zum anderen Mitarbeitertypen, die sich nicht so in den Vordergrund schieben und stattdessen anderen Personen häufig ihre *Unter-stützung* anbieten und mit ihrer Hilfe und Beratungskompetenz „den Rücken frei halten" (darunter fallen auch die sogenannten „Kümmerer").

Eng verwandt mit dieser Differenzierung wäre eine Unterscheidung nach (wahlweise definierten) *Mitarbeitertypen,* bei denen sich der eine Teil z. B. um die Strategieentwicklung oder das Ausarbeiten von Konzeptionen kümmert, während der entgegengesetzte oder komplementäre Typ mehr für das „Kleingedruckte", also für die Details, zuständig ist. Die „Detailfetischisten" sind z. B. auch für die Endfassung von Texten verantwortlich und suchen den „Fehlerteufel", oder sie sollten auch die Stimmigkeit von Ideen oder Vorschlägen prüfen oder hinterfragen. Das wäre vorzugsweise ihr Job – und weniger die „großen Linien", die eher den Strategen vorbehalten sind.

Persönliche Präferenzen für bestimmte Persönlichkeitstypen decken zwar nicht die gesamte Persönlichkeit ab, sie bieten allerdings den Vorteil, dass sie Personen zusammenfassen und typisieren, die sich in bestimmten Eigenschafts-ausprägungen ähneln. Personenwahrnehmung und Beurteilung fällt zudem dann

	Ggf. Extrema		Normalbereich: Tendiert eher zu		Normalbereich: Tendiert eher zu		Ggf. Extrema	
2 Risiko-kompetenz	Sprunghaft	☐	Spontan	☐	Berechenbar	☐	Phlegmatisch	☐
	Spendabel, ggf. verschwen-derisch	☐	Nutzenorientiert	☐	Kostenorientiert	☐	Sparsam, fast knauserig	☐
	Läuft gern jeder Modewelle nach	☐	Bevorzugt innovative Ansätze	☐	Bevorzugt gängige, bewährte Ansätze	☐	Bleibt in altein-gefahrenen Bahnen	☐
	Hat häufig keine eigene Meinung	☐	Flexibel	☐	Standfest	☐	Stur	☐
Ergebnis	**Chancennutzer:**				**Risikovermeider:**			

Abb. 4.2 Auszug aus einem Potenzialanalyseinstrument zur Feststellung der Potenzialrichtung

leichter, wenn die verwendeten Typen polarisieren, wie das Beispiel in Abb. 4.2 zeigt. Persönlichkeitstypen lassen sich auch durch eine bewusste Kombination definierter Persönlichkeitsmerkmale identifizieren, wie es z. B. für den Finanz-sektor Wienkamp (2019, S. 134 f.) auf der Basis der Merkmale Anreizmotivation und Risikotoleranz vorschlug und darstellte.

Bleibt noch der Vollständigkeit halber hinzuzufügen, dass für die Potenzial-richtung (oder Laufbahnrichtung) auch die Berufsausbildung, das Studium oder allgemein die *Qualifizierung* ebenso wichtig sein kann. Niemand würde so ohne weiteres auf die Idee kommen, z. B. einen Juristen zum Leiter der Konstruktion oder Fertigung zu befördern und ein Team von Ingenieuren oder Technikern zu führen. Allerdings haben nach eigener Beobachtung z. B. Juristen im Marketing oder im Verkauf schon Karriere gemacht, wenn dieses Berufsfeld ihrer Mentalität entsprach.

Somit ist neben der Qualifikation die *Mentalität,* um die es insbesondere bei der vorgestellten Diagnostik ging, die ausschlaggebende Eigenschaft für die Bestimmung der Potenzialrichtung.

4.3   Und wie geht es weiter?

Beide Analysetools zur Potenzialeinschätzung sollten die Suche nach passenden Stellen im Management oder im Führungskader nachhaltig unterstützen, bevor dann das Potenzial von einem anderen Beobachter- und Beurteiler Kreis im EAC überprüft wurde.

Bei späteren Potenzialüberprüfungen durch Gruppen-AC's, also ohne Anbindung an eine unmittelbare Stellenbesetzung (wie beim EAC), die sozusagen „auf Halde" oder auf Vorrat geschehen, beginnt die Stellensuche erst nach dem AC

Tab. 4.1 Stellen-Bewerber-Matrix

Bewerber	Stelle 1	Stelle 2	Etc.	Stelle N
A		X		X
B	X	X		
Etc.				
M	X		X	X

und erfolgter Potenzialbestätigung. Aus Sicht des Personalmanagements waren dann gemäß „Stellen-Bewerber-Matrix" *N* Stellen jeweils für *einen* Bewerber oder Potenzialkandidaten geeignet, oder umgekehrt, es ständen für *eine* Vakanz *M* Nachfolgekandidaten zur Verfügung (s. Tab. 4.1).

Aufgrund einschlägiger praktischer Erfahrungen sollten für jede neu zu besetzende Stelle mindestens *drei* Nachfolgekandidaten als interne Bewerber infrage kommen, um das Besetzungsrisiko (in der Zukunft) zu minimieren. – Auch im Mannschaftssport wie im Fußball gibt es Ersatzspieler auf der Reservebank, die zur Not oder bei Bedarf einspringen können. Als dritte Dimension dieser Stellen-Bewerber-Matrix oder auch PE – Portfolio wäre daher (gedanklich) noch die Zeit hinzuzufügen, also wann ein konkreter Nachfolge- oder Besetzungsbedarf eintritt und wieviel Zeit verbleibt, um Nachfolgekandidaten auf die neuen Aufgaben vorzubereiten und zu entwickeln.

4.4 Resümee

Potenzialanalysen sollten nicht nur nach den Potenzialmerkmalen Ausschau halten, sondern sich ebenso an die infrage kommenden Potenzialrichtungen orientieren. Potenzialmerkmale weisen die gefragten Potenzialstärken des MA aus, Potenzialrichtungen deuten die ebenso wichtige Frage an, „wo die Reise ggf. hingeht oder hingehen sollte". Mit den Potenzialmerkmalen verbindet sich dann inhaltlich die PE des Potenzialkandidaten, während die Potenzialrichtung für die spätere Laufbahnplanung richtungsweisend ist.

Literatur

Wienkamp, H. (2019). *Anreiz, Risiko, Ruin. Finanzpsychologie für Jedermann!* Springer.

Balanced Score Card (BSC)

5

Zusammenfassung

Um ein Missverständnis vorzubeugen: Bei der Beschäftigung mit der Balanced Score Card (BSC) geht es nicht darum, eine neue oder andere BSC als Kennzahlensystem zu entwickeln und vorzustellen, sondern lediglich um die Schnittstelle oder die Verknüpfung zwischen einer Personalbeurteilung und der Leistungsdimension „Lernen und Entwickeln" innerhalb einer BSC. Gerade von einer strategischen Personalbeurteilung dürfte die Ausgestaltung einer BSC sehr profitieren, wenn die Leistungs- und Prozesstreiber sowie die Ideenspender und Kompetenzträger in diesem Funktionsfeld identifiziert werden können. Ursprung fast aller Ursache-Wirkungsketten im Performance Management sind nun mal die Human Resources (HR), die gemäß ihrer eingeschätzten Professionalität optimal einzusetzen, zu fördern und im Zuge der strategischen Zielsetzungen immer wieder zu beurteilen und neu zu justieren sind, um Wettbewerbsvorteile zu erringen bzw. zu erhalten. Ohne ein qualifiziertes Feedback von der Basis, also den Mitarbeitern vor Ort, lässt sich ebenso wenig die Gültigkeit und Stimmigkeit der Strategie beurteilen. Aber, nicht alles was an Informationen über das Personal gewünscht wird, lässt sich auch messen!

Mit der Balanced Score Card (BSC) von Kaplan und Norton (1997) ist seinerzeit ein Durchbruch oder Quantensprung im Management von Organisationen gelungen, da es mithilfe dieses neuen Systems gelang, das bisherige operative, an finanzwirtschaftlichen Größen ausgerichtete Unternehmenscontrolling mit dem strategischen Controlling oder Management zu verzahnen. Unternehmensvision, Mission oder Strategie ließen sich nicht nur innerhalb eines Modells mit ihren dazu notwendigen Komponenten oder Einflussgrößen abbilden, sondern zusätzlich konnten in diesem Funktions- oder Prozessmodell auch die Ursache-Wirkungs-Beziehungen mit ihren Ergebnisgrößen (z. B. Marktanteil) und deren

Treibern (z. B. Kundenservice) identifiziert und zur Vorsteuerung des Systems benutzt werden, auf die das Management im Sinne der Strategieumsetzung einwirken kann.

Nachdem das Basismodell der BSC mit ihren vier Leistungsdimensionen vorgestellt wurde geht es nun primär darum, die Konsequenzen für das Performance Management aufzuzeigen und auf die evtl. positive Einflussnahme einer Personalbeurteilung hinzuweisen.

5.1   Das Grundmodell der BSC

Eine BSC umfasst als Bestandteile oder Dimensionen:

- finanzwirtschaftliche Kennwerte als erwirtschaftete Ergebnisse wie z. B. Rendite, Umsatzwachstum oder Ertrag bzw. Kosten;
- markt- oder kundenbezogene Ergebnisgrößen, die sowohl quantitativ (z. B. Marktanteil) als auch qualitativ (z. B. Kundenzufriedenheit mit dem Kundendienst) sein können;
- alle wesentlichen und kritischen Prozesse der Leistungserbringung mit ihren Parametern wie z. B. Zeitgrößen (z. B. „time to market");
- die Lern- und Entwicklungsperspektive, die das HR Management mit all ihren Elementen und Vernetzungen berücksichtigt und, soweit möglich, versucht anhand geeigneter Personalkennziffern zu quantifizieren.

Kennzeichnend für eine BSC ist, dass diese vier Dimensionen nicht separat voneinander unabhängige Bereiche sind, sondern die ablaufenden Prozesse greifen ineinander und stellen sich einmal als „unabhängige Variablen" oder Treiber, zum anderen als „abhängige Variablen" oder Leistungsergebnisse in einem vielschichtigen untereinander vernetzten System vor, idealerweise innerhalb eines darauf ausgerichteten Managementinformationssystems (MIS), das allein der Realisierung der geltenden Strategie dient.

Mit der Bezeichnung „Balanced" kommt zudem zum Ausdruck, dass die Ziele der vier Dimensionen auszubalancieren sind, d. h., sie müssen aufeinander abgestimmt sein und dürfen sich nicht widersprechen oder gegenseitig blockieren. Besonders kritisch sind die Momente, wenn auf der einen Seite Investitionen in Forschungsprojekte, in die Marktbearbeitung oder auch in die PE von MA geplant sind, die auf der anderen Seite natürlich Kosten verursachen und (zunächst) zulasten der finanzwirtschaftlichen Ergebnisse gehen.

5.2   Konsequenzen für das Performance und Personal Management

Mit der Einführung einer BSC soll es gelingen, strategische Pläne in Ziele und Kennwerte auf allen Unternehmensebenen zu übersetzen und für jeden einzelnen zu veranschaulichen und zu konkretisieren. Im Idealfall kennt nicht nur jeder Beschäftigte mehr oder weniger genau die verabschiedete Strategie oder das propagierte Geschäftsmodell seines Geschäfts- oder Fachbereiches, sondern sollte auch wissen, welchen Einfluss sein konkretes Handeln auf die betriebs- oder finanzwirtschaftlichen Ergebnisse hat – und sich bei jeder Aktion danach richten. Auf diese Weise kann z. B. Materialverschwendung, Zeitverluste bei der Produktion oder bei der Auslieferung usw. vermieden werden, oder es ist durch einen aufmerksamen Service Kundenverlusten und damit Umsatz- und Ertragseinbußen vorzubeugen.

Publikationen zu den Lern- und Wachstumszielen, also zu der Dimension „Lernen und Entwickeln" der BSC, betonen häufig die Investitionen in die Schulung und Weiterbildung des Personals bzw. erschöpfen sich darin – und weisen allenfalls noch auf die Notwendigkeit einer modernen IT-Infrastruktur und Software als Arbeitsmittel hin (s. Kaplan & Norton, 1997, S. 121 ff.). Es darf bezweifelt werden, ob PE allein ausreicht oder ob nicht das ganze Arsenal an Konzepten und Instrumenten des Personalmanagements, vielleicht mit unterschiedlichen Schwerpunkten und Zielsetzungen, darin involviert ist und zum Zuge kommen muss, um Lernen und Entwickeln und damit auch die Kompetenz und den Anreiz für Innovationen, Prozessoptimierungen und Marketinginitiativen zu ermöglichen. Nur dann kann an allen zur Verfügung stehenden „Schrauben" zur Strategieumsetzung durch das Performance Management gedreht werden. Erfolgreich sind Unternehmen im HR-Management zudem, wenn ihre personalwirtschaftlichen Konzepte und Instrumente einem „Alignment" unterliegen, also aufeinander abgestimmt sind und dieselbe Richtung oder dieselben Ziele ansteuern (s. Ulrich, 1997, S. 77; Ulrich & Brockbank, 2005, S. 111). Im Ergebnis soll dadurch eine Personalpolitik „aus einem Guss" erreicht werden, sodass „alle an einem Strang ziehen".

So hat sicherlich erste Priorität, die *vorhandenen* MA so zu qualifizieren, dass sie ihre Aufgaben wie erwartet und gewünscht erledigen können. Strategisch erforderlich kann aber auch eine gezielte Personalbeschaffungspolitik sein, die entweder auf die Gewinnung talentierter Nachwuchskräfte oder auf den gezielten Wissensimport von Spezialisten, wie z. B. Forscher oder Wissenschaftler für den F & E – Bereich, abzielt. Entscheidend ist, dass die Personal- oder Qualifikationsstruktur strategiekonform ist! Nachfolgende Abbildung möge diesen Zusammenhang veranschaulichen (s. Abb. 5.1).

Nicht zu unterschätzen ist der Kompetenzerwerb und das damit gesammelte Know how durch „Learning by doing", das in der Regel auf implizites oder Insiderwissen beruht und die entscheidende Voraussetzung für Innovationen ist. Moderne IT-Technologien treten dann noch als Infrastruktur und Kommunikationsmedien hinzu, wenn es darum geht, viele Mitwirkende in den Leistungsprozessen zu erreichen und simultan und aktuell mit Informationen zu versorgen. Das kann einmal durch das firmeneigene Intranet auf schnelle Weise und gleichzeitig geschehen, es kann zum anderen auch über dafür geschaffene Expertensysteme passieren (z. B. haben für Autoreparaturen die Autohersteller zentrale Expertensysteme für die dezentralen Autowerkstätten aufgebaut, um Know how zu sammeln und zu streuen), um z. B. bei F & E – Projekten oder

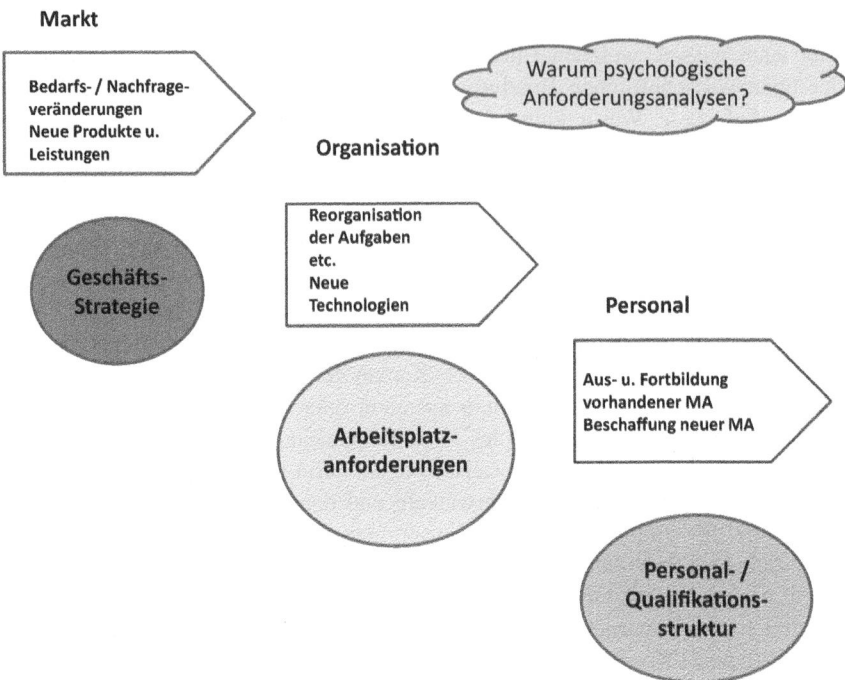

Abb. 5.1 Geschäftsstrategien beeinflussen über die Arbeitsanforderungen die Personal- und Qualifikationsstruktur (Aus Wienkamp, 2020b)

sonstigen neuen innovativen Vorhaben „das Rad nicht ständig neu erfinden zu müssen".

Für die Qualifizierung und Schulung bedarf es neben aktuellen und fundierten Anforderungsprofilen (s. hierzu Wienkamp, 2020a, 2020b, 2021a und 2021c) auch eine Einschätzung, wo die MA heute stehen und wo ihnen „der Schuh drückt", was ein Beurteilungsverfahren voraussetzt und hervorbringen soll.

5.3   Personalbeurteilungen im Rahmen von BSC

Mitarbeiterbeurteilungen können darüber informieren, ob die Beschäftigten zunächst einmal die aktuelle Strategie gemäß BSC überhaupt verstanden und verinnerlicht haben, und ob sie gewillt sind, danach zu handeln und zu arbeiten. Informationen geben hierüber weniger die formalen Beurteilungssysteme, sondern eher die Feedbackgespräche, die auch eine Rückmeldung der Mitarbeiterreaktionen an ihre Führungskraft sind.

Sollte in der strategischen Ausrichtung etwas im Argen liegen, wäre in diesem Moment nicht allein über Maßnahmen zur Zielerreichung nachzudenken („Single Loop Learning"), sondern ggf. die Strategie selbst und ihre Zielsetzung bzw. ihre Prämissen zu beurteilen und ggf. anzupassen oder zu korrigieren („Double Loop

Learning"), was gerade der Kern oder die Funktion einer BSC ist! Bottom Up ist der Weg, um die entscheidenden Informationen auch über Störungen oder Hindernisse bei der Strategieumsetzung von der Basis, also von den MA vor Ort oder „an der Front" nach oben an die „oberste Heeresleitung" zu transportieren, damit die Mitglieder der Vorstandsetage oder die Geschäftsleitung bei ihren strategischen Entscheidungen über sie ausreichend im Bilde sind und nicht an der Realität vorbei agieren.

Ideengeber, Problemlöser oder „ausführendes Organ" (durch „Learning by doing") sind bekanntlich die MA selbst, die auf der Basis der betrieblichen Anforderungen einerseits optimal einzusetzen, andererseits professionell zu führen sind, was eine Personalbeurteilung, in welcher Form auch immer, als Feedbackgebung zwingend voraussetzt. Im Hinblick auf die BSC-Dimension „Lernen und Entwickeln" sollten Führungskräfte ihre Mitarbeitenden am Ende des Beurteilungsgespräches bewusst dazu auffordern, ihre Ideen zur Veränderung oder Verbesserung der Arbeitsorganisation und deren Abläufe vorzutragen oder sich einmal gedanklich auf den Stuhl ihres Vorgesetzten zu setzen und sagen, was sie ggf. verändern würden. Solch ein Gedankenaustausch könnte wertvolle Ideen ergeben und ganz neue Impulse zum Wohle aller und der Organisation freisetzten (s. auch Abschn. 9.1).

An einer Mitarbeiterbeurteilung haben oder sollten eigentlich alle Betroffenen oder Parteien ein großes Interesse haben. Einmal das Unternehmen, das auf der Basis der Beurteilungsergebnisse eine angemessene Personalförderung und Ressourcensteuerung betreiben will. Zum zweiten die Führungskräfte, die dafür Sorge tragen, dass ihr Bereich die gesetzten Ziele und Ergebnisse realisiert, was nur durch ein entsprechendes Können und Wollen der dort ansässigen Beschäftigten möglich ist. Und schließlich die MA selbst, die für ihre Leistungen und Anstrengungen nicht nur eine angemessene Honorierung und Anerkennung erwarten, sondern darüber hinaus eine kontinuierliche Förderung, um ständig besser und leistungsfähiger zu werden. Demzufolge erwarten sie auch eine gerechte und leistungsabhängige Verteilung und Zuwendung der Anreizmittel (also Geld), was die Existenz eines anforderungsgerechten und anreizorientierten MBS voraussetzt (oder wie vorgeschlagen eine Einstufung gemäß Standortbestimmung; s. Abschn. 3.1).

Von besonderem Wert für eine BSC scheinen auch die sogenannten „Karrieregespräche" zu sein, die auf der vorausgehenden Mitarbeiterbeurteilung fußen und im Rahmen der Standortbestimmung, Vergütungspolitik und Karriereförderung die alles entscheidende Instanz oder die wichtigsten Stationen einer PE für das Personal sind. Sie haben zumindest für die Realisierung der Personalstrategie in vielerlei Hinsicht essentielle Bedeutung und Relevanz (s. hierzu auch Abb. 5.2 als „Regelkreismodell").

Offensichtlich können Personalbeurteilungen zusammen mit anderen HR-Instrumenten und Maßnahmen einen direkten Einfluss auf andere betriebswirtschaftliche und unternehmensspezifische Parameter ausüben, wie z. B. auf das Potenzial an Produktinnovationen, die Prozessoptimierung und den Kundenservice, um nur einige zu nennen. Über diese Stationen üben sie gleichfalls einen spürbaren Einfluss auf die Erfüllung der geschäftsstrategischen Ziele aus wie es

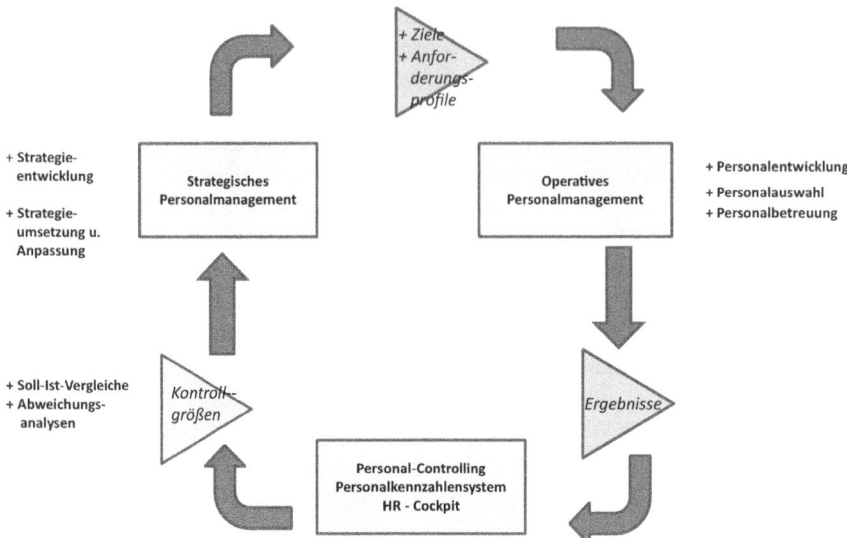

Abb. 5.2 Das Personalmanagement als Rückkopplungsmodell. (Aus Wienkamp, 2021a)

die Abb. 5.1 skizziert und veranschaulicht. Personalbeurteilungen nehmen insofern eine Schlüsselposition im strategischen Personalmanagement ein, da von
ihren Ergebnissen eine Reihe von operativen Funktionen des Personalgeschäftes
abhängig sind und davon leben wie z. B. die künftige Personaleinsatzplanung und
die Personalförderung (vgl. Liebel & Oechsler, 1994, S. 8).

Neben den PE-Indikatoren fallen auch noch andere Einflussgrößen ins
Gewicht. Zusätzlich kann z. B. die *Arbeitszufriedenheit* (s. auch Abschn. 3.5)
als Stimmungsindikator Auskunft geben über die „Stimmung an der Basis", die
neben den Rückmeldungen im Mitarbeitergespräch noch ggf. durch Mitarbeiter-
befragungen zu ermitteln und zu quantifizieren ist und stark vom herrschenden
Betriebsklima als „Hygienefaktor" geprägt wird. Mitarbeiter- oder Beurteilungs-
gespräche können auch als Frühwarnsystem fungieren, wenn z. B. MA dort von
Veränderungen oder sogar Kündigungen reden, wodurch die Betriebstreue als
Parameter, entweder ausgedrückt durch die durchschnittliche Verweildauer im
Unternehmen oder durch die Fluktuationsrate, negativ beeinflusst wird und dem
Ziel einer dauerhaften Mitarbeiterbindung entgegensteht.

5.4   BSC und Personal-Controlling

Die BSC als strategisches und operatives Informations- und Kontrollsystem
gehört oder ist Teil eines in vielen Organisationen seit Jahrzehnten eingeführten
Managementinformationssystems (MIS). Mit den Kennzahlen und Parametern aus
dem „laufenden Geschäft" oder der Produktion geht die BSC über ein Personal-
Controlling hinaus. Dennoch bestehen Berührungspunkte oder Schnittstellen

insbesondere zwischen der BSC-Dimension „Lernen und Entwickeln", die anhand von „weichen" qualitativen Indikatoren gerade Wachstum und Innovation für sich in Anspruch nimmt, und einem strategischen Personalmanagement bzw. dem Personal-Controlling als ausführendes Organ. Da auch das Personal-Controlling mit seinen personalwirtschaftlichen Kennzahlen das MIS unterstützt und sich diese Architektur in ihren spezifischen Anwendungsbereichen zu eigen macht (s. Wienkamp, 2020b), sollten die Funktionen und Aktivitäten beider Systeme (BSC und Personal-Controlling) ineinandergreifen und gemeinsam dem strategischen Personalmanagement zu Diensten sein.

5.4.1 Welche Personalkennzahlen kommen für eine BSC infrage?

Neben den finanzwirtschaftlichen Größen wie Personalkosten sind gerade die *qualitativen* Faktoren als Frühwarnindikatoren von besonderer Bedeutung, da sie *frühzeitig* kritische Entwicklungen indizieren können, vorausgesetzt, sie werden Ernst und zur Kenntnis genommen.

Fehlende neue Basistechnologien infolge Technikverdrossenheit, Bequemlichkeit oder Behäbigkeit, falsche Anreize in den Sozialsystemen, die die Arbeitsmotivation als Antreiber für technisch-wirtschaftlichen Fortschritt und Wachstum untergraben, usw. (vgl. Bühl, 1984, S. 123) sind z. B. in der Soziologie Indikatoren, die auf eine *kritische Entwicklung* einer Volkswirtschaft hinweisen können. Besondere Aufmerksamkeit hatte damals in diesem Zusammenhang der provokante Begriff *„freizeitorientierte Schonhaltung"* erfahren, der, sofern den Quellen zu trauen ist, von Reinhard Höhn aus der Bad Harzburger Akademie für Führungskräfte geprägt wurde (s. Die Welt vom 12.7.1999 „Unzufriedene Mitarbeiter schlagen als Saboteure zu"). Sobald z. B. in den Märkten notwendige Innovationen und neue Technologien ausbleiben, kann es zu turbulenten Systemkrisen bis zur Katastrophe auf makroökonomischer oder politischer Ebene kommen, auf die gerade die qualitativen (weichen) Einflussgrößen frühzeitig hingewiesen hätten. Insofern spricht viel dafür, qualitative Faktoren als Frühwarnsignale unbedingt zu beachten und als solche im Unternehmen oder in deren Umfeld zu registrieren – so auch in der BSC!

Vorstellbar und empfehlenswert wäre aber auch, Kennzahlen als *Feedbackinstrument* an die MA oder für Bereiche oder Teams zu nutzen und ihnen am besten tagesaktuell mittels geeigneter Software zur Verfügung zu stellen, wie z. B. Tagesumsätze, erledigte Telefonanrufe einer Hotline, durchschnittliche Wartezeit für Kunden bei Telefonanrufen etc. (vgl. Kiefer & Knebel, 2004 S. 244 f.).

Hinzu können noch weitere Personalkennzahlen aus dem Personal-Controlling kommen. Zu denken wäre hierbei in erster Linie an die bereits entwickelten und vorliegenden Kennzahlen zur PE bzw. dem Bildungs-Controlling (synonym für Lernen und Entwickeln innerhalb der BSC) und zur Leistungshonorierung als Teil des Vergütungs-Controllings (s. Wienkamp, 2020b und 2021b), was bei der BSC ein Teil der Dimension „Finanzen" (oder Personalkosten) wäre. Anbieten würde sich für ein Kennzahlensystem zuallererst der Qualifikations-Index als Indikator für das aktuell erreichte Qualifikationsniveau in einem Unternehmensbereich verbunden mit Personalkennzahlen zur Vergütung und Leistungshonorierung (s. Kap. 3).

Im Vergleich zu einem reinen Personalkennzahlensystem, dass die personal-wirtschaftliche Steuerung bzw. die Informationsbedürfnisse der Unter-nehmensleitung oder dem Vorstand, dem Personalwesen und den jeweiligen Führungskräften vor Ort stillen soll und idealerweise dieser Segmentierung z. B. in dem MIS folgt (s. hierzu Wienkamp, 2020b), würden Kennzahlen in einer BSC eine *Querschnittsfunktion* erfüllen und durch die BSC-Dimensionen wandern, und getreu der BSC-Philosophie sich miteinander verzahnen. Das schließt nicht aus, dass spezifische Informationsbedürfnisse, wie z. B. über das Personal-management, weiter aufgefächert und dargestellt werden. Auf jeden Fall sollten diese Personalkennzahlen eine strategische Bedeutung haben, wie z. B. die Segmente „Karrieregespräche" und „Mitarbeitergespräch und Beurteilung" mit ihren passenden Parametern oder Indikatoren aus dem übergeordneten Bereich der Strategieumsetzung (BSC) mit dem Gestaltungs- oder Umsetzungsschwerpunkt „Alignement des HR" (s. Tab. 5.1).

Bekanntlich „kommt der Appetit beim Essen", sodass nicht auszuschließen ist, dass noch weitere oder andere Personalkennzahlen für ein MIS oder eine BSC gewünscht und ausgewählt werden. Zu denken wäre in Verbindung mit der Betriebstreue oder Personalbindung die Indikatoren und Kenngrößen: (ungewollte) Kündigungen bzw. Fluktuationsquote, Fehlzeiten bzw. Krankenstand unter den MA etc., die im Zusammenhang mit Arbeitszufriedenheit und Leistung stehen könnten (s. nächster Abschn. 5.4.2).

Krankheitsbedingte Fehlzeiten in Verbindung mit Leistungsmessungen lösen allerdings bei der Arbeitnehmervertretung häufig „Schutzreflexe" aus und sind nicht so ohne weiteres als betriebliche Regelungen durchzusetzen und in Form einer Betriebsvereinbarung verhandelbar (s. auch Abschn. 3.2). Verständlicher-weise stellt sich ein Betriebs- oder Personalrat im Rahmen der Mitbestimmung vor den Arbeitnehmern, die an einer unverschuldeten Erkrankung leiden, und ver-sucht jegliche Art von Sanktionen o. ä. zu verhindern. Dem Arbeitgeber bleibt somit nichts Anderes übrig, als den vielschichtigen Komplex Fehlzeiten von schicksalhaften Einflüssen wie Arbeitsunfällen, Kuren, Langzeiterkrankungen u. ä. zu filtern und „zu säubern", damit eine vielleicht diffuse, aber ggf. nicht mehr entschuldbare und schützenswerte Restgröße an MA mit Krankheitszeiten übrigbleibt. Bei diesem Vorgehen empfiehlt es sich, weniger auf die Anzahl der Fehlzeittage, sondern mehr auf die Häufigkeit von Krankschreibungen einzelner MA zu achten, um die sogenannten „Blaumacher" einzugrenzen und zu identi-fizieren (s. Neuberger, 1974b, S. 165).

Tab. 5.1 Einfluss personalwirtschaftlicher Konzepte auf die BSC–Ziele und Strategieparameter

Strategische Funktionsfelder:	Parameter:
A) Strategische Ziele	==> Wettbewerbsvorteile gewinnen ==> Kundennutzen optimieren ==> Wertschöpfung maximieren
B) Strategieumsetzung (BSC) ▲ Finanzielle Solvenz ▲ 　　Markt-/ Kundenwachstum 　　▲ 　　　Prozessoptimierung 　　　▲ 　　　　Alignement von HR	* Rentabilität * Ertragswachstum 　* Marktanteile 　* Deckungsbeitrag 　　* Produktivität 　　* Fehlerquote 　　　* Innovationen 　　　* Betriebstreue
C) Karrieregespräche ▲ Standortbestimmung ▲ 　　Leistungshonorierung 　　▲ 　　　Karriereförderung 　　　▲ 　　　　PE	✓ Qualifikations-Index ✓ Anteil (%) Leistungsprämien / Gehalt ✓ Anteil (%) an Potenzialkandidaten ✓ Anzahl Nachfolger pro Vakanz
D) Mitarbeitergespräch u. Beurteilung ▲ Feedback ▲ 　　Beziehungspflege 　　▲ 　　　PE am Arbeitsplatz 　　　▲ 　　　　Arbeitszufriedenheit	? Beteiligungsquote an Beurteilungen ? Resonanz ? Weiterbildungsbudget ? Stimmungsbarometer (Arbeitsklima)

5.4.2 Alles was gewünscht wird, lässt sich nicht immer messen!

Leider ist es im Personalgeschäft so, dass es bei vielen Phänomenen oder Größen keine normalen Mengendaten im Sinne von „Wiegen, Messen oder Zählen" gibt, wie wir es beispielsweise aus den Naturwissenschaften oder von der Technik kennen. Im Bereich der Wirtschaft liefert das Rechnungswesen und das Controlling überwiegend *quantitative* Daten entweder in Form von Beständen

(z. B. Lager- oder Warenbestände), Anteilen (z. B. Marktanteil), Zeiten (z. B. Arbeitszeiten) oder ökonomischen Größen in Form von Geldeinheiten wie z. B. Ertrags- oder Kostenarten. Aus diesen Ausgangsgrößen, die auch als *Input: Output – Relationen* verstanden und operationalisiert werden können, lassen sich des Weiteren synthetische, aber quantitative betriebswirtschaftliche bzw. personalwirtschaftliche Kennziffern wie z. B. Produktivitätsraten ableiten.

Abgesehen von den Personalbestandsdaten oder Personalaufwendungen (z. B. für Gehälter oder Weiterbildungsmaßnahmen) muss sich das Personal-Controlling vielfach mit *qualitativen* Größen abfinden und sich damit arrangieren. Um aus der Not eine Tugend zu machen, oder anders gesagt, mit diesem Problem der Messung umzugehen, haben sich psychometrische Verfahren, wie Tests oder MBS, besonderer Skalenformate (s. Abschn. 2.4.3) bedient. In den meisten Fällen lieferte die gewählte Methodik zwar keine optimalen Lösungen für qualitative Merkmale, dafür aber pragmatische und brauchbare Messprozeduren für die Instrumente oder Anwendungen.

Allerdings, nicht immer ist der „Wunsch der Vater des Gedankens". So haben sich die bisherigen Bemühungen bei der Entwicklung oder Konstruktion geeigneter Messinstrumente für das Konstrukt *Arbeitszufriedenheit* eher schwer getan, und anscheinend zu keinen wirklich zufriedenstellenden Ergebnissen geführt. Einen kritischen, fast schon pessimistischen Eindruck – oder besser Rückblick – gab z. B. Neuberger (1974b) bereits vor vielen Jahren oder besser Jahrzehnten. Für Neuberger (1974b, S. 171 ff.) lag das Übel bzw. die Schwäche bei der Operationalisierung und Messung der Arbeitszufriedenheit insbesondere in der Anwendung von eigenen („selbstgestrickten") Instrumenten der Untersucher, die einen seriösen Vergleich der Ergebnisse über Arbeitszufriedenheit einfach nicht zuließen. Zudem machten sich die an der Erforschung von Arbeitszufriedenheit beteiligten Forscher die unterschiedlichen Motivationstheorien (s. Neuberger, 1974a und Abschn. 3.5.1) zu eigen, die verständlicherweise unterschiedliche Schwerpunkte setzen in ihrer Auffassung, was Arbeitsmotivation bzw. Arbeitszufriedenheit verursacht oder beeinflusst.

Weniger kritisch zeigte sich Weinert (1981, S. 285 ff.), der die populären und besonders häufig eingesetzten Instrumente im englischen Sprachraum, nämlich das „Porter-Instrument" und den „Job Descriptive Index", in deutscher Übersetzung einmal als *„Fragebogen zur Messung der Bedürfniszufriedenheit bei der Arbeit (= FMBZ) nach Porter"* und zum anderen als *„Arbeitsbeschreibungs-Index (JDI) nach Smith, Kendall & Hullin"* anbot und veröffentlichte. Porters Instrument fußt auf einen additiven Ansatz, indem die *tatsächlich erhaltenen* positiven Einflussgrößen der Arbeitszufriedenheit von den *erwarteten* (z. B. Belohnungen) Zufriedenheitsfaktoren oder Incentives subtrahiert werden und der Saldo von insgesamt 15 Abfragen (neben ihrer Bedeutung als Kriterium) die Arbeitszufriedenheit quantifiziert. Bei dem alternativen Verfahren nach dem JDI sind zu fünf Quellen der Arbeitszufriedenheit (z. B. die Arbeit selbst oder die Bezahlung) sowohl positive als auch negative Ausprägungen dargestellt. Eine Bejahung einer positiven sowie eine Verneinung einer negativen Ausprägung führt zur Vergabe von drei Punkten, eine im Sinne des Systems gegenteilige Antwort zu Nullpunkten und ein Unentschieden zu jeweils einem Punkt. „Die Summe der Punkte für jede Skala reflektiert einen Messwert für die Höhe der AZ (=Arbeitszufriedenheit) mit dieser spezifischen Facette der Arbeit" wie es Weinert (1981, S. 312) selbst zum Ausdruck brachte.

Noch einfacher als diese Instrumente der Arbeitszufriedenheit lässt sich entweder pauschal für das gesamte Merkmal Arbeitszufriedenheit oder spezifisch für einzelne Aspekte oder Facetten die Ausprägung mittels eines *Soll-Ist-Vergleiches* bestimmen, wie es beispielsweise als „Stimmungsbarometer" für ein Personalkennzahlensystem (s. Wienkamp, 2020b, S. 24 ff.) vorgeschlagen wurde. Nach diesem Verfahren würden die befragten MA ihren subjektiven Wert auf der Basis einer mehrstufigen Skala festlegen und die individuellen Werte würden dann anhand des Maximalwertes der Skala (= Soll oder Idealmaß) gewichtet. Zum Beispiel wäre die Arbeitszufriedenheit bei einer *vierstufigen* Skala bei einem individuellen Wert von *drei* gleich *0,75* oder *75 %*.

Soll-Ist-Vergleiche sind auch der Kern des sehr viel komplexeren „*Züricher Modells*" der Arbeitszufriedenheit von ursprünglich Bruggemann (s. Baumgartner & Udris, 2006). Nach dem ersten Soll-Ist-Vergleich, der zu „Stabilisierende Zufriedenheit" einerseits, und „Diffuse Unzufriedenheit" andererseits führt, konnten in einer Reihe nachfolgender Untersuchungen weitere Formen oder Typen der Arbeitszufriedenheit identifiziert werden (s. die Übersicht als Tab. 2 von Baumgartner & Udris, 2006, S. 120). Ohne bei den Typisierungen ins Detail gehen zu wollen, scheint sich neben der Arbeitszufriedenheit als ein Hauptfaktor noch ein zweiter Faktor, nämlich „Resignation", herauszukristallisieren, was bei unterschiedlichen Konstellationen zu den extrahierten Formen oder Typen der Arbeitszufriedenheit bzw. Resignation führte. Verknüpft mit den Determinanten der Arbeitszufriedenheit (z. B. Ansprüche an die Arbeit, Erfüllung der Erwartungen), die insbesondere das Anspruchsniveau oder die gehegten Erwartungen als Normen oder Soll-Werte und damit als ein „Regler" zur Herstellung des Wohlbefindens oder auch der Arbeitszufriedenheit, beeinflussen (s. Büssing et al., 2006, S. 135 ff.), ergaben sich in der Untersuchung von Baumgartner z. T. unterschiedliche Merkmalsausprägungen für die von ihr festgestellten Typen: 1) Progressiv zufriedener Typ; 2) Stabilisiert zufriedener Typ; 3) Resignativ zufriedener Typ; 4) Frustriert unzufriedener Typ. Interpretieren lassen sich diese Typen unter Berücksichtigung ihrer Ambitionen wie folgt:

- Der progressiv zufriedene Typ drängt auf *positive Veränderungen* wie z. B. nach Karriere oder Aufstiegsmöglichkeiten. Für ihn ist der erreichte Ist-Zustand zwar gut oder zufriedenstellend, aber seine Ambitionen sind noch nicht erfüllt, sodass ein Soll – Ist – Vergleich noch defizitär ausfällt;
- Der stabilisiert zufriedene Typ ist *saturiert* und rund herum zufrieden mit seiner Arbeitswelt (vielleicht ist dieser Typ auch *dankbar* und bereit, Entgegenkommen zu leisten). Solch ein Persönlichkeitstyp hat es entweder geschafft, dass der Soll – Ist – Vergleich aufgeht, oder er hat seine ursprünglichen Erwartungen reduziert und der Realität angenähert oder angepasst;
- Der resignativ zufriedene Typ hat sich mit „seinem Los oder Schicksal" abgefunden (= daher Resignation) und sich damit *arrangiert* (dieser Typ ist sicherlich nicht dankbar, eher *anspruchsvoll*). Auch dieser Menschentyp passte bei negativ empfundener Ausgangslage seine Erwartungen der Wirklichkeit an und justierte sie neu;

- Der frustriert unzufriedene Typ ist total frustriert mit seinem aktuellen Arbeitsplatz oder besser Arbeitsleben und *drängt auf Veränderungen* oder sucht sich seine Auswege durch z. B. Kompensationen in der Freizeit. Die Frustration entsteht aus den unerfüllten Ansprüchen (der Soll – Ist – Vergleich ist negativ oder defizitär), ohne Aussicht auf Verbesserung, und aus der als schlecht bewerteten Ist-Situation.

Zur Verdeutlichung lässt sich dieses Persönlichkeitsschema auf der Basis der Faktoren *Arbeitszufriedenheit* und *Resignation* als „Vierfelder-Tafel" auch aus einer anderen Sichtweise darstellen und illustrieren (s. Tab. 5.2):

Obgleich über die Typenstruktur der Arbeitszufriedenheit noch kein endgültiger Konsens in der Forschung besteht, ergeben sich doch einige wertvolle Hinweise für das Personalwesen. Wie bereits an anderer Stelle kommentiert (s. Wienkamp, 2021a, S. 203 ff.), geraten MA etwa in der Mitte ihres Berufslebens, sozusagen im „besten Alter", in eine Phase der „Versunkenheit" und sind dann für die lfd. Personalbetreuung nicht präsent und auch nicht auffällig, da anscheinend bedürfnislos. Das liegt daran, dass sie den Zenit ihrer persönlichen beruflichen Entwicklung erreicht haben, berufliche Veränderungen sich nicht mehr anbieten und auch nicht unbedingt gewollt sind, aber der Weg bis zur Rente noch weit ist (vielleicht noch 15 bis 25 Jahre). Diese Mitarbeiterkohorte würde größtenteils auf die Typen der „Saturierten" oder auch „Resignierten" sich verteilen.

Entgegen den bisherigen Vermutungen, dass gerade *ältere* Arbeitnehmer unzufriedener mit ihrem Arbeitsleben seien, zeichnen die Forschungsergebnisse tendenziell das gegenteilige Bild. Nach den von Schulte (2006) zitierten Studien und einer eigenen Sekundäranalyse (mit bereits vorher erhobenen Daten) stieg die Arbeitszufriedenheit bei den befragten Arbeitnehmern ab dem Alter 55 „sprunghaft" an. Gruppenunterschiede gemäß definierter soziographischer Merkmale, wie Geschlecht, Status (Arbeiter oder Angestellte; Führungskräfte oder Mitarbeiter) etc., zeigten allerdings in die eine oder andere Richtung den Erwartungen entsprechend gewisse Tendenzen. So war die Arbeitszufriedenheit bei Männern, Angestellten und Führungskräften deutlich höher ausgeprägt, was nicht überraschen dürfte.

Nach den zitierten Befunden gab es mehrere Gründe (oder auch nur Vermutungen), die dieses Ergebnis untermauern. Dass ältere Arbeitnehmer am Zenit ihrer beruflichen Entwicklung angekommen waren und nicht mehr Karriereambitionen nachgingen – und sich damit auch keinen Konkurrenzkampf mit entsprechendem Stress aussetzten – dürfte verständlich sein. In der Regel waren

Tab. 5.2 Konstellationen der Faktoren Arbeitszufriedenheit und Resignation mit hoher vs. niedriger Ausprägung

Resignation

ja	Saturiertheit	Frustration
nein	Veränderung	Anpassung
	ja	nein

Arbeitszufriedenheit

sie mit einem relativ hohen Gehalt gesegnet und aufgrund ihrer langjährigen Erfahrung als anerkannter „Experte" in ihrem Fachgebiet oder Beruf geschätzt. Um es auf den Punkt zu bringen: Sie wissen oder sie wussten, was sie haben! Ob auch noch das Gefühl der Erleichterung als „Freude, es geschafft zu haben", verbunden mit einer Vorfreude auf den Ruhestand hinzukam, klingt zwar plausibel, aber ist nicht belegt, da in den zitierten Studien diese Frage nicht gestellt wurde.

Zu der vorherigen Alterskohorte bis etwa Alter 55 Jahren besteht insofern kein Widerspruch in der psychologischen Konstitution und Ausrichtung, da diese Beschäftigten ab etwa ihrer „Lebensmitte" mit rd. 40 Jahren in eine Orientierungsphase eintreten mit dem Ziel, sich evtl. „neu zu erfinden" oder „beruflich neu aufzustellen" und ihre Ansprüche an die persönliche berufliche Zukunft zu regulieren bzw. anzupassen. Diese Orientierungsphase dürfte nach den vorliegenden Ergebnissen dann mit etwa Mitte 50 beendet sein.

Zum Glück ist die Quote der „Frustrierten" nach regelmäßigen Umfragen in der Schweiz z. B. mit unter 5 % relativ gering, was nicht heißt, dass diese MA nicht Probleme bereiten könnten. Für das Personalmanagement muss klar sein, dass es in puncto Arbeitszufriedenheit mit vielschichtigen Problemen zu tun hat, die zielgruppengerechte, also typenspezifische Lösungen erfordern.

Unternehmen können in der Tat die Handlungsspielräume ihrer MA z. B. durch „Empowerment" in der Arbeitsorganisation verändern und so den betroffenen Arbeitnehmern neue spannende Herausforderungen verschaffen, die sie weiterbringen und ihre Arbeitszufriedenheit steigern, oder die Beschäftigten müssen andernfalls ihr Anspruchsniveau selbst regulieren und ihre gehegten Erwartungen den herrschenden Arbeitsverhältnissen anpassen bzw. sich mit dem „Unvermeidlichen" abfinden. Selbstwirksamkeit, als gefühlter Teil des Selbstkonzeptes und als vermuteter Persönlichkeitsfaktor mit Einfluss auf die Arbeitszufriedenheit, vermittelt nämlich eine Erfahrung von Befreiung („experiences of freedom"), also ein Gefühl von Freiheitsliebe wie auch im „wirklichen Leben" außerhalb des Arbeitsbereiches, anstelle von Bevormundung oder Kontrolle durch Externe. Auf jeden Fall ist das Personalmanagement durch aktive konstruktive Beratung sowohl der MA als auch deren Vorgesetzten gefordert, die persönlichen Ambitionen mit den vorherrschenden Gegebenheiten in Einklang zu bringen (s. dazu auch Abschn. 3.5).

Vorsicht ist im Übrigen noch bei der Ermittlung von Durchschnitts- oder Mittelwerten geboten. Solche gemittelten Werte würden bei der Messung der Arbeitszufriedenheit prinzipiell zu unsinnigen Ergebnissen führen, was zu vermeiden wäre. Wenn z. B. ein MA den minimalen (z. B. = 1) und ein anderer MA den maximalen Wert (z. B. = 4) für Arbeitszufriedenheit ankreuzen würde, wäre der Mittelwert rechnerisch = 2,5, den allerdings die beiden Befragten bewusst aus naheliegenden persönlichen Gründen nicht angegeben haben. Dieser Durchschnittswert wäre alles andere als repräsentativ und für die Auswertung falsch und irritierend. Besser wäre es dagegen, eine Häufigkeitsanalyse auf der Basis des Median (= 50 %) oder in Erweiterung dessen mittels Quartils- oder Perzentil-Werte, also Auswertungen nach dem 25 % und 75 % Punkt bzw. nach dem 10 % und 90 % Punkt der kumulierten Häufigkeitsverteilung in auf- oder absteigender

Reihenfolge vorzunehmen. Alternativ zur Vorgabe einer mehrstufigen Skala wäre auch die Vergabe von Prozentwerten als Zufriedenheitsmaß denkbar.

Bei aller Subjektivität in den Einschätzungen sowie dem Problem der Maßstabssetzung als persönliche Norm der Arbeitszufriedenheit ist eine Häufigkeitsanalyse ein relativ robustes Auswertungs- und Dokumentationsverfahren.

5.5   Resümee

Mit einer BSC liegt ein System vor, dass die Beurteilung der geltenden Unternehmens- oder Geschäftsstrategie gestattet. Von den vier Strategiedimensionen hängt die Dimension „Lernen und Entwicklung" eng mit personalpolitischen Themen der Qualifizierung und Leistung sowie der Leistungsanreize zusammen. Aber nicht nur Top Down wird Politik zur Umsetzung der Strategie betrieben, sondern ebenso bedarf es in umgekehrter Richtung, also Bottom Up, über eine Rückmeldung der MA im Betrieb oder von der „Verkaufsfront" beim Kunden, ob die strategischen Annahmen und deren Ziele noch realistisch sind. Hierzu eignen sich u. a. Gespräche mit den MA, wie beispielsweise im Rahmen der Mitarbeiterbeurteilung oder als Karrieregespräche. Die Abhängigkeit der operativen Personalfunktionen von den Beurteilungsergebnissen ist dabei offensichtlich.

Ausgehend von diesen Impulsen an der Basis kann gefolgert werden, ob neue strategische Akzentsetzungen vonnöten sind, die sich dann in den Ursache-Wirkungsketten entfalten und auf die Ergebnisse auswirken. Bemerkenswert, dass gerade die weichen qualitativen Faktoren, wie z. B. die Servicekompetenz o.ä. diejenigen Treiber sind, die die nachfolgenden „Hard facts" des Marketing- oder Finanzcontrollings spürbar beeinflussen und ihnen vorauseilen.

Ähnlich anderen Anwendungsfeldern wie Marketing (Kunden), Produktentwicklung (F & E) und Produktion bzw. deren Prozesse könnte sich die BSC der Personalkennzahlen eines Personal-Controllings bedienen und für ihre spezifischen Zwecke nutzen. Auch wenn nur relativ wenige absolute und eindeutige Mengendaten aus dem Personalwesen zur Verfügung stehen, spricht nichts dagegen, die vorhandenen qualitativen Daten in eine passende Metrik zu transformieren und sie dann als Personalkennzahlen zu nutzen. Bei der Messung des Merkmals Arbeitszufriedenheit ist Pragmatismus gefragt, um einen vernünftigen Ansatz zur Operationalisierung zu finden. Mit der Messung der Arbeitszufriedenheit hört allerdings die Arbeit für das Personalwesen noch nicht auf, sondern es sind stattdessen Initiativen oder Aktivitäten in Form von Beratungsleistungen gefragt, um auf die sich ergebenden Verhältnisse wie die unterschiedlichsten Formen der Arbeitszufriedenheit bzw. Unzufriedenheit (aber auch der Resignation als zweiten maßgeblichen Faktor des zukünftigen Arbeitsverhaltens) gekonnt zu reagieren.

Literatur

Baumgartner, C., & Udris, I. (2006). Das „Züricher Modell" der Arbeitszufriedenheit – 30 Jahre "still going strong". In L. Fischer (Hrsg.), *Arbeitszufriedenheit, Konzepte und empirische Befunde* (2. Aufl., S. 111–134). Hogrefe.

Bühl, W. L. (1984). *Krisentheorien. Politik, Wirtschaft und Gesellschaft im Übergang.* Darmstadt: Wissenschaftliche Buchgesellschaft.

Büssing, A., Herbig, B., Bissels, T., & Krüsken, J. (2006). Formen der Arbeitszufriedenheit und Handlungsqualität in Arbeits- und Nicht-Arbeitskontexten. In L. Fischer (Hrsg.), *Arbeitszufriedenheit, Konzepte und empirische Befunde* (2. Aufl., S. 135–159). Hogrefe.

Kaplan, R. S., & Norton, D. P. (1997). *Balanced Score Card. Strategien erfolgreich umsetzen.* Schäffer-Poeschel.

Kiefer, B.-U., & Knebel, H. (2004). *Taschenbuch Personalbeurteilung. Feedback in Organisationen* (11. Aufl.). Verlag Wirtschaft und Recht.

Liebel, H. J., & Oechsler, W. A. (1994). *Handbuch Human Resource Management.* Gabler.

Neuberger, O. (1974a). *Theorien der Arbeitszufriedenheit. Sozialökonomie 7.* Stuttgart u.a.: Kohlhammer.

Neuberger, O. (1974b). *Messung der Arbeitszufriedenheit. Sozialökonomie 8.* Kohlhammer.

Schulte, K. (2006). Macht Alter zufrieden mit dem Beruf? Eine empirische Analyse über die hohe Arbeitszufriedenheit älterer Beschäftigter. In L. Fischer (Hrsg.), *Arbeitszufriedenheit, Konzepte und empirische Befunde* (2. Aufl., S. 273–290). Hogrefe.

Ulrich, D. (1997). *Human resource champions. The next agenda for adding value and delivering results.* Harvard Business School Press.

Ulrich, D., & Brockbank, W. (2005). *HR The value proposition.* Harvard Business School Press.

Wienkamp, H. (2020a). *Psychologische Anforderungsanalysen in Theorie und Praxis. Für Führungskräfte und Personalmanager, die Anforderungsprofile erheben wollen.* Essentials. Springer.

Wienkamp, H. (2020b). *Der Weg zum Personalkennzahlensystem. Das HR-Cockpit in der Praxis – einfach, pragmatisch, systematisch.* Springer.

Wienkamp, H. (2021a). *Psychologische Anforderungsanalysen Anforderungsprofile für Management, Arbeit und Business.* Berlin: Springer.

Wienkamp, H. (2021b). Vergütungscontrolling Kosten reduzieren und Anreize schaffen. *personal manager. Fachzeitschrift für Human Resources, 6,* 39–41.

Wienkamp, H. (2021c). *Psychological requirements in theory and practise. for excecutives and human resource managers who want to raise requirement profiles.* Essentials and eBook. Springer.

Weinert, A. B. (1981). *Lehrbuch der Organisationspsychologie. Menschliches Verhalten in Organisationen.* Urban & Schwarzenberg.

Sonstige Gesichtspunkte bei der Personalbeurteilung

6

Zusammenfassung

Mitarbeiterbeurteilungssysteme haben, vielleicht erst auf dem zweiten Blick, viele Facetten und Nischen. Nachdem eine Reihe von Gestaltungshinweisen vorliegt, macht es abschließend Sinn, einige weitere Aspekte oder Fragen im Hinblick auf Zielgruppen und Anwendungszwecke an dieser Stelle zusammenzufassen und zu behandeln. Von den hier relevanten zielgruppenspezifischen Themen sind die multiplen Beurteilungen unterschiedlicher Beurteiler Kreise, der Umgang mit Teamorganisationen und die Reaktion auf sich verschlechternde Beurteilungen im Zeitablauf die wichtigsten. In bestimmten Situationen sollten Selbstbewertungen die Einschätzung von Beurteilern unbedingt kontrastieren und hinterfragen.

Mit den bisherigen Ausführungen zur Mitarbeiterbeurteilung ist das Thema noch nicht abschließend erschöpft. Es fehlen noch die Aspekte:

– Beurteilungen unter Kollegen oder Kolleginnen bzw. Mitarbeiter, die ihre Führungskräfte beurteilen (wie multiple Beurteilungen oder „360° – Feedback");
– Selbstbeurteilungen
– Feedback und Bewertungen innerhalb von Teams;
– Delegation von Beurteilungsaufgaben auf Nicht-Führungskräfte (z. B. Stellvertreter);
– Vorgabe von Beurteilungsquoten („Forced Rankings");
– Zurückstufungen bzw. schlechtere Bewertungen gegenüber vorherigen Beurteilungen.

Bei den o. g. „Peer Ratings" als Beurteilung unter Arbeitskollegen (inkl. einer Führungskräftebeurteilung), die innerhalb oder außerhalb von Arbeitsgruppen oder Teams stattfinden können, gehört zunächst einmal eine eigene Selbsteinschätzung der Zielperson als Teil jeder Beurteilungsrunde zum „Selbstbild-Fremdbild-Vergleich" dazu. Als „vertrauensbildende Maßnahme" ist ferner dafür zu sorgen, dass eine genügend große Anzahl an Fremdbeurteilungen zustande kommt, damit Einzelbewertungen nicht zurückverfolgt werden können und die zugesicherte Anonymität im Verfahren gewährleistet bleibt. In der Fachliteratur wird als Mindestgröße einer „Peer Gruppe" von *drei* Beurteilern gesprochen und gefordert (vgl. z. B. Reilly & MacGourty, 1998, S. 265). Besser wäre nach eigenen Erfahrungen mit Mitarbeiterbefragungen eine größere Grundgesamtheit von mindestens fünf oder sechs Beurteilern, um insbesondere Bedenken der Betriebs- oder Personalräte aus der Arbeitnehmervertretung zu zerstreuen und ihnen die Zustimmung zu diesem Verfahren zu erleichtern.

Die restlichen Aspekte greifen in der Tat Sonderthemen im Rahmen einer Mit- arbeiterbeurteilung auf, wobei insbesondere der Umgang oder die Reaktion bei schlechteren Bewertungen eine immer wieder auftretende Herausforderung ist.

6.1   Multiple Beurteilungen

An multiple Beurteilungen, oder auch „360° – Feedback" genannt, haben sich in den vergangenen Jahren oder Jahrzehnten viele Unternehmen mit sicherlich unter- schiedlichen Erfahrungen versucht. Nicht immer waren die erzielten Wirkungen erwartungskonform bzw. positiv.

Ein Spezialfall der multiplen Beurteilungen ist die Vorgesetzten- bzw. Führungskräftebeurteilung, die entweder nur von den MA durchgeführt oder bei Ausweitung des Beurteiler Kreises als 360° – Beurteilung umfassender praktiziert werden kann.

Bevor auf die einzelnen Varianten oder Anwendungen von multiplen Beurteilungen näher einzugehen ist, sollen die ersten Bemühungen und Erprobungen mit dieser Beurteilungsform kurz zur Sprache kommen.

6.1.1   Erste „Gehversuche" mit multiplen Beurteilungen

Schon vor einigen Jahrzehnten hatte insbesondere das Militär in den USA erheb- liche Zweifel, ob die Beurteilung von Vorgesetzten oder Ausbildern bei z. B. Offiziersanwärtern in entsprechenden Ausbildungsprogrammen hinreichend aus- sagefähig und valide war. Konsequenterweise geschahen erste Nachforschungen, ob vielleicht andere Informationsquellen dem Votum von Vorgesetzten o. ä. über- legen waren. In dem bereits erwähnten Sammelband von Whisler und Harper (1962) wurden deshalb einige frühere Veröffentlichungen als „Pionierarbeiten" übernommen, die zu den multiplen Beurteilungen sowohl die ersten Forschungs- designs als auch die daraus resultierenden Befunde beisteuerten. So waren z. B. bei ausgewählten Offizierslehrgängen in der US Air Force die „Peer Ratings" (oder „Buddy Ratings" s. Hollander, 1954/1962, S. 320 ff.) allen anderen Beurteilungsverfahren überlegen, wenn es um die Einschätzung der Führungs- qualität der Lehrgangsteilnehmer ging. Offiziersanwärter, die rund um die Uhr oder 24 h am Tag die Gelegenheit zu intensiven *gegenseitigen* Kennenlernen

besaßen, trafen gemäß Hollander „informative Urteile", die in puncto Sozialverhalten aufgrund der eigenen Erfahrungen und Beobachtungen fundierter und damit
treffsicherer waren.

Möglicherweise waren diese „treffsicheren" Einschätzungen der besonderen
Situation der Kasernierung beim Militär geschuldet. Zudem könnte sich auch
ein Methodeneffekt ergeben haben, da die Rangplätze der Lehrgangsteilnehmer
zu einem *durchschnittlichen* Rang gemittelt wurden, was einen Fehlerausgleich
impliziert.

Spätere Untersuchungen sowohl beim Militär als auch in der Industrie stellten
fest, dass im Normalfall Peer Ratings der Beurteilung durch Führungskräfte unter-
legen sein müssen, da Kollegen oder Kolleginnen entweder sich als Freunde
oder Konkurrenten definieren, MA nicht den Überblick über das Geschehen in
den Organisationen als Ganzes („the whole picture" s. Rowland, 1958/1962,
S. 327 ff.) besitzen und kein entsprechendes Training in Mitarbeiterbeurteilungen
erhielten. Dazu passt auch ein Befund von Springer (1953/1962, S. 334 ff.), dass
die Reliabilität (als Korrelation) bei Beurteilungen von und durch MA nur moderat
war, hingegen die Reliabilität unter Führungskräften signifikant höher bzw. besser
ausfiel und sie in ihren Einschätzungen viel stärker übereinstimmten. Beim Peer
Rating neigen die MA zudem dazu, durchweg ihre Kollegen oder Kolleginnen
eher wohlwollend oder milde zu beurteilen (s. Parker et al., 1959/1962, S. 355 ff.).

6.1.2   Die 360° – Beurteilung

360° – Beurteilungen können im Grundsatz auf alle Beschäftigten entweder vollständig bei Führungskräften oder partiell bei MA (ohne Führungsverantwortung)
und dann als „270° – Feedback" angewendet werden. Neben den (1) betroffenen
und unterstellten MA vervollständigen (2) zusätzliche Beurteilungen von gleichgestellten Kolleginnen oder Kollegen sowie (3) durch den nächsthöheren Vorgesetzten und (4) ggf. von Externen wie Kunden oder Lieferanten das Geschehen
und führten zum populären *„360° – Feedback"* als Beurteilung aus einer multiplen
Perspektive (auch „Multisource Feedback" genannt).

Sofern Externe Beurteilungen abgeben, wie z. B. Kunden oder Lieferanten,
ist das Vorgehen beim personenbezogenen „360° – Feedback" von den Rückmeldungen oder gezielten Nachfragen bei Kunden zu inhaltlichen Fragen
zur Auftragsabwicklung oder zur Servicezufriedenheit z. B. mittels Surveys
o. ä. zu unterscheiden (s. hierzu Abschn. 2.4.5). Zum 360° – Feedback zählen
abschließend noch die Selbstbeurteilungen dazu, um Vergleiche mit den erhobenen
Fremdbeurteilungen zu ermöglichen (s. nächster Abschn. 6.2).

Aus der personalwirtschaftlichen Literatur gab es im Rahmen von multiplen
Beurteilungen zunächst zu bedenken, dass die verantwortlichen Führungs-
kräfte als Beurteiler allen anderen potenziellen Beurteilern wie Kolleginnen oder
Kollegen aufgrund ihrer *Nähe* zum MA als Beurteilten in der Leistungs- und
Verhaltensbeurteilung überlegen sein müssen und bessere Voraussetzungen mit-
bringen (s. z. B. Curth & Lang, 1990, S. 24 u. 249). Nicht zuletzt müssen sie die

Leistungsergebnisse ihrer MA abnehmen und damit leben! Aufgrund von Studien-
ergebnissen wurde diese Auffassung schon in früheren Zeiten geteilt, dass nämlich die Nähe der (direkten) Führungskraft die beste Voraussetzung für eine valide
bzw. bestmögliche Beurteilung war (s. Whitla & Tirrell, 1954/1962, S. 132 ff.).

Bei den zuständigen Führungskräften ist im Rahmen von Mitarbeiterbeurteilungen zunächst von der Vorstellung auszugehen, wie ein (idealer) MA sich
entsprechend dem Anforderungsprofil der Stelle verhalten *soll*. Führungskräfte als
Beurteiler vergleichen dann das gezeigte oder wahrgenommene Verhalten (IST)
mit dem SOLL, also mit ihren Ansprüchen oder Erwartungen. – Andere Personen
bewerten dagegen eher ein Verhalten, wie sie es sehen, also was sie beobachtet
und erlebt haben und wie weit das gezeigte Verhalten ihren eigenen persönlichen
Erwartungen oder einfach ihrem Geschmack entsprach.

Lattmann (1994, S. 34) stellte die Objektivität solcher Beurteilungen durch
Gleichgestellte, also unter Kollegen oder Kolleginnen oder innerhalb von Teams,
zunehmend infrage, da die von ihnen ausgelösten gruppendynamischen Prozesse
nicht den Zielen der Organisation, sondern der Gruppe dienen. Dieser Sachver-
halt könnte auch für die Vorgesetztenbeurteilung durch die eigenen MA gelten,
nur das nicht die Ziele der Gruppe, sondern persönliche Motive die Beurteilung
beeinflusst und verzerrt. Es wäre geradezu naiv anzunehmen, dass die Beurteilung
von Führungskräften (oder gleichgestellten Kolleginnen oder Kollegen) nicht
politischen Kalkülen wie Machtkämpfen, Disziplinierungen etc. ausgesetzt ist (s.
Neuberger, 2000).

Anhänger des 360° – Feedback hochstilisierten das über multiple Feedbacks
genährte Konstrukt „Lerneinsichten" (also die Selbstreflexion über eigene
Erfahrungen ausgelöst durch die Konfrontation von Selbst- vs. Fremdbild) als
potenzielles Lernvermögen (s. z. B. Scherm & Sarges, 2019, S. 16). In Vergessen-
heit geraten hierbei Prozesse, die als schmerzlich empfunden werden und deshalb Widerstände oder Abwehr erzeugen und dem Lernen im Wege stehen und es
behindern.

Heutzutage scheinen die Betroffenen mit multiplen Beurteilungsformen eher
„locker" umzugehen, wenn z. B. Projektmitarbeiter sich gegenseitig dazu auffordern oder ermuntern via App auf dem Mobiltelefon die Zusammenarbeit kurz
zu kommentieren und sich bezüglich bestimmter Kriterien Feedback geben (vgl.
Schmidt, 2018, S. 29).

6.1.3   Führungskräftebeurteilung

Schon in früheren Zeiten begrüßten Führungskräfte, z. B. während einer Seminarveranstaltung, die Einführung einer Führungskräftebeurteilung oder auch „Auf-
wärtsbeurteilung" genannt (s. Schuler, 1980, S. 108 f.). Wie Schuler selbst
ehrlich zugab, könnte die Euphorie dafür einmal an der Seminaratmosphäre
gelegen haben, zum zweiten auf die Gruppendynamik zurückzuführen sein, die
zuweilen eine riskantere Meinungsbildung begünstigt. Später kam es dann zur
„Beurteilung von unten nach oben" oder der sogenannten *Vorgesetztenbeurteilung,*

die entweder direkt (durch die unterstellten MA) und anonym durchgeführt wurde oder indirekt über Mitarbeiterbefragungen zur Führung schlechthin mit bereichsspezifischen Auswertungen und Analysen. Führungskräfte- oder Vorgesetztenbeurteilungen sind per se immer multiple Beurteilungen, da anders als bei der normalen Mitarbeiterbeurteilung, die Führungskraft immer von mehreren Personen, wie die ihr unterstellten MA, beurteilt wird.

Mittlerweile stellte sich nach anfänglicher Euphorie eine gewisse Ernüchterung über Vorgesetztenbeurteilungen o. ä. ein, da nicht auszuschließen war oder ist, dass neben einer ehrlich gemeinten Urteilsbildung vielleicht auch andere Motive im Spiel waren, die die Rückmeldungen tendenziös, also negativ, beeinflussten. Einige Kritiker wiesen darauf hin, dass unter dem Schutzschild der Anonymität Verfälschungstendenzen aufgrund von Animositäten, taktischem Verhalten, Anpassungen an den „stromlinienförmigen Mainstream" usw. auftreten könnten, und mehr Schaden als Nutzen anrichten würden (s. z. B. Baron & Krebs, 1999, S. 234). Andere Autoren konstatierten irreguläre Beurteilungstendenzen als „Milde-Effekte", wenn die Ergebnisse nicht nur für PE-Zwecke, sondern auch für personalpolitische Entscheidungen (z. B. für Beförderungen oder Höhergruppierungen) herangezogen wurden. Nach einer von Dalessio (1998, S. 287) zitierten Studie bestätigten *24 %* der befragten Beurteiler explizit, dass sie anders bewerten würden, wenn die Beurteilung für ihren Vorgesetzten Auswirkungen auf seine oder ihre Karriere o. dgl. hätte. Wenn schon fast ein Viertel der Befragten mit dem Status „unterstellter MA" solch ein taktisch-politisch motiviertes Verhalten offen zugeben, wie hoch mag dann erst die Dunkelziffer als unerkannte und geschönte Urteile, oder, wie die Kriminalisten sich ausdrücken, das „Dunkelfeld" bei solchen „multisource" Befragungen sein?

Sobald Aufwärts- oder Vorgesetztenbeurteilungen zur *Kontrolle* des Führungsverhaltens eingesetzt werden, dürfte der Misserfolg vorprogrammiert sein, da sich die betroffenen Führungskräfte diesem Ansinnen häufig widersetzen (s. Kiefer & Knebel, 2004, S. 239), es sei denn, die Führungskräftebeurteilung gehört zu den Usancen der Unternehmenskultur und die Arbeitszufriedenheit der Beschäftigten ist eine Benchmark, die als personalpolitische Kennziffer oder „Key Performance Indicator (KPI)" regelmäßig z. B. über Mitarbeiterbefragungen erhoben wird. Berechtigter Weise haben die betroffenen Führungskräfte die Befürchtung, dass die erhobenen Beurteilungsergebnisse die Beziehung zu ihren MA evtl. negativ beeinflusst und belastet, selbst wenn die Urteile anonym bleiben.

Von einer Diskussion mit den eigenen MA als Beurteilungsgruppe und ihrer Führungskraft über die Ergebnisse der Vorgesetztenbeurteilung ist nach eigenen Beobachtungen eher abzuraten, da zum einen das Prinzip der Vertraulichkeit oder Anonymität nicht mehr aufrecht zu erhalten ist, zum anderen die betroffenen MA sich wahrscheinlich schwertun, ihre vorher abgegebenen Urteile argumentativ zu vertreten und sich vielleicht in Ausreden flüchten und ihre Urteile bis zur Unkenntlichkeit verbrämen oder verwässern, womit niemandem geholfen wäre.

Solch eine Diskussionsrunde mit dem „eigenen Chef" zu seinem Führungsstil o. ä. wäre den meisten MA im Hinblick auf die weitere Zusammenarbeit womöglich zu riskant. Auch würde sich z. B. die von ihrem Leiter disziplinarisch abhängige Chefsekretärin (oder der Vorstandsfahrer) in einer Runde mit anderen Führungskräften, wie Abteilungsleitern oder Teamleitern, die als Führungsriege dem Chef als z. B. Geschäftsbereichsleiter, Hauptabteilungsleiter oder Vorstand ebenso direkt unterstellt sind, aus Statusgründen nicht wohlfühlen, wenn die Beurteilungsergebnisse in gemeinsamer Runde diskutiert werden.

Organisationen wie Unternehmen müssen sich bei Führungskräftebeurteilungen irgendwann entscheiden, was sie personalstrategisch erreichen wollen – und mit welchem Verfahren und mit welchen Instrumenten. Vor diesem Hintergrund läuft die Entscheidungsfindung auf eine Weichenstellung hinaus, indem die Führungskräftebeurteilung entweder ausschließlich zur Selbsterkenntnis und PE – und ohne die Möglichkeiten von (negativen) Sanktionen – oder zur Kontrolle des Führungsverhaltens (mit positiven oder negativen Folgen) gedacht und einzusetzen ist.

Anonyme Beurteilungen des Führungsverhaltens ergeben einen „Soll-Ist-Vergleich", verglichen mit der Selbstbeurteilung der Führungskraft, und die betroffene Führungskraft zieht in puncto PE daraus ihre eigenen Schlüsse. Eine Kontrolle des Führungsverhaltens, z. B. durch regelmäßige Beurteilungen oder formale Mitarbeiterbefragungen, könnten gehaltsmäßige Konsequenzen nach sich ziehen, wenn z. B. die variable Vergütung, wie Tantieme oder Bonifikationen, davon abhängig ist. Vier Konstellationen können sich dementsprechend ergeben:

1. Führungskräftebeurteilung (z. B. gemessen an der Arbeitszufriedenheit der MA) sowie die wirtschaftlichen Ergebnisse (z. B. Budgetziele) sind *beides positiv* – und bedürfen keiner weiteren Diskussion;

2. Führungskräftebeurteilung und Bereichsergebnisse oder Leistungen sind *beides negativ* – der Grund für das negative wirtschaftliche Ergebnis dürfte wahrscheinlich selbsterklärend sein und der Führungskraft aufgrund eines inadäquaten Führungsstils angelastet werden;

3. Führungskräftebeurteilung *negativ* und Bereichsergebnisse *positiv* – auch solch eine Konstellation dürfte seitens der Unternehmensleitung zur Vorsicht anregen und auf Kritik stoßen, da zukünftig schlechtere Bereichsergebnisse oder Mitarbeiterleistungen aufgrund der nachlassenden oder ausbleibenden Mitarbeitermotivation nicht auszuschließen sind;

4. Führungskräftebeurteilung *positiv* und Bereichsergebnisse *negativ* – wenn nicht situative Ereignisse als Erklärung und Entschuldigung für die Ergebnis- oder Leistungseinbußen vorliegen, dürfte die Geschäftsleitung oder der Vorstand eine mangelnde Leistungskultur und einen „Laises Fair" – Führungsstil vermuten und unterstellen, was aus ihrer Sicht nicht zu tolerieren wäre (Metapher: „Die MA feiern lieber als das sie arbeiten und etwas leisten!").

Wenn die Zielerreichung verfehlt wird oder die Leistung nicht stimmt, ist neben Vergütungseinbußen bei der Führungskraft auch mit weniger leistungsabhängigen Vergütungen oder Ausschüttungen an die MA dieses Unternehmens- oder Organisationsbereiches zu rechnen – vielleicht von wenigen Ausnahmen abgesehen, was sich sicherlich auch auf die zukünftige Zufriedenheit und Leistungsbereitschaft entweder zum guten oder zum schlechten auswirken dürfte. Ferner wäre von Interesse, ob sich in der (negativen) Leistungs- und

Ergebnisentwicklung ein Trend abzeichnet oder ob es sich um einen einmaligen Periodenvergleich, sozusagen als „Ausrutscher", handelt.

6.1.4 Mögliche Lösungswege – oder Empfehlungen für die Praxis?

Verglichen mit gruppentherapeutischen Verfahren wie z. B. die „Themenzentrierte Interaktion (TZI)" (s. Abschn. 9.4) sind anonyme multiple Beurteilungen aufgrund der isolierten Bewertungen eigentlich „gehandicapt" und wirkungslos, da sie das Prinzip des „Hier und Jetzt" nicht kennen und nicht anwenden, sodass die von mehreren Personen beurteilte Person *kein unmittelbares persönliches Feedback* erfährt. Es bleibt für sie lediglich der statistische Nachweis von möglichen Differenzen zwischen Selbst- und Fremdeinschätzungen.

Als möglicher Ausweg zur Verwertung und Nutzung multipler Beurteilungsergebnisse wäre zu empfehlen, dass den betroffenen Führungskräften die Ergebnisse persönlich vertraulich, also nur ihnen zur Verfügung gestellt werden und sie selbst entscheiden können, ob sie die Beurteilungsergebnisse z. B. mit ihrem zuständigen Vorgesetzten wegen sich anbietender PE-Maßnahmen besprechen oder bei Bedarf sich einem Coach anvertrauen. Bei solch einer Vorgehensweise besteht bei den meisten der hier zitierten Autoren aus Wissenschaft und Praxis (z. B. Dalessio, 1998) Konsens.

Bei der Mitarbeiterbeurteilung spricht im Übrigen nichts dagegen, wenn der zuständige Vorgesetzte vor dem Beurteilungsgespräch seine Einschätzungen mit seinem, also dem nächsthöheren Vorgesetzten abstimmt und sich von dieser Führungsinstanz ein zusätzliches Feedback bzw. ergänzende Informationen holt. Das heißt auf der anderen Seite keinesfalls, dass der nächsthöhere Vorgesetzte die Mitarbeiterbeurteilung zensiert und damit die Beurteilungskompetenz und Verantwortung der zuständigen direkten Führungskraft untergräbt oder aushebelt. Solch ein Vorgehen bietet sich für Organisationsbereiche an, wo die nächsthöheren Führungskräfte (z. B. Abteilungs- oder Fachbereichsleiter) selbst mit MA aus den Arbeitsgruppen eng zusammenarbeiten und die Arbeitsergebnisse auch direkt abnehmen, ohne das z. B. der disziplinarisch zuständige Team- oder Gruppenleiter des MA immer dazwischengeschaltet ist. Bei Referenten in Stabsfunktionen mit besonderen speziellen Aufgaben (z. B. in der Rechtsabteilung) ist diese Form der Zusammenarbeit oder Arbeitsorganisation üblich, wenn nicht sogar selbstverständlich. Solch eine Praxis hätte auch den Vorteil, dass einseitigen Urteilen in Verbindung mit Beurteilungsfehlern (s. Abschn. 8.2) über den Informationsaustausch bzw. Fehlerausgleich (wie bei multiplen Beurteilungen) entgegengewirkt wird. Besonders neue Führungskräfte, die zum ersten Male Beurteilungsaufgaben wahrnehmen, würden von dieser Praxis sehr profitieren.

Eigene Erfahrungen mit diesem Procedere waren sowohl bei regulären Beurteilungen als auch insbesondere bei der Anfertigung von Arbeitszeugnissen bei einem geplanten Stellenwechsel, entweder des MA oder der Führungskraft, durchweg positiv. Allerdings ist diese Vorgehensweise auch nicht neu und wurde bei der Neugestaltung des Beurteilungswesens einer Airline bereits vor Jahrzehnten empfohlen (s. Richards, 1959/1962, S. 565).

Fairerweise sollte der MA im Beurteilungsgespräch davon erfahren, dass das Beurteilungsergebnis auch die Sichtweise der nächsthöheren Führungsebene berücksichtigt und die Einschätzungen zumindest im Groben abgestimmt sind und geteilt werden.

6.2   Selbstbeurteilungen

Selbstbeurteilungen finden sowohl zur eigenen Vorbereitung auf eine anstehende Mitarbeiterbeurteilung vielfach Anwendung als auch sind sie unverzichtbarer Bestandteil bei multiplen Beurteilungsprozederen unter Beteiligung verschiedener Beurteiler aus unterschiedlichen Kreisen. Selbstanalysen gehören somit zum 360° – Feedback als konstituierender Teil dazu und, wenn man so will, schließen sie den Kreis oder vervollständigen das Bild. Sie sind für den Vergleich mit den Fremdbeurteilungen und für die sich anschließende Würdigung des Gesamtergebnisses unerlässlich (s. vorheriger Abschn. 6.1). Zu empfehlen wäre ebenfalls, wie bereits angedeutet, zur Vorbereitung einer Mitarbeiterbeurteilung generell vom MA eine Selbstbeurteilung zu verlangen oder sie in seinem eigenen Interesse nahezulegen und darum zu werben (s. Abschn. 1.3 und 8.5).

Selbstbeurteilungen sind ferner absolut notwendig, wenn MA z. B. als Spezialisten vorwiegend allein und nicht unter ständiger Beobachtung arbeiten, wie es z. B. Latham und Wexley (1982, S. 82 f.) konstatierten und empfahlen. Vorteilhaft und konfliktvermeidend ist lt. Aussage dieser Autoren eine kombinierte Anwendung von Selbst- und Fremdbeurteilungen für die abschließende Urteilsfindung. Orientiert an der vorliegenden Selbstbeurteilung des MA prüft die Führungskraft die Selbsteinschätzungen und modifiziert sie bei Bedarf, wenn er oder sie anderer Meinung ist.

So wäre gemäß Latham und Wexlex (1982) eine pragmatische Verfahrensweise im anschließenden Gespräch, bei evtl. Differenzen in den Beurteilungsergebnissen nach verbindlichen Verhaltensregeln oder Standards zu verfahren, wie z. B. bei Unterschieden von nur *einer* Skalenstufe bei mehrstufigen Merkmalsskalen automatisch den höheren oder besseren Wert für den MA anzusetzen und zu nehmen. Nach einer von Drenth (1998, S. 82) zitierten Untersuchung traten in zwei Drittel der geprüften Fälle keinerlei Differenzen in den Einzelbeurteilungen zwischen Führungskraft und MA auf, und nur in sehr wenigen Fällen Bewertungsunterschiede, die über eine Skalenstufe hinausgingen.

Kiefer und Knebel (2004, S. 118) sowie Lattmann (1994, S. 41) empfahlen insbesondere, den MA mit seiner Selbsteinschätzung über Leistungen und Verhalten, ob nun mit oder ohne Beurteilungsbogen, im Beurteilungsgespräch beginnen zu lassen und erst im Anschluss daran die Rückmeldung oder Beurteilung durch den Vorgesetzten einzuleiten. Keinesfalls sollte die Reihenfolge umgekehrt werden, weil dann der MA seine oder ihre Beurteilung häufig kommentarlos zur Kenntnis nimmt, ohne sie verstanden zu haben und zu akzeptieren. Diese Gepflogenheit gilt auch für die Durchführung von Feedbackgesprächen bei einem Assessment Center (AC), wo die Teilnehmer oder Teilnehmerinnen zuerst „Dampf ablassen sollen" und ihre Selbsteinschätzung zu den Leistungen und Verhalten in den vorherigen AC-Übungen vortragen (s. Curth & Lang, 1990, S. 173).

Erstaunlich war, dass Selbstbeurteilungen mit Kollegenbeurteilungen („peer ratings") – zumindest in früheren Jahren – wenig Übereinstimmung erzielten (s. Latham & Wexley, 1982, S. 86). Rao (2004, S. 75) gab anhand einschlägiger Studien zu bedenken, dass zwar die „Peer Ratings" durchaus reliabel und valide Ergebnisse lieferten, insbesondere bei der Bildung von Rangreihen über Merkmalsausprägungen, diese Einschätzungen aber häufig nicht von den Zielpersonen akzeptiert und als unfair oder nicht nachvollziehbar empfunden wurden. Sofern die Selbsteinschätzungen deutlich positiver als die Fremdurteile von allen beteiligten Beurteilern in den Merkmalsskalen bei einer 360° – Beurteilung ausfielen, zeigten jedoch die Erfahrungen aus der Praxis der PE, dass die Beurteilten diese Befunde und Unterschiede sehr ernst nahmen und sie in ihren Entwicklungsplänen berücksichtigten und das mit sichtbarem Erfolg (s. Dalessio, 1998, S. 278 ff.). – Bei späterer Wiederholung der multiplen Beurteilung hatten sich die Selbsteinschätzungen den Fremdbewertungen vielfach angenähert.

In verschiedenen von Atwater (1998, S. 341) zitierten Studien zeigte sich des Weiteren noch, dass Selbsteinschätzungen nicht oder nur niedrig mit den Urteilen der verantwortlichen Führungskraft korrelierten. Häufig schätzen sich die MA sehr viel positiver ein als die Führungskräfte. Dem liegen zum einen unwillkürliche Beurteilungsbestrebungen zugrunde, sodass sich z. B. Befragte gerne als „überdurchschnittlich" gut oder leistungsstark beurteilen (z. B. schätzten sich angeblich rd. 90 % der befragten Autofahrer als überdurchschnittlich gute Fahrer ein, obwohl das logisch bzw. statistisch gar nicht möglich und unsinnig ist). Dazu passt auch die von Bernardin et al. (1998, S. 6) getätigte Aussage, dass MA eher enttäuscht und unzufrieden sind, wenn sie bei einer mehrstufigen Skala nicht die höchste Stufe erhalten (da es aus ihrer Sicht wahrscheinlich MA gibt, die das Maximum erreichen und wohl besser sind als sie, was sich mit ihrem Ego nur schwer verträgt). Mit einer vorausgehenden Selbstanalyse treten MA außerdem gegenüber ihrem Vorgesetzten auch häufig selbstbewusster und bestimmter auf, wenn sie aufgrund ihrer eigenen intensiven Selbsterforschung zu einem bestimmten Selbstbild gekommen sind und nun das Gefühl haben, sie werden nicht adäquat und vollständig in ihrem Leistungsverhalten wahrgenommen und daher tendenziell schlechter beurteilt.

Berechtigt ist zudem die Frage, welche Gründe und Motive zu einer *Selbstüberschätzung* in den Selbstbeurteilungen sonst noch führten? Ausführlich hat sich z. B. Atwater (1998) in einem Review mit dieser Frage beschäftigt und hierzu einige Untersuchungsbefunde zusammengetragen und beigesteuert. So scheinen die Befunde zu signalisieren, dass Männer sich allgemein positiver sehen und bewerten als Frauen, da Frauen sensibler und kritischer gegenüber ihrem eigenen Verhalten sind. Zu beurteilende MA kennen zudem ihre eigenen Fähigkeiten z. T. besser als Fremde und glauben, dass sie sich selbst besser bzw. akkurater einschätzen, während Fremdbeurteiler eher auf die Leistungsergebnisse als „Output" achten und nur sie registrieren, was nicht ein und dasselbe für die Leistungs- und Verhaltensbeurteilung ist, wenn sozusagen der „Input" nicht angemessen oder überhaupt nicht gewürdigt wird. Verfügen zudem noch die MA über bestimmte kognitive oder mentale Stärken, sind sie in der Lage, sich einmal mit den nötigen Informationen bestmöglich zu versorgen, oder sich zum anderen aufgrund eines guten Gedächtnisses an wichtige Details zu erinnern, die den anderen Beurteilern so nicht präsent sind.

6.3   Beurteilungen von – und innerhalb von – Teams

Arbeitsgruppen oder Teams sind schon aufgrund ihrer Organisationsstruktur darauf angewiesen, einen intensiven gegenseitigen Gedanken- und Meinungsaustausch zu pflegen, wozu auch immer Feedback und ggf. Kritik gehört. Solche Art von Rückmeldungen ist so gut wie gar nicht formalisiert, sondern sie werden in der Regel in Teambesprechungen ausgetragen – oder bei Bedarf spontan und bilateral. Intensität und Tiefe der Rückmeldung hängt zudem von dem Arbeitsklima, der Vertrautheit und der Offenheit der Teammitarbeiter untereinander ab. Die Vertraulichkeit innerhalb der Gruppe ist natürlich auch eine conditio sine qua non.

Frühere Autoren haben sogar davor gewarnt, Einzelbeurteilungen von Teammitgliedern vorzunehmen (s. Ilgen & Feldman, 1983, S. 148). Mitarbeiterbeurteilungen sind ihrer Ansicht nach bei Teamstrukturen kontraindiziert, da Teams sich als eine Arbeitseinheit begreifen und unterschiedliche Beurteilungen der Teamangehörigen als Störung von außen empfänden mit anschließender (eigentlich überflüssiger) Diskussion darüber, was sich negativ auf die Leistungsbereitschaft und Performance des Teams auswirken würde.

Teammanagement ist daher erst seit etwa 1990 ein Thema in der Managementliteratur mit der Veröffentlichung von wissenschaftlichen Untersuchungen zur Teamarbeit und Teamsteuerung (inkl. Leistungsbeurteilung) sowie Erfahrungsberichten aus der Praxis (s. Reilly & MacGourty, 1998, S. 245). Nicht ohne Grund wurde mit der Einführung neuer Managementkonzepte, wie z. B. „Kontinuierlicher-Verbesserungs-Prozess (KVP)" oder „Total Quality Management (TQM)" usw., zur Steigerung des Kundennutzens bzw. Kundenzufriedenheit, Produkt- und Servicequalität und der Optimierung der Arbeitsprozesse zur Erhöhung der Produktivität und Leistungsfähigkeit auf Teamorganisationen gesetzt. Da die traditionellen Instrumente des Performance Managements für einzelne MA bei Teams nicht wie gewünscht funktionierten, waren für Teamstrukturen andere Ansätze gefragt. Frühere Beiträge wiesen schon damals daraufhin, dass Peer Ratings dazu verleiten, den Beurteilten danach zu bewerten, inwieweit er (oder sie) konform zur Gruppe ist, wobei Nonkonformisten schlechter beurteilt wurden als sie es nach ihren Leistungen und Verhalten verdient hätten und zu rechtfertigen gewesen wäre (s. Taft, 1955/1962, S. 29).

Ähnlich der Anforderungsprofile oder Kompetenzmodelle für Individuen in Organisationen waren nun für Teams:

- Kompetenzmodelle auf Teamebene, also für das Team als Ganzes oder als Einheit gefragt;
- rückte das Verhalten der einzelnen Teammitglieder sowie ihre besonderen Fähigkeiten und Qualifikationen als Bestandteil oder Profil des Teams in den Focus;
- die Teamleistung als gemeinsame Leistung aller Teammitglieder entscheidend.

Bei den teambezogenen Kompetenzmodellen kommt es auf den „Mix" an. Die Teammitarbeiter sollen einerseits Teamaufgaben gemeinsam erledigen und sich dabei optimal ergänzen. Vor dem Hintergrund unterschiedlicher Erfahrungen oder unterschiedlicher Professionalität, sollte es andererseits „Spezialisten" oder Experten innerhalb des Teams geben, für die „hoheitliche" Spezialaufgaben exklusiv reserviert sind, wie z. B. die Betreuung der IT-Technik oder die Durchführung von anspruchsvollen Reparaturen.

Ein erforderliches Qualifikationsniveau der Teammitarbeiter lässt sich am besten durch ein obligatorisches Ausbildungsprogramm mit abschließender Zertifizierung erreichen. Entweder wäre dies eine Voraussetzung für die Teammitgliedschaft überhaupt oder es wäre ein verbindlicher Kompetenznachweis als Qualifikationsstandard, dem sich das Team zu unterwerfen hat.

Aus dem Zusammenspiel der Arbeitsleistungen oder Beiträge der Teammitglieder resultiert dann die Teamleistung als Ganzes, die durch separate Einzelleistungen von Personen so nicht zustande gekommen wäre (vgl. Reilly & MacGourty, 1998, S. 249 ff.). Es gilt auch für Teamarbeit der Grundsatz: *Das Ganze ist mehr als die Summe seiner Teile!*

Teamleistungen können nur gelingen, wenn das Team sich durch definierte Kompetenzen auszeichnet. Von einem Team ist daher zu erwarten, dass es sich selbst steuert, wozu die Arbeitsplanung und Arbeitssteuerung, das Zeit- und Terminmanagement und die Qualitätssicherung vor allem gehören. Intakte interpersonale Beziehungen sind der „Kitt", der ein Team zusammenhält und für „blindes" Verständnis und Vertrauen sorgt. Ohne eine an den Bedürfnissen orientierte Kommunikation, eine sowohl vertrauensvolle als auch in allen Belangen effektive Kooperation und nicht zuletzt ein gut funktionierendes Konfliktmanagement als soziale Kompetenzen würde das nicht gelingen. Schließlich benötigt ein Team auch die Entscheidungsbefugnisse, um „Empowerment" in dezentralen Strukturen zu leben und in die Tat umzusetzen.

Teams sind autonome Arbeitsgruppen und die Teamangehörigen im lfd. Arbeits- oder Produktionsprozess aufeinander angewiesen, also voneinander abhängig. Mit herkömmlichen Organisationsstrukturen, die eine Hierarchie und eigenständige Arbeitsplätze als Kern enthalten, sind sie nicht vergleichbar. Dennoch brauchen auch Teams ein geregeltes Feedback, um sich sowohl weiterzuentwickeln als auch sich in ihrer Leistung oder Performance zu steigern. Versuche in der Praxis haben gezeigt, dass Teams sich in puncto Feedback und Leistungsbeurteilung selbst organisieren und auf die zu ihnen passenden Instrumente sowie Prozesse zurückgreifen sollten. Ein probates Mittel wäre die multiple gegenseitige Beurteilung der Teammitglieder untereinander (s. Abschn. 6.1). Jedes Teammitglied würde sich selbst und jedes andere Gruppenmitglied nach einen bestimmten Merkmalskatalog, der mit dem o. g. Kompetenzmodell korrespondiert, einschätzen (s. Beispiel bei Reilly & MacGourty, 1998, S. 264). Alle Bewertungen werden gesammelt und in einem sogenannten „Feedback Report" neben der Selbstbewertung (und dem Sollprofil als vorgegebene Norm) zu durchschnittlichen Fremdurteilen über ein Teammitglied verdichtet, sodass die Vertraulichkeit bezüglich der abgegebenen Einzelbeurteilungen der Teamangehörigen gewahrt bleibt. Es bleibt auch dem Team überlassen, ob und wie es die Eindrücke aus der Teambewertung behandelt und für individuelle Entwicklungspläne nutzt.

Auf einer übergeordneten Ebene kann das Unternehmen selbst die Teamleistungen einem Beurteilungsverfahren oder einem Controlling unterziehen. Inputgrößen wären zunächst betriebswirtschaftliche und arbeitsorganisatorische Kennziffern, die „Hard facts" als quantitative Größen zum Ausdruck bringen. Meistens werden diese Daten oder Informationen jedem Team im Rahmen eines formalisierten Controlling-Prozesses als „Erfolgsgrößen" ohnehin zur Verfügung gestellt. Bei *quantitativen* Erfolgsgrößen, wie

- Reklamationen (nach Menge und Wert oder Betrag),
- Erreichbarkeit oder Wartezeiten bei einer Hotline,
- erfolgte Kundenlösungen beim ersten Anruf etc.,
- oder auch qualitativen Kriterien, die quantitativ gemessen werden, wie z. B. die erfragte Kundenzufriedenheit durch einen regelmäßigen Survey oder einer späteren Nachfrage mit einer Vergabe einer (Schul-) Note bei oder nach Anruf einer Hotline,

ist die individuelle und (bzw. oder) kollektive Beurteilung als (durchschnittliche) Teamleistung das Maß aller Dinge.

Wie bei der internen Teambeurteilung, so lassen sich auch auf der Ebene der Organisation ein multiples Verfahren praktizieren und mit den aggregierten Bewertungsdaten in ebenfalls einem „Feedback Report" darstellen. Nur würden sich anstatt einzelner Teammitglieder bei diesem Ansatz verschiedene Teams, die jeweils als Team zusammenarbeiten, gegenseitig beurteilen. Hinzukommen könnten noch als Beurteiler die nächsthöheren Leiter von Teams, Externe oder bei Bedarf auch die Teamleiter. Nichts spricht im Übrigen dagegen, diese Palette von harten und weichen Beurteilungsdaten in eine BSC einfließen zu lassen und für das strategische Controlling zu nutzen (s. Kap. 5).

Häufig werden auch Teams, Filialen oder sonstige Außenstellen, insbesondere im Vertrieb bei Versicherungen, Bausparkassen o. ä., einer Teambeurteilung als Gruppe unterzogen und für ihre Leistung honoriert (z. B. auch als Incentive wie eine Wochenendreise für die prämierten Teams). Bei Anwendung ökonomischer Erfolgsgrößen wie Umsatz, Gewinn, Neukundengewinnung usw. ist das relativ einfach und transparent. Zu berücksichtigen wäre aus Sicht der Zentrale oder Unternehmensleitung, um eine gerechte und faire Einschätzung und Behandlung zu ermöglichen, dass bei einem Netz von Filialen oder Außenstellen sowohl strukturelle als auch situative Bedingungen vor Ort in die Kalkulation und damit in die Leistungshonorierung einfließen, wie es z. B. als Muster bei der Beurteilung des betriebswirtschaftlichen Ergebnisses von Bankfilialen in einer Region geschah (s. Anlage 4).

Ein interessanter Aspekt ist in diesem Zusammenhang, wie z. B. ein Team mit der Verteilung von Leistungsprämien, die die Gruppe als Gemeinschaft erhält, unter den Teammitgliedern umgeht. Plädiert wird, dass die Teams in ihren Entscheidungsbefugnissen autonom bleiben und sich selbst die Verteilungsregeln auferlegen sollen. Mitunter honorieren sie auch besondere Leistungen, innovative Ideen etc. einzelner Mitglieder in besonderer Weise. Natürlich setzt dies voraus, dass eine ungleiche individuelle Prämierung von der Akzeptanz aller Teammitglieder getragen wird (s. Bohnet & Oberholz-Gee, 2002, S. 142).

6.4   Delegierte Beurteilungskompetenzen

Bei sehr großen Arbeitsgruppen oder Teams, die von einem Gruppen- oder Teamleiter als zuständiger formaler Vorgesetzter geführt werden, kann es vorkommen, dass aus Kapazitätsgründen die Durchführung von Mitarbeiter- bzw. Beurteilungsgesprächen an Stellvertreter, wie Hauptsachbearbeiter, Vorarbeiter o. ä., delegiert werden muss. Meistens sind diese Stellvertreter in einer „quasi" Führungsfunktion, da sie z. B. die Leistungs- oder Ergebniskontrolle der ihnen zugewiesenen MA übernommen haben, wozu auch die Beratung sowie die Arbeitsplanung gehört. Da sie keine formalen bzw. disziplinarischen Vorgesetzten sind, haben sie keine Kompetenz, Honorierungs- oder Sanktionsentscheidungen zu initiieren oder zu treffen. Infolgedessen sind sie auch nicht an den späteren „Karrieregesprächen" aktiv beteiligt, allenfalls ggf. nur passiv in der Zuhörer- oder Informationsgeber-Rolle.

Vergleichbar ist diese Situation als „Stellvertretende Führungskraft" auch mit der von Projektleitern, die ebenfalls nur eine temporäre, anstatt einer disziplinären Führungsfunktion ausüben. Dafür sehen sie ihre zugewiesenen Projektmitarbeiter jeden Tag und nehmen ihre Leistungsbeiträge für die Zeit der Projektarbeit ab.

Was die Mitarbeiterbeurteilung an sich betrifft, führen sie die Gespräche genauso wie eine formal zuständige Führungskraft. PE-Maßnahmen, die sie ggf. den MA vorschlagen, sollten sie entweder vorab mit der verantwortlichen Führungskraft abgesprochen haben oder mit dem Hinweis belegen, dass es hierzu noch einer offiziellen Zustimmung bedarf.

6.5   Forced Ranking

Rangordnungsverfahren (s. auch Abschn. 2.3.2.3) funktionieren, wie bereits erwähnt, wie bei einer „Hitparade" oder „Bundesligatabelle": Steigt einer auf, muss ein anderer zwangsläufig im Rang zurückfallen oder sogar absteigen!

Bei Quotenvorgaben wird a priori bestimmt, wie hoch der Anteil (in %) jeweils in den vorgesehenen Klassen oder Gruppierungen, wie z. B. „Personen mit sehr guten Leistungen", sein darf oder sein muss. Quotierungen (z. B. max. 10 % der MA einer Organisationseinheit mit „sehr guten Leistungen") sind verbindlich und vom Vorstand oder der Unternehmensleitung so gewollt, um auf „Biegen und Brechen" eine Klassifizierung des MA-Bestandes nach der Leistung zu erreichen. Für jeden Bereich ist dann von den Führungskräften im Rahmen einer Konferenz eine Verteilung ihrer Beschäftigten auf die Leistungsklassen unter Einhaltung der Quoten – wahrscheinlich im Zuge eines wiederholten iterativen Verfahrens – vorzunehmen.

Bei verschärfter Anwendung in bestimmten Branchen, wie z. B. Unternehmensberatungen oder Anwaltskanzleien, findet im Rahmen des reinen „Forced Ranking" ein Aussortieren der „Nicht-Spitzenkräfte" statt, wenn es z. B. darum geht, wer in den Rang eines „Partners" aufsteigen soll – getreu dem Grundsatz: Aufstieg oder Ausstieg!

Es ist sicherlich nicht verkehrt zu behaupten, dass solche Prozeduren nur noch bedingt etwas mit Feedback und herkömmlicher Mitarbeiterbeurteilung zu tun haben.

6.6   Umgang mit negativen Beurteilungen

Aus welchen Gründen auch immer kann es vorkommen, dass eine Mitarbeiterbeurteilung schlechter ausfällt im Vergleich zur letzten Beurteilung und der Betreffende nicht nur im Rahmen des Beurteilungsverfahrens, sondern auch bei der Standortbestimmung im Qualifikations-Index zurückfällt, was für ihn oder sie auch pekuniäre Konsequenzen hätte. In welchen Prozent- oder Gehaltssprüngen eine Rückstufung passieren könnte, ist Sache der geltenden Regelung bei der Bemessung der individuellen Leistungsvergütung sowie der Beteiligung am Unternehmensgewinn. Zu empfehlen wäre, zwar behutsam, aber auch merklich z. B. in 5 % – Schritten vorzugehen (s. Abschn. 3.2).

In absoluten Ausnahmefällen sollte die Betriebsvereinbarung über das leistungsorientierte Vergütungssystem auch eine „Null-Einstufung" und damit Aussetzung einer zusätzlichen leistungsbedingten Zuwendung für das aktuelle Jahr zu lassen und verbindlich und eindeutig regeln.

Aus psychologischer Sicht – und das ist eigentlich eine Binsenweisheit – sind negative Ereignisse für den Betroffenen immer eine heikle frustrierende Angelegenheit, die entweder mit seinem Selbstbild oder seinen (unrealistischen?) Erwartungen kollidiert oder für ihn völlig überraschend ist und sie oder ihn in seinen Grundfesten erschüttert und als absolut *unfaire* Behandlung verstanden wird gegen die sich jeder betroffene MA wehren würde. Aber, soweit muss es der verantwortliche Vorgesetzte gar nicht kommen lassen!

Durch notwendige bilaterale „Ad hoc – Gespräche" ist es der Führungskraft möglich, den MA auf kritische Entwicklungen hinzuweisen und ihn, wenn man so will, zu warnen und, was noch viel wichtiger ist, ihn oder sie noch frühzeitig die Möglichkeit zu geben, den Kurs zu seinem oder ihren Gunsten zu ändern (s. auch Abschn. 2.2). Sollten diese Signale letztendlich doch umsonst gewesen sein und nicht zu der Leistungssteigerung oder Verhaltensänderung geführt haben, liegen bis zum Beurteilungsgespräch genügend Argumente auf den Tisch, die die schlechtere oder negative Bewertung rechtfertigen – und, was noch viel entscheidender ist, – von dem MA verstanden und nicht als ein unfreundlicher oder unfairer Akt aufgefasst werden (s. Gilliland & Langdon, 1998). Angesichts drohender schlechterer Mitarbeiterbeurteilungen ist es außerdem ratsam, den nächsthöheren Vorgesetzten über die (negative) Leistungsentwicklung frühzeitig zu informieren und auf die negative Leistungsbeurteilung hinzuweisen (s. auch Abschn. 6.1.4).

Bei solch einer psychologisch wohlwollenden und verständnisvollen Zuwendung und Vorbereitung wären die MA auch bereit, über vielleicht auch unorthodoxe oder ungewöhnliche Auswege oder Alternativen zu diskutieren, wenn „mit Bordmitteln" kurz- oder mittelfristig keine positiven Veränderungen zu erwarten wären.

Bei vielen Arbeitstätigkeiten sind negative mangelhafte Leistungen häufig auf Fehlverhalten oder schlichtweg Fehler zurückzuführen. In der gewerblichen Industrie, aber auch im Dienstleistungsbereich wie z. B. bei Verkehrsbetrieben war die systematische Fehleranalyse im Sinne der Rückverfolgung von Fehlerursachen im Verhalten der MA für den Arbeitsschutz und der Unfallverhütung unerlässlich. Fehler sind gemäß einer Auflistung von Graf Hoyos (1974, S. 102) häufig darauf zurückzuführen, dass durch Unaufmerksamkeit kritische Signale übersehen werden, falsch oder überhaupt nicht reagiert wird und falsche Schlussfolgerungen aus vorliegenden Informationen gezogen werden, die sowohl zu Gefahren, wie z. B. Unfälle, als auch zu Störungen oder sogar zu einem Stillstand des Arbeits- oder Produktionssystems führen können. Natürlich gehört auch die Missachtung von Regeln oder Vorschriften ebenso zum Fehlverhalten und schlägt sicherlich bei der Leistungsbewertung negativ zu Buche.

6.7 Resümee

Meistens bleibt bei einem relativ komplexen Thema, wie z. B. der Personalbeurteilung, noch ein Rest übrig, der abschließend einer Klärung bedarf, damit das Themengebiet, wenn man so will, „rund" ist. Stellung bezogen wurde zur multiplen Beurteilung, z. B. zur 360° – Beurteilung inkl. Führungskräftebeurteilung, mit der aus heutiger Sicht sorgsam umzugehen ist, da sie ungewollte Nebenwirkungen entfalten kann. Neben Fremdbeurteilungen durch den zuständigen Vorgesetzten oder von anderen Personen sind zur Vorbereitung auf ein Beurteilungsgespräch auch Selbstanalysen oder Selbstbeurteilungen dringend zu empfehlen.

Beurteilungen und Leistungshonorierungen von Teams oder Teamleistungen sind manchmal unumgänglich, wobei die Handhabung (also das „Empowerment") eher dem Team selbst überlassen werden sollte. Stellvertretende Führungskräfte zeichnen sich häufig dadurch aus, dass sie neben dispositiven und Beratungsaufgaben auch für einen definierten Teil der MA die Beurteilung übernehmen.

Vorgaben von Bewertungsquoten sind nach den geltenden Erfahrungen eher nicht zu empfehlen, da sie die Verliererproblematik unnötig verschärfen und einer gedeihlichen Zusammenarbeit entgegenstehen.

Schließlich können sich Leistungsbeurteilungen im Zeitablauf auch verschlechtern, auf die Führungskräfte und die Firma in vernünftiger Weise und mit Augenmaß reagieren sollten. Entscheidend ist, dass die MA das Gefühl haben, bei allem Kummer mit einer nicht so guten oder negativen Bewertung, fair behandelt worden zu sein, indem sie einmal von einer sich verschlechternden Beurteilung nicht vollkommen überrascht oder überrumpelt wurden, und dass sie frühzeitig auf bestimmte Entwicklungen durch genügend Gespräche hingewiesen wurden mit der Chance, es doch noch besser zu machen. Nur dann ist eine notwendige Einsichtsfähigkeit gegeben gepaart mit dem Wunsch, sich im Sinne der Anforderungen zu verbessern oder für andere Alternativen bereit zu sein. Auch bei zeitweise schlechteren Beurteilungen gilt das Prinzip, aus Fehlern zu lernen, also sie zu analysieren und es nächstes Mal besser zu machen.

Literatur

Atwater, L. E. (1998). The advantages on pitfalls of self-assessment in organizations. In J. W. Smither (Hrsg.), *Performance appraisal, State of the art in practice,* The professional practice series, 7th Volume, (S. 331–369). Jossey-Bass.

Baron, J. N., & Kreps, D. M. (1999). *Strategic human resources. Frameworks for general managers.* Wiley.

Bernardin, H. J., Hagan, C. M., Kane, J. S., & Villanova, P. (1998). Effective performance management: A focus on precision, customers, and situational constraints. In: J. W. Smither (Hrsg.), *Performance appraisal, state of the art in practice,* The professional practice series, 7th Volume (S. 3–48). Jossey-Bass.

Bohnet, I., & Oberholzer-Gee, F. (2002). Leistungslohn als Motivations- und Selektionsinstrument. In B. S. Frey & M. Osterloh (Hrsg.), *Managing Motivation, Wie Sie die neue Motivationsforschung für ihr Unternehmen nutzen können* (2. Aufl., S. 137–161). Gabler.

Curth, M. A., & Lang, B. (1990). *Management der Personalbeurteilung.* Oldenbourg.

Dalessio, A. T. (1998). Using multisource feedback for employee development and personnel decisions. In: J. W. Smither (Hrsg.), *Performance appraisal, State of the art in practice,* The professional practice series, 7th Volume, (S. 278–330). Jossey-Bass.

Drenth, P. J. D. (1998). Personnel appraisal. In P. J. D. Drenth, H. Thierry, & C. J. de Wolff (Hrsg.), *Personnel psychology, handbook of work an organizational psychology* (2. Aufl., S. 59–87). Psychology Press.

Gilliland, S. W., & Langdon, J. C. (1998). Creating performance management systems that promote perceptions of fairness. In J. W. Smither (Hrsg.), *Performance appraisal, state of the art in practice,* The professionell practice series, 7th Volume (S. 209–243). Jossey-Bass.

Hollander, E. P. (1954/1962). Buddy ratings: Military research and industrial implications. In T. L. Whisler & S. F. Harper (Hrsg.), *Performance appraisal, research and practice* (S. 320–326). Holt, Rinehart and Winston.

Hoyos, C. G. (1974). *Arbeitspsychologie.* Kohlhammer.

Ilgen, D. R., & Feldman, J. M. (1983). Performance appraisal: A process focus. In L. L. Cummings & B. M. Staw (Hrsg.), *Research in organizational behavior, An annual series of analytical essay and critical reviews,* volume 5 (S. 141–197). JAI Press.

Kiefer, B.-U., & Knebel, H. (2004). *Taschenbuch Personalbeurteilung. Feedback in Organisationen* (11. Aufl.). Verlag Wirtschaft und Recht.

Latham, G. P., & Wexley, K. N. (1981/1982). *Increasing productivity through performance appraisal.* Reading. Addison-Wesley.

Lattmann, C. (1994). *Die Leistungsbeurteilung als Führungsinstrument* (2. Aufl.). Management Forum, M. E. Domsch, M. Hoffmann, Ch. Lattmann (Hrsg.). Physica.

Neuberger, O. (2000). *Das 360° – Feedback. Alle Fragen? Alles sehen? Alles sagen?* In O. Neuberger (Hrsg.), Schriftenreihe Organisation & Personal, Band. 9. Hampp.

Parker, J. W., Taylor, E. K., Barrett, R. S., & Martens, L. (1959/1962). Rating scale content: III relationsships between supervisory- and self-ratings. In T. L. Whisler & S. F. Harper (Hrsg.), *Performance appraisal, research and practice* (S. 355–364). Holt, Rinehart and Winston.

Rao, T. V. (2004). *Performance management and appraisal systems. HR tools for global competitiveness.* Response Books.

Reilly, R. R., & McGourty, J. (1998). Performance appraisal in team settings. In J. W. Smither (Hrsg.), *Performance appraisal, state of the art in practice,* The professional practice series, 7th Volume (S. 244–277). Jossey-Bass.

Richards, K. E. (1959/1962). A new concept of performance appraisal. In T. L. Whisler & S. F. Harper (Hrsg.), *Performance appraisal, research and practice* (S. 549–565). Holt, Rinehart and Winston.

Rowland, V. K. (1958/1962). The mechanics of group appraisals. In T. L. Whisler & S. F. Harper (Hrsg.), *Performance appraisal, research and practice* (S. 327–333). Holt, Rinehart and Winston.

Scherm, M., & Sarges, W. (2019). *360° – Feedback* (2. Aufl.). In H. Schuler, J. Felfe, R. Hossiep, & M. Kleimann (Hrsg.), Praxis der Personalpsychologie, Human Resource Management kompakt, Band 1. Hogrefe.

Schmidt, T. (2018). *Performance Management im Wandel. Sollten Unternehmen ihre Mitarbeiterbeurteilungen abschaffen?* Essentials. Springer.

Schuler, H. (1980). *Das Bild vom Mitarbeiter. Leistungsbeurteilung im Betrieb* (3. Aufl.). In BRATT-Institut für Neues Lernen (Hrsg.), Psychologie im Betrieb (Bd. 2). Bratt-Institut für Neues Lernen.

Springer, D. (1953/1962). Ratings of candidates for promotion by co-workers and supervisor. In T. L. Whisler & S. F. Harper (Hrsg.), *Performance appraisal, research and practice* (S. 327–333). Holt, Rinehart and Winston.

Taft, R. (1955/1962). The ability to judge people. In T. L. Whisler & S. F. Harper (Hrsg.), *Performance appraisal, research and practice* (S. 28–52). Holt, Rinehart and Winston.

Whitla, D. K., & Tirrell, J. E. (1954/1962). The validity of ratings of several levels of supervisors. In T. L. Whisler & S. F. Harper (Hrsg.), *Performance appraisal, research and practice* (S. 132–135). Holt, Rinehart and Winston.

Whisler, T. L., & Harper, S. F. (Hrsg.). (1962). *Performance appraisal. Research and practise.* Holt, Rhinehart and Winston.

Interpersonale Beziehungen

Zusammenfassung

Ausgehend von der bisweilen bei Personalbeurteilungen unterstellten Behauptung bzw. Beobachtung, dass nicht nur das wahrgenommene Verhalten beurteilt wird, sondern auch die Qualität der gegenseitigen Beziehung durch den Beurteiler, war es notwendig, sich des Themas *interpersonaler Beziehungen* auf systematische Weise zu nähern und zu widmen. Vorüberlegungen und Nachforschungen wie Analysen hat es bereits durch (Heider, 1958) gegeben. Herkommend vom „Common Sense" der Alltagspsychologie befasste er sich mit den sozialen Kognitionen wie Wahrnehmung und Beurteilungen von Verhalten und Reaktionen innerhalb von Beziehungen und postulierte, dass sich eine interpersonale Beziehung in einer Balance bzw. in einem Gleichgewicht befinden muss und alles andere als störend und veränderungsbedürftig erlebt wird. Ergebnis war dann die Balancetheorie, die über die sozialen Kognitionen die Leistungs- und Verhaltensbeurteilung von Individuen beeinflusst.

Wenn, wie von einigen Autoren und Persönlichkeitsforschern (z. B. Neuberger, 1980) behauptet, die Mitarbeiterbeurteilung auch oder in erster Linie eine Beurteilung der Beziehung zwischen der Führungskraft und ihren MA ist – und keine direkte und objektive persönliche Leistungsbeurteilung – macht es Sinn, die *interpersonalen Beziehungen* stärker ins Visier zu nehmen und zu analysieren.

Mit der Psychologie der zwischenmenschlichen Beziehungen hat sich als erster Fritz Heider (1958) beschäftigt und verdient gemacht und seine *Balance-Theorie* als Basismodell für interpersonale Beziehungen entwickelt. Nicht nur scheint die Balance-Theorie, also die unwillkürliche Reaktion zur Herstellung eines dynamischen Gleichgewichtes, eine Vielzahl von in der Sozialpsychologie erforschten Phänomenen, wie z. B. Vorurteile oder ideologisch geprägte

© Der/die Autor(en), exklusiv lizenziert an Springer-Verlag GmbH, DE, ein Teil von
Springer Nature 2022
H. Wienkamp, *Strategische Personalbeurteilungen*,
https://doi.org/10.1007/978-3-662-66220-5_7

Einstellungen gegenüber Rassen oder fremden Gruppen (z. B. Migranten oder Ausländer), Schuldzuweisungen oder Solidarität mit Gewalt- oder Unfallopfern, Hilfsbereitschaft etc., gut als mögliche Alternative zu erklären, sie scheint auch anderen alternativen Modellen (z. B. der Attribution-Theorie) voraus, wenn nicht sogar überlegen zu sein, weil ihr theoretisches Gerüst einfach und stimmig ist (s. z. B. Review von Crandall et al., 2007)!

7.1   Soziale Kognitionen bedingen die Beurteilung von Situationen und Personen

Alltagserfahrungen, Lebensraum oder auch der „gesunde Menschenverstand" sind beispielsweise die Phänomene, die die sogenannte „Laienpsychologie", oder auch naive Psychologie genannt, kennzeichnen. Heider (1958) griff sie als sogenannten „Common Sense" für seine psychologischen Nachforschungen auf mit dem Ziel, sie nicht nur zu analysieren und versuchsweise zu erklären, sondern sie in eine übergeordnete Systematik zu transformieren und zwischen Situationen oder Objekten und Personen und ihre Beziehungen zueinander zu trennen.

Da das Leben eine „soziale Bühne" ist, sind in diesem Geschehen immer Menschen darin verwickelt, indem sie miteinander kommunizieren. Kommunikationsforscher wie Watzlawick et al. (1982) oder Schulz von Thun (1981/1991) haben zu Recht hervorgehoben, dass zwischenmenschliche Kommunikation nicht nur auf der *Sachebene* durch den Austausch von Nachrichten oder Informationen stattfindet, sondern auch auf der *Beziehungsebene* mit allen denkbaren Emotionen und Gefühlen, so auch am Arbeitsplatz (s. auch Abschn. 9.2).

Mit der Unterscheidung zwischen Beziehungs- und Sachebene oder zwischen Personen einerseits und Meinungen oder Themen über etwas als „Objekt" im Sinne Heiders andererseits, kommt es nach dem Modell der „Interpersonalen Beziehungen" von Heider (1958) zu einer *„Dreiecksbeziehung"*, die unterschiedliche Qualitäten aufweisen kann. Zur Illustration und Differenzierung zwischen diesen Kommunikationsmodellen sei auf die Abb. 7.1 verwiesen.

Konkret differenzierte Heider zwischen Objekt- und Personenwahrnehmung (und anschließender Meinungsbildung oder Beurteilung), die zu gleichen oder unterschiedlichen Einstellungen, Haltungen oder Bewertungen führen können, und letzteres sogar eine Kette von nachfolgenden Reaktionen (oder sogar eine Reaktionskaskade) auslösen. Denn die soziale Wahrnehmung von Personen ist ein *meditativer Prozess*, bei dem das Beobachtete, oder das „Rohmaterial", oft durch obskure Bedingungen oder Zerrbilder als kognitive Schemata der beteiligten Personen gefiltert, uminterpretiert und verfälscht wird (Heider, 1958, S. 26). Kognitive Schemata sind demnach Wahrnehmungskonzepte oder Schablonen, die das gesehene Verhalten von anderen Individuen kategorisieren und einordnen in die eigene Erlebniswelt, um es zu verstehen oder sich „einen Reim darauf machen zu können". Allerdings entsprechen die eigenen Interpretationen nicht unbedingt der Realität!

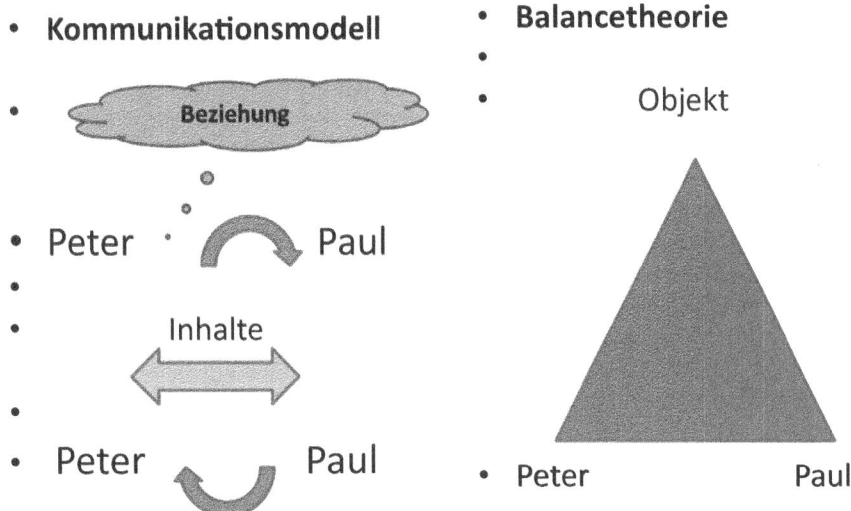

Abb. 7.1 Vergleich Balancetheorie mit Kommunikation

Gedeutet oder erlebt werden z. B. Freundlichkeit, Sympathie, Ähnlichkeit, Reziprozität, also Geben und Nehmen, Hilfsbereitschaft usw. Nicht immer fällt es den Individuen dabei leicht, richtigerweise die „genotypischen" (z. B. Absichten, Hintergründe oder Motive) von den „phänotypischen" Ausdrücken (z. B. ein Lächeln im Gesicht) zu unterscheiden, da sie ambivalent sein können und einen womöglich ungewollten innerpsychischen Zustand zu verbergen suchen. Somit ist jede wahrnehmende und urteilende Person auf Annahmen und Schlussfolgerungen angewiesen (wie z. B. auf Attributionen als Spekulation über Verursachungsgründe für ein konkretes Verhalten). Dabei kommen auch spontane Reaktionen oder Voreinstellungen (Stereotypen oder Vorurteile) bei der Beurteilung ins Spiel, wenn z. B. die Neigung besteht, bei einem beobachteten Kampf o.ä. sich spontan oder unwillkürlich mit einer der Parteien zu solidarisieren oder ihnen umgedreht die Schuld zu zuweisen. So ist es nicht verwunderlich, wenn z. B. der FC Bayern München ein Bundesligaspiel austrägt und viele (Fernseh-) Zuschauer sich automatisch mit dem anderen (ggf. schwächeren) Verein (wer es auch immer sein mag) solidarisieren.

Egozentrische Positionen mögen für diese Reaktionen oder Neigungen die mögliche Ursache sein. Interessant ist dabei, dass die Menschen ihre Wahrnehmungs- und Urteilsmuster oder Prozesse auch anderen in gleicher Weise unterstellen und sich danach richten – egal, ob es der Realität entspricht oder nicht! Auf der anderen Seite sollte alles, was für einen negativ ist oder als solches aufzufallen droht und potenziell von Schaden sein könnte, dagegen von anderen so nicht gesehen werden und wird demzufolge gerne kaschiert.

7.2   Balancetheorie

Nicht von ungefähr heißt das Persönlichkeitsmodell von Heider (1958) für interpersonale Beziehungen „Balancetheorie", da eine Balance oder ein Gleichgewicht
Harmonie bedeutet und entspannt. Störungen sind demzufolge Disharmonien
oder Ungleichgewichte, die sich bei bestimmten Konstellationen ergeben und auf
Veränderung dringen (s. Abb. 7.2 und 7.3). Wie aus diesen Darstellungen oder
Abbildungen hervorgeht, können insgesamt fünf verschiedene Konstellationen
auftreten. Von diesen Konstellationen sind drei Formationen im Gleichgewicht
und zwei nicht balanciert, da sie nicht die Voraussetzung bzw. Regel mit entweder
drei positiven Vorzeichen (+) oder einem positiven Vorzeichen und zwei negative
Vorzeichen (-) für ein Gleichgewicht erfüllen. Bekanntlich ergeben sich bei zwei
positiven Vorzeichen und einem negativen Vorzeichen oder nur negativen Vorzeichen eine Disharmonie oder ein Ungleichgewicht, wie es in der Abb. 7.3 auch
mathematisch für diese fünf Konstellationen nachweisbar ist.

Zur Harmoniebildung tragen noch Gemeinsamkeiten wie Ähnlichkeit, Ver-
trautheit, ein gemeinsames Ziel oder Zweck etc. bei. Wenn allerdings zwei
Personen in Konkurrenz zueinanderstehen oder beide dasselbe Objekt als Besitz
beanspruchen, kann sich eine bisher positive Beziehung ändern, d. h. in ein
Ungleichgewicht geraten und sich verschlechtern (Heider, 1958, S. 197). Neid und
Schadenfreude z. B. empfindet eine Person, wenn sie ihr Erleben mit dem gleichzeitigen Erleben oder Schicksal einer anderen Person vergleicht und gravierende
Unterschiede bestehen (s. Heider, 1958, S. 277), wie es die nachfolgende Tab. 7.1
ausdrückt:

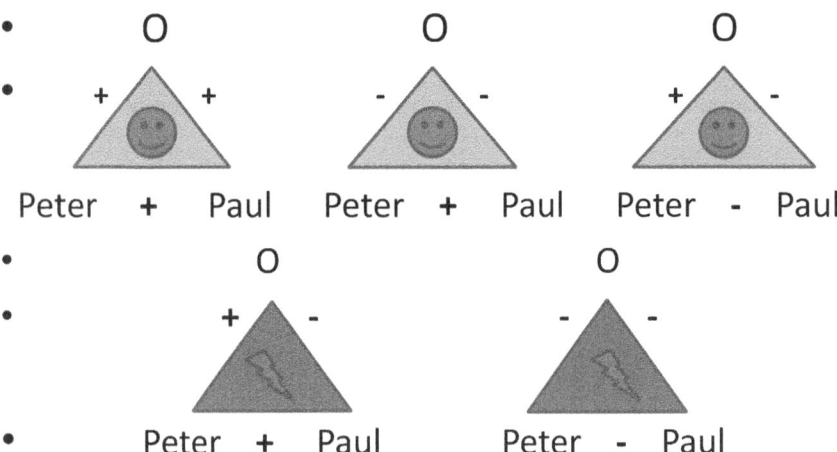

Abb. 7.2 Konstellationen interpersonaler Beziehungen

Fall	Beziehung (P > P)	Meinung (> O)	Logik	Ergebnis
1	(+)	(+ x +)	(+) x (+ x +) =	+
2	(+)	(- x -)	(+) x (- x -) = Oder: (+) x (+) =	+
3	(-)	(+ x -)	(-) x (+ x -) = Oder: (-) x (-) =	+
4	(+)	(+ x -)	(+) x (+ x -) = Oder: (+) x (-) =	-
5	(-)	(- x -)	(-) x (- x -) = Oder: (-) x (+) =	-

Merke:
Bei **drei positiven** Vorzeichen (+) oder **einem positiven** Vorzeichen besteht eine Balance oder Harmonie in der interpersonalen Beziehung
Bei **zwei positiven** oder **nur negativen** Vorzeichen besteht ein Ungleichgewicht (= Störung), was auf Veränderung z.B. durch Kommunikation drängt

Abb. 7.3 Formale Logik der Balancetheorie

Tab. 7.1 Matrix über positives und negatives Selbst- und Fremderleben
Mein Erleben ist:

+	Balance	Schadenfreude
-	Neid	Balance
	+	-

Das Erleben einer anderen Person ist:

Wenn beide Personen, wie dargestellt, ein positives oder negatives Erleben haben, herrscht eine Balance bzw. ein Gleichgewicht. Hat hingegen eine Person ein negatives Erlebnis erlitten und eine andere fremde Person erfreute sich eines positiven Erlebnisses oder hat einfach Glück gehabt, kommt es zu Neid oder Missgunst. Umgekehrt, wenn das eigene Erleben positiv und das einer anderen Zielperson gerade negativ ist, kann Schadenfreude hochkommen.

Ungeachtet dessen verfügen Menschen über verschiedene Möglichkeiten aus einem Ungleichgewicht wieder in die Balance zu kommen, indem sie z. B. Abspalten, Differenzieren oder „Rationalisieren", d. h. das Geschehen als Ausnahmesituation betrachten oder „klein reden" bzw. es einfach nicht wahr haben wollen und es ggf. verdrängen (Heider, 1958, S. 209).

Erlebnisse wie z. B. Neid oder Schadenfreude sind sowohl situationsabhängig als auch beziehungs- oder personenabhängig. Instinktiv suchen die davon betroffenen Individuen nach Erklärungen, also nach Ursachen oder Attributionen und beginnen zu spekulieren.

Aber, es bleibt nicht bei der Suche nach Erklärungen und bei Mutmaßungen, sondern auch die interpersonale Beziehung ist momentan negativ berührt und gestört. Um wieder zu einem ausgeglichenen balancierten Zustand (mit zwei negativen und einem positiven Vorzeichen) zu kommen, bedarf es einer Abwertung des Gesprächs- oder Kommunikationspartners.

7.3   Attributionen

Attributionen sind angenommene oder unterstellte Absichten, Verhaltensmotive oder Beweggründe, aber auch charakteristische einfach unterstellte Persönlich- keitsfaktoren (z. B. eine bestimmte Fähigkeit als Verhaltensursache oder Leistung) für ein wahrgenommenes Verhalten von anderen Menschen. Sie sind ursächlich für bzw. beeinflussen Personen- oder Verhaltensurteile, da keine anderen alternativen Erklärungsmuster sich anbieten oder nicht vorliegen.

Einzelne oder singuläre Wahrnehmungen oder Meinungen, die sich von anderen mehreren Personen in dieser konkreten Situation vollkommen unter- scheiden, verunsichern und führen häufig zur „Selbst Attribution", d. h. ins- besondere zum Eingeständnis sich geirrt zu haben oder falsch zu liegen, da abweichende Einzel- oder Mindermeinungen isolieren und einen seelischen Schmerz verursachen. So dürfte ein Vorgesetzter ins Grübeln kommen, wenn er mit seiner Meinung über das Verhalten oder die Leistung eines MA ziemlich allein auf weiter Flur steht und sich dabei unwohl fühlen. Attributionen innerhalb einer Gruppe fallen hingegen anders, also häufig aufgrund gruppendynamischer Mechanismen (s. Abschn. 9.3) gleichartig aus, wenn entweder anderen Personen außerhalb der Gruppe eine falsche Sichtweise unterstellt oder die situativen Umstände für Diskrepanzen verantwortlich gemacht werden. Während Einzel- meinungen stark bei Abweichungen verunsichert werden können und ihre Meinung dann revidieren, hat eine Gruppe in ihrem Urteil vermeintlich (immer) Recht und die Gruppenmitglieder stützen sich gegenseitig in ihren Ansichten.

Attributionen verhelfen Menschen dazu, über die selbsterzeugten Erklärungen wieder ein stimmiges für die Person (vermeintlich) plausibles Situationsverständ- nis zu erreichen, um das zwischenzeitlich verlorene oder gestörte Gleichgewicht gemäß der Balancetheorie wiederherzustellen. Sobald es zu einer Schieflage im sozialen Verständnis kommt, treten automatisch Verhaltensimpulse auf, dies zu ändern. In der Kommunikation oder Interaktion mit anderen sind entweder Meinungsänderungen zu erwarten oder die Beziehung verändert ihre Qualität ent- weder zum Guten oder zum Schlechten.

Aber, mit Selbst und Fremd Attributionen hört bei Heider das Thema Attributionen im Rahmen von interpersonalen Beziehungen noch nicht auf. Sein Ziel war es, Wahrnehmungen, Bewertungen und darauf abzielende Reaktionen nach ihren möglichen Bedingungen oder Verursachungen zu erforschen. Grob gesprochen gehören zu seiner Systematik nachfolgende *soziale Schemata,* die bei der Interpretation von sozialen Geschehnissen oder Prozessen mit anderen Personen wie ein multipler Filter wirken:

- Das Können (can oder can not)
- Das Dürfen (may oder may not)
- Das Wünschen (want)
- Das Mögen (like oder dislike)
- Das Sollen (ought to).

Auf diese Attribute oder Kriterien von situativen oder persönlichen Bedingungen könnten viele oder sogar sämtliche zwischenmenschliche Interaktionen und Beziehungen und ihre Urteile und Bewertungen beruhen oder hinauslaufen. Aufgrund ihres möglichen simultanen Auftrittes von zwei oder mehr Attributionskonzepten erreichen soziale Ereignisse oder Situationen eine ungeahnte Komplexität.

7.4 Konzepte der Attributionen

Das Konzept von Können oder „Can" betrifft z. B. alle vorzubereitenden Handlungen sowie Interaktionen vor dem Hintergrund möglicher Erfolgserwartungen, was für Leistungsbeurteilungen besonders relevant und richtungsweisend ist. Beteiligt sind als Attributionen sowohl relevante und invariante Persönlichkeitsdispositionen als auch der Prozess der Ausführung, also das konkrete gezeigte Verhalten (z. B. Übung macht den Meister ist das Markenzeichen von „Könnern" oder Professionellen). *Können* (oder Can) steht somit für Macht, Kraft (power) und Kompetenz etwas zu leisten und unterscheidet sich von der Handlungsmotivation, wo es um Ziele, Absichten und um die Intensität des Verhaltens geht (Heider, 1958 S. 83).

Erfolge oder Misserfolge werden beim Können sowohl auf personelle als auch situative Bedingungen attribuiert, wobei auch noch die Aufgabenschwierigkeit hinzutritt und zu berücksichtigen ist. Eine Aufgabe, die alle lösen, gilt als leicht und wird nicht dem Können als gute Leistung zugesprochen – ebenso, wenn alle daran gescheitert sind, ist auch nicht von persönlichem Unvermögen oder Unfähigkeit die Rede (Heider, 1958 S. 90). Neben Glücks- und Zufällen als situative Einzelereignisse fallen unter das Konzept *Can* noch das Wissen um die eigenen Fähigkeiten („gewusst wie"), die Versuchung zu generalisieren (also der klassische Beurteilungsfehler als Halo-Effekt) und das Zu- oder Selbstvertrauen („I can do it!").

Mithilfe dieses Konzeptes „Can" lassen sich somit auch die Handlungsmöglichkeiten in interpersonalen Beziehungen analysieren und klären (z. B. Hilfsbereitschaft). Limitierungen oder Beschränkungen erfährt das Können durch das Konzept des *Dürfens* (may oder may not), was ebenso für die zwischenmenschlichen Beziehungen eine große Relevanz hat.

Motivation oder Verhaltensbemühungen hängen lt. Heider davon ab, was gewünscht oder gewollt wird (also dem „Want" als „Antriebsstachel" oder Treiber) und von der Intensität oder Anstrengung das Ziel zu erreichen. In der Regel wählen Personen den kürzesten Weg zum Ziel, sie können allerdings sich auch unterschiedlicher alternativer Ansätze bedienen und andere (Um-) Wege gehen ohne ihre Verhaltensabsichten (also ihre „kausale Handlungslogik") zu verändern. Sie folgen dann getreu dem Motto: „Viele Wege führen nach Rom".

Um einen ersten Eindruck von der Komplexität und Vielfalt von Attributionen als mögliche Bewertungen zu geben, wird exemplarisch auf die nachfolgende Matrix (s. Tab. 7.2) verwiesen. Die Matrix bestehend aus den Dimensionen: *Can* vs. *Can not* und *Like* vs. *Dislike* als „Mögen" und Ausdruck von Sympathie oder Antipathie und enthält die möglichen Attributionen als Absichten und Konsequenzen. Dies lässt sich z. B. hinsichtlich der Hilfsbereitschaft verdeutlichen und illustrieren (s. auch Heider, 1958, S. 122).

Legende zur Tab. 7.2:

1) Bei großer Sympathie gegenüber einer Person (like = ja) wird, sofern möglich (can = ja), auch gerne geholfen und in die Beziehung investiert. Beide Parteien sind dann sehr zufrieden mit dem Ausgang des Geschehens, denn der einen Seite wurde geholfen, was die andere Seite bereitwillig und gerne tat. Für die Beziehung beider Seiten war die geleistete Hilfe sehr förderlich. Für Heider ist dies eine „++" Konstellation.

2) Eine gegenseitige gute Beziehung erfährt keine Enttäuschung oder Rückschläge, wenn eine der beiden Personen der anderen nicht helfen kann (can = nein), obwohl sie es in der Situation zwar will, aber, aus welchen Gründen auch immer, nicht dazu in der Lage ist, es zu tun. Für Heider ist dies die „+" Konstellation.

3) Einer eher unsympathischen Person (like = nein) wird zum einen weder gerne geholfen, noch sind zum anderen bei fehlenden Mitteln oder Möglichkeiten (can = nein) irgendwelche Bemühungen erkennbar und zu erwarten, es zu tun. Ausweichen und Gleichgültigkeit prägen das Verhalten, die Situation und die Beziehung, was für die Beziehung weder förderlich noch besonders schädlich, also ziemlich neutral oder indifferent ist und für Heider eine „−" Konstellation darstellt.

4) Obwohl Hilfe möglich wäre (can = ja), wird sie einer nicht genehmen Person (like = nein) vorenthalten oder versagt. Die Verweigerung der Hilfe dürfte

Tab. 7.2 Matrix
IHN oder SIE: Mögen (like)

ja	1 = (++)	2 = (+)
nein	4 = (- -)	3 = (-)
	ja	nein

ES: Können (can)

als Verletzung oder Bestrafung von der hilfsbedürftigen Person empfunden werden, womit die schon negative Beziehung sehr wahrscheinlich eskaliert. Für Heider ist es die negativste „− −" Konstellation.

Heider (1958, S. 157) überschritt bereits schon die Schwelle zum späteren sogenannten „fundamentalen Attributionsfehler", indem er ausführte, dass Menschen dazu tendieren, für ihre eigenen Reaktionen eher Situationen verantwortlich machen und Reaktionen anderer Personen eher ihren Persönlichkeitseigenschaften zuschreiben, *wenn sie sich anders als sie sich selbst verhielten.* Mithilfe Mithilfe dieser Abgrenzung beseitigen sie ihre eingetretene Verunsicherung, beruhigen sich selbst und bringen ihr „Weltbild" wieder in Ordnung. Zum Beispiel, wenn sich jemand abweichend oder ganz anders verhält als man selbst, wird er als „komischer Kauz" attribuiert und bezeichnet.

Das „Sollen" (ought to) verstanden als Auflage oder Obligation etwas Bestimmtes zu tun (oder nicht zu tun) hat immer oder zumindest häufig einen fremden a personalen Ursprung wie Moral, Ordnung oder Regeln, selbst wenn die Aufforderung von einer anderen Person stammt. Sie müssen auch nicht mit den eigenen Wünschen übereinstimmen, wie z. B. „Ich sollte zum Zahnarzt gehen, will aber nicht" (Heider, 1958, S. 221).

Die Reaktionen bei Obligationen können innerhalb einer persönlichen Beziehung auch sehr unterschiedlich ausfallen: Hilfen können z. B. nicht angenommen oder zurückgewiesen werden, weil sie den Status quo von Über- vs. Unterlegenheit betonen (Heider, 1958, S. 261). Sie können aber auch ohne Dank als Selbstverständlichkeit hingenommen und vereinnahmt werden.

Rache und Vergeltung ist schließlich die Reaktion auf erlittenen Schaden, aber auch der Wunsch, dieses negative Erlebnis dadurch zu tilgen und ungeschehen zu machen. Ressentiments zielen auf die Gedanken oder den sozialen Kognitionen des Peinigers, verbunden mit der Hoffnung, dass sie ihm eines Besseren belehren und sich die Gedanken nach einer Intervention wie Warnung, Abwehr oder Attacke ändern. Revanche ist dann der Verhaltenszug, also die Attacke, dies zu erreichen. Ähnlich ist es auch mit Verzeihen oder Vergeben. Nur handelt der Vergebende aus einer Position der Stärke oder Überlegenheit, da er sich diese Gnade leisten kann (Heider, 1958, S. 267 ff.).

All diese Verhaltensmuster oder Manöver passieren auf der Basis eines gefühlten Ungleichgewichts, das zu beseitigen ist! Unstimmigkeiten oder Ungleichgewichte in unterschiedlichsten Konstellationen sind die Triebfedern für Veränderungen, um das Gleichgewicht wiederherzustellen und der Kern der Balancetheorie.

7.5   Konsequenzen für Mitarbeiterbeurteilungen

Beurteiler wie Vorgesetzte oder Führungskräfte sind auch nur Menschen und werden sich den Bedingungen, wie es sie für Attributionen oder Balanceverschiebungen bzw. Disharmonien bei der Mitarbeiterbeurteilung gibt, nicht verschließen können. Getreu dem Grundsatz, dass eine Führungskraft nicht – selbst bei bestem Willen – die tatsächliche Leistung oder das Verhalten absolut objektiv und realiter beurteilt, sondern auch gleichzeitig die persönliche Beziehung zum Untergebenen mitbewertet und davon beeinflusst wird. Solche Tendenzen haben auf die Beurteilungsergebnisse einen fundamentalen Einfluss, dem sich jeder verantwortliche Beurteiler nur schwer entziehen kann und sich unbedingt, so gut es geht, bewusstmachen soll.

So ist kaum anzunehmen, dass ein Vorgesetzter einen MA außerordentlich positiv beurteilt, wenn er ihn oder sie überhaupt nicht „abkann" oder widerwärtig findet. Umgekehrt zeigen sich Führungskräfte gegenüber ihren MA, die ihnen sympathisch und zugeneigt sind, besonders milde und nachsichtig, was auch als eine verharmlosende Tendenz oder als Beurteilungsfehler („Milde Fehler") seit langer Zeit bekannt ist. Ähnlich dürfte es mit dem Feedback über Leistungen und Verhalten sein, wo Beschäftigte, die höher in der Gunst ihrer Vorgesetzten stehen, über wohlwollende Kommentierungen und Aussagen sich erfreuen und wohl eher mit Hilfen oder Unterstützung seitens ihrer Führungskraft rechnen dürfen.

Können und das *Wollen* gelten bekanntlich als die fundamentalen Faktoren, die sowohl Kompetenz als auch Motivation repräsentieren, die zu hervorragenden Leistungen führen. Insofern ist den Konzepten der sozialen Kognitionen von Heider (1958) sicherlich ohne Abstriche zuzustimmen. Aber eben auch die anderen Attribute wie *dürfen, sollen* und vor allem *mögen,* wie es schon im Rahmen von Sympathie und Antipathie Erwähnung fand, wirken auf eine Personalbeurteilung ein und sollten von der beurteilenden Führungskraft beachtet und ggf. hinterfragt werden. Dies gilt insbesondere für die Situationen, die ambivalent sind und dem MA als handelnde Person oder Entscheidungsträger mikropolitisches Verhalten mit unbestimmtem Ausgang abverlangten (s. Neuberger, 1995, 2006), denn nachher ist jeder schlauer!

Insoweit ist eine Mitarbeiterbeurteilung nicht allein eine Sache des „gesunden Menschenverstandes", sondern, wie gezeigt wurde, ist sie anfällig für vielerlei Einflüsse und ggf. Störungen, die, um die Balance wiederherzustellen, zahlreiche Verhaltensmanöver provozieren wie Rechtfertigungen, Meinungsanpassungen, Beschwichtigungen usw. Bei aller Vorsicht können sich demnach Beurteilungsfehler (s. Abschn. 8.2) einschleichen, die jede Führungskraft als Beurteiler zumindest kennen oder schon einmal gehört haben sollte!

Sofern die Bedingung einer positiven oder zumindest neutralen Beziehung zum Beurteilten nicht gegeben ist, kann nach Beobachtungen aus der Praxis auch vermeintlich anders als im Sinne der Balancetheorie, wonach entweder mit Abwertung der Beziehung zur anderen Person oder mit Meinungsänderung reagiert wird, gehandelt werden: „Vielen Untersuchungen zu Folge neigen Menschen in solchen Fällen zu *Selbstdarstellungsstrategien,* die Distanz zum unsympathischen Partner schaffen" (Liebel & Oechsler, 1994, S. 208). – Eine Reaktion wie eine selbst herbeigeführte Meinungsdifferenz, die in einer Beziehung Distanz schafft, dürfte strenggenommen als eine Abkühlung oder sogar Verschlechterung der Beziehung zu werten sein und damit nicht der Balancetheorie widersprechen oder entgegentreten!

7.6 Resümee

Heider ging bei seinem Modell der Balancetheorie von einer „Dreiecksbeziehung" zwischen zwei Personen und einem beliebigen Objekt wie Meinung, Thema, Gegenstand etc. aus. Nur wenn sich das Modell oder die herrschende Dreiecksbeziehung in einem ausgeglichenen Zustand, also in einer Balance, sich befindet herrscht Harmonie und eine entspannte Beziehung. Ist dem nicht so, drängen die beteiligten Personen auf Veränderungen und damit auf eine Beseitigung der Disharmonie durch Verhaltens- oder Einstellungsanpassung. Hierfür stehen dem Individuum verschiedene Mechanismen (z. B. Attributionen) und Konzepte als Ausgangsbasis zur Erklärung und Deutung des Geschehens, wie z. B. das Können und Mögen, zur Verfügung, die die Kommunikation und soziale Wahrnehmung filtern und bewerten mit dem Ziel, ein dynamisches Gleichgewicht als Idealzustand zu erreichen. Allerdings vermochte die Balancetheorie nicht vorauszusagen, ob sich die Beziehung zwischen den beteiligten Personen oder ob sich die Ansicht oder Meinung zum Thema oder Objekt zuerst ändert.

Dass vor diesem Hintergrund Konsequenzen für die Mitarbeiterbeurteilung nicht auszuschließen und nicht weg zu diskutieren sind, erklärt sich wohl von selbst. Schwer vorstellbar ist, dass bei einer gestörten Beziehung wohlwollende Leistungsbeurteilungen als Ergebnis hervorgehen. – Eher ist das Gegenteil zu erwarten!

Literatur

Crandell, C. S., Silvia, P. J., Gbala, A. N., Tsang, J., & Dawson, K. (2007). Balance theory, unit relations, and attribution: The underlying integrity of Heiderian theory. *Review of General Psychology, 11*, 12–30.

Heider, F. (1958). *The psychology of interpersonal relations*. Erlbaum.

Liebel, H. J., & Oechsler, W. A. (1994). *Handbuch Human Resource Management*. Gabler.

Neuberger, O. (1980). Rituelle (Selbst-) Täuschung. Kritik der irrationalen Praxis der Personalbeurteilung. *Die Betriebswirtschaft, 40*(1), 27–43.

Neuberger, O. (1995). Mikropolitik. Der alltägliche Aufbau und Einsatz von Macht in Organisationen. In O. Neuberger (Hrsg.), *Basistexte Personalwesen, Bd. 7*. Enke.

Neuberger, O. (2006). *Mikropolitik und Moral in Organisationen* (2. Aufl.). UTB, Lucius & Lucius.

Schulz von Thun, F. (1981/1991). *Miteinander reden 1. Störungen und Klärungen. Allgemeine Psychologie der Kommunikation*. Rowohlt.

Watzlawick, P., Beavin, J. H., & Jackson, D. D. (1982). *Menschliche Kommunikation. Formen, Störungen, Paradoxien* (6. Aufl.). Huber.

Beurteilungsprozesse und Beurteilungsfehler – und wie sie zu vermeiden sind!

8

Zusammenfassung

Nachdem klargestellt wurde, was nach allgemeiner Auffassung eine Beurteilung ist bzw. sein sollte, standen die Missgriffe oder die „System-schwächen" als Beurteilungsfehler allgemein im Mittelpunkt des Interesses. Dabei wurde weniger auf wissenschaftliche Genauigkeit und Befund-erhebung, sondern auf praktische Relevanz Wert gelegt. Fehler oder System-schwächen können auftreten und verursacht werden durch den Beurteiler aufgrund falscher Erkenntnisse oder tendenziöser menschlicher Unzulänglich-keiten, ob nun unbewusst oder absichtlich als taktisches Manöver initiiert, bei der Konstruktion und dem Gebrauch des Instrumentes oder Systems selbst, z. B. durch zu viele Beurteilungsmerkmale, die die Beurteiler einfach über-fordern und nicht zuletzt beim Beurteilten, wenn es ihm oder ihr gelingt, einen falschen Eindruck zu erzeugen oder „Show-Business" zu betreiben. Nur eine angemessene und wirksame Beurteiler Schulung sowie eine gewissenhafte Vorbereitung kann dem abhelfen oder entgegenwirken. Den Beurteilten und betroffenen MA kann die Angst vor einer missbräuchlichen Handhabung und Beurteilung nur durch ausreichende Informationen und durch eine „Verstehens Kultur" genommen werden.

Bevor über Beurteilungsfehler zu sprechen oder überspitzt gesagt zu schwadronieren ist, sollte geklärt sein, was eigentlich Beurteilung heißt und was es im wissenschaftlichen und praktischen Sinne bedeutet (s. auch Abschn. 2.2).

© Der/die Autor(en), exklusiv lizenziert an Springer-Verlag GmbH, DE, ein Teil von Springer Nature 2022
H. Wienkamp, *Strategische Personalbeurteilungen,*
https://doi.org/10.1007/978-3-662-66220-5_8

8.1   Beurteilungen aus wissenschaftlicher und praktischer Sicht

Für manche Autoren ist das Beurteilen etwas subjektives, aber auf keinen Fall ein willkürlicher Vorgang, da die Bedingungen für objektive Beurteilungen nicht herstellbar sind. Denn dann müsste ein MA in mehreren Situationen, von mehreren Beurteilern in seinem Verhalten und in seiner Leistung völlig identisch oder gleich bewertet werden, was praktisch nicht vorkommt (vgl. Kiefer & Knebel, 2004, S. 15 und S. 17).

8.1.1   Wissenschaftliche Erkenntnisse zu Beurteilungsprozessen

Vom wissenschaftlichen Standpunkt aus betrachtet, ist eine Beurteilung oder Urteilsfindung strenggenommen eine natürliche individuelle Angelegenheit mit einem Ergebnis, das im Rahmen eines endogenen Prozesses aus der Perspektive einer Person, also aus der situativen Wahrnehmung des Beurteilers oder Entscheiders, sich ergibt. Wahrnehmungen und die daraus zu ziehenden Schlussfolgerungen oder Inferenzen sind kognitive Prozesse, also primär Vorgänge der Informationssuche und Informationsverarbeitung, aus denen schließlich ein Urteil oder eine Bewertung resultiert. Da Personalbeurteilungen sowie Interaktionen zwischen Personen generell in sozialen Situationen oder Kontexten vorkommen, gehören die Abläufe zu den *sozialen Kognitionen*. Soziale Kognitionen fungieren als Beobachtungen (also Wahrnehmungen), Registrierungen, Erinnerungen als Gedächtnisleistung und als Zuordnung des Gesehenen oder Erinnerten zu einer aus einem personenspezifischen Kategoriensystem stammenden Bewertungskategorie. Aus diesem Vorgang ergibt sich dann eine Einschätzung, die in letzter Konsequenz, z. B. nach einer Plausibilitätsprüfung oder nochmaligen Reflexion des Beurteilungsvorgangs, in eine abschließende Bewertung mündet.

In der Regel erfolgen Personalbeurteilungen aber nicht unmittelbar und direkt nach der Beobachtung des Leistungsverhaltens der MA, sondern zu einem späteren Zeitpunkt. Basis der Beurteilung ist dann natürlich nicht die unmittelbare Beobachtung oder Wahrnehmung des Arbeitsverhaltens, sondern die Erinnerung daran, was auch die Ursache für Beurteilungsfehler oder nicht angemessene Beurteilungstendenzen ist. Dieser Umstand stellt eine Mitarbeiterbeurteilung vor grundsätzlichen Problemen und besonderen Herausforderungen, was ihre Aussagefähigkeit und ihre Richtigkeit, also ihre Validität, betrifft. Aus der Wissenschaft liegen hierzu folgende Ausführungen vor (s. Ilgen & Feldman, 1983, S. 150 ff.):

1. Alle beobachteten und erfahrenen Ereignisse werden nicht „Eins zu Eins (1:1)" im Gedächtnis gespeichert, sondern entsprechend ihrer persönlichen bzw. emotionalen Bedeutung für die Person kodiert und, das ist wichtig, kategorisiert.

2. Entsprechend der Persönlichkeitsentwicklung hat sich jedes Individuum ein eigenes Kategoriensystem als sogenanntes „Selbstkonzept" in Form von Schemata oder Prototypen zugelegt und nutzt es unwillkürlich für alle Arten von Urteilsbildungen, so auch Personalbeurteilungen.
3. Selbstverständlich sind die individuellen Kategoriensysteme auch kontext-abhängig, sodass z. B. zwischen Privatsphäre und Arbeitswelt differenziert wird, aber sie sind der Kern und das Ergebnis der Persönlichkeitsgenese und somit von Person zu Person unterschiedlich oder anders.
4. Kategoriensysteme entwickeln sich im Laufe der Zeit in Abhängigkeit von dem Wissenserwerb und dem Erfahrungsgewinn weiter und fallen differenzierter im Sinne von feineren Unterscheidungsgraden aus, sodass die Aufmerksamkeit bei Beurteilungen aufgrund des erfolgten Lernens zunehmend geschärft wird.
5. Nichtsdestotrotz findet eine „Affekt-Heuristik" (Slovic et al., 2009) bei emotionalen Entscheidungen in letzter Konsequenz Anwendung, wenn der Beurteiler oder Entscheider die gegebenen Alternativen auf die Frage „gut" oder „schlecht" bzw. „mögen (like)" oder „nicht mögen (dislike)" reduziert. – Die emotionale Seite oder die begleitenden Gefühle bei einer Urteilsbildung oder Entscheidung mögen auch für das Zustandekommen des „ersten Eindrucks" ver-antwortlich sein.
6. Personalbeurteilungen sind i. d. R. auf die gespeicherten Inhalte im Gedächtnis angewiesen. Die früheren Beobachtungen und Erlebnisse müssen für die Urteils-findung nunmehr aus dem Gedächtnis hervorgerufen und enkodiert werden. Beim Apportieren der Gedächtnisinhalte vermischen sich die realen damaligen Tatsachen mit dem Kategorisierungsprozess des Beurteilers, deren Auswahl, wie bereits gesagt, von seinen persönlichen Präferenzen abhängt. Daher erklärt sich auch, dass Beurteilungen in jeglicher Hinsicht subjektiv sind.
7. Ausnahmesituationen von diesem automatischen oder unwillkürlichen Prozess sind z. B. neue Ereignisse, für die noch kein passendes Kategorien-schema existiert. Solch eine Situation löst dann willentliche Explorationen oder Prüfungen aus, z. B., wenn neue, noch unbekannte MA dem Beurteiler erstmals vorgestellt werden oder zur Beurteilung anstehen (z. B. nach der Probezeit). – Eine Anpassung des Kategoriensystems ist auch dann von Nöten, wenn neue Beobachtungen oder Erfahrungen nicht mehr mit dem bisherigen Erfahrungs- oder Erlebnismuster übereinstimmen und die bisherigen Verständnis- oder Toleranzgrenzen überschritten oder gesprengt werden. *Assimilationen,* also Anpassung und Integration neuer Erlebnisse an oder in das bestehende System, sind nicht mehr ausreichend und zweckdienlich, sodass eine *Akkommodation* notwendig ist, bei der es über eine Neustrukturierung des Bewertungssystems zu einer Neubewertung kommen kann (s. Filipp, 1984, S. 143).
8. Mit der Entwicklung von Kategoriensystemen hängt auch die Nutzung von Attributionen, also Ursachenzuschreibungen, zusammen, entweder als kausale Attribution oder diskontierte Attribution. Bei einer *kausalen Attribution* muss der Beurteiler entscheiden, ob das Verhalten oder die Leistung der Person oder der Situation geschuldet ist, was von seiner grundsätzlichen Einstellung (oder von dem Kategoriensystem) gegenüber der zu beurteilenden Person abhängt. Bei *diskontierten* Attributionen verfügt der Beurteiler bereits über ein festes Bewertungsschema und ordnet oder passt seine neuen Erfahrungen hieran an. Zum Beispiel, wenn eine Person einer bestimmten sozialen Gruppe angehört und zu dieser Gruppe schon eine vorgefasste Meinung besteht, sollte das gezeigte und

beobachtete Verhalten dieses Gruppenmitgliedes den Erwartungen oder Stereotypen dieser Gruppe gegenüber maßgeblich entsprechen und im Spiegel der Herkunft oder Gruppenzugehörigkeit beurteilt werden.

9. Kategoriensysteme orientieren sich eher an übergeordneten Größen oder Kriterien und weniger an auftretenden Einzelerscheinungen, da sie ansonsten nicht praktikabel und effektiv zu gebrauchen wären. Für Personenbeurteilungen bedeutet das, dass in den Kategoriensystemen eher „Persönlichkeitsbilder", also ein Bündel von Eigenschaften oder ein Prototyp einer bestimmten Gattung, zusammengefasst und komprimiert sind und diese Charakteren im Bedarfsfalle evoziert werden.

Klar dürfte sein, dass die Urteile nur ein Abbild oder sogar nur eine Verzerrung der früheren Beobachtungen sind. Ob an dieser Stelle bereits von Beurteilungsfehlern zu sprechen oder einfach von der Tatsache eines natürlichen subjektiven Beurteilungsaktes auszugehen ist, sei dahingestellt. – Jedenfalls ist das, was als Beurteilungsergebnis resultiert, eine *Rekonstruktion* des Beurteilers der vergangenen und erinnerten Realität auf der Basis seiner Bezugspunkte oder Kriterien innerhalb seines Kategoriensystems oder seiner Erfahrungswelt.

Wenn dem so ist, spricht viel dafür, MBS wie ein Test zu konzipieren, indem sowohl Persönlichkeitsdimensionen („Traits") als übergeordnete Ordnungsbegriffe für die gespeicherten und zu erinnernden Gedächtnisinhalte als auch Verhaltensbeobachtungen (Items) als Anstoß zur Erinnerung an frühere konkrete Beobachtungen oder Erfahrungen enthalten sind (s. auch als Beispiel Tab. 2.2 in Abschn. 2.3.2.2). Metaphorisch hätten wir es mit einem System „zweier kommunizierender Röhren" zutun, die sich gegenseitig ergänzen. Diese Abstufung und Operationalisierung innerhalb eines Beurteilungssystems könnte vor dem Hintergrund der waltenden kognitiven Prozesse der beste Ansatz für Personenbeurteilungen sein.

8.1.2 Personenbeurteilungen aus praktischer Perspektive

Personenbeurteilungen folgen in der Praxis eher pragmatischen Zielsetzungen. Schlicht und ergreifend geht es i. d. R. darum, entweder aufgrund lfd. Beobachtungen oder aufgrund späterer Erinnerungen eine Personalbeurteilung durchzuführen, die nach Möglichkeiten den Tatsachen, also den früheren Beobachtungen oder Erfahrungen, entspricht, in der sich der Beurteilte wiederfindet und sie akzeptiert und auch der Organisation im Hinblick auf wichtige anstehende Entscheidungen eine Hilfe ist.

Beurteilung bedeutet daher unter praktischen Gesichtspunkten und deren Anwendung, einmal einen sogenannten *„Soll – Ist –Vergleich"* zu bewerkstelligen, also festzustellen, in welchem Ausmaß das IST von der gegebenen Norm oder dem SOLL abweicht oder nicht mit den Erwartungen des Beurteilers übereinstimmt, und zweitens das Verhalten oder die Ergebnisdifferenzen *zu verstehen* und realistisch interpretieren zu können. Hinter jedem beobachteten Verhalten sucht ein Beurteiler insbesondere die *Motive* oder Beweggründe, die zu dem Verhalten oder zu der Leistung geführt haben, und berücksichtigt i. d. R. auch die *Situation* oder die herrschenden Bedingungen, in der sich der MA befand oder ausgesetzt war. Schließlich erfolgt eine *Würdigung* oder Gesamteinschätzung, in der auch persönliche Werte oder Standards einfließen, die nicht unbedingt etwas mit den Arbeitsanforderungen der Stelle (oder mit dem realen Verhalten des MA) zu tun haben. So kann die beurteilende Führungskraft ganz bestimmte Vorstellungen oder Wertmaßstäbe haben von z. B. „Ehrlichkeit", „Verantwortung", „Loyalität" etc.

Für die Praxis ist davon auszugehen, dass eher *relativ* als absolut beurteilt wird, indem sich der Beurteiler an einen „Prototypen", wie z. B. den „Durchschnitts-Mitarbeiter", als Maßstab orientiert oder von seinen bisherigen Erfahrungen und Erlebnissen insgesamt oder auch von seiner eigenen Person, also seinem oder ihrem Selbstbild, ausgeht (s. hierzu Abschn. 8.1.1). Dass es bei solch einer Ausgangslage zu Beurteilungstendenzen oder auch falschen oder verzerrten Beurteilungen kommen kann, ist leider wahr und nicht zu ignorieren oder von der Hand zu weisen.

Auf eine Zusammenfassung des Beurteilungsergebnisses sollte – anders als bei einer freiformulierten Beurteilung für ein späteres Arbeitszeugnis – empfehlenswerter Weise grundsätzlich verzichtet werden, da sie die Beurteilung in den einzelnen Beurteilungsmerkmalen relativieren oder verwässern könnte (vgl. Kiefer & Knebel, 2004, S. 70 ff. und S. 107).

8.2 Beurteilungsfehler

Beurteilungsfehler können dem Beurteiler sowohl unwillkürlich als auch willkürlich unterlaufen. Sie können aber auch in dem Beurteilungssystem selbst mit seinem Regelwerk angelegt sein oder in „tiefenpsychologischen Schichten" der Organisation bzw. der Organisationskultur als Gewohnheiten oder Usancen ihren Ursprung haben. Auch kann der Beurteilte, wenn die Organisation und die verantwortlichen Führungskräfte es zu lassen, sein Beurteilungsergebnis durch „Selbstdarstellungsaktivitäten" (also Impression-Management o. ä.) in seinem Sinne beeinflussen. Eine andere Differenzierung würde zwischen automatisch eintretenden gewohnheitsmäßigen Beurteilungsschwächen oder Tendenzen in der Praxis einerseits und wissenschaftlich untersuchten Beurteilungsfehlern oder Irrtümern andererseits unterscheiden. Hinzu kämen noch ergänzend die „Systemdefekte" und die Beeinflussungsversuche seitens der Beurteilten.

Weniger ein Beurteilungsfehler, sondern eher eine Frage der Grundhaltung ist bei Führungskräften, aufgrund von durchaus nachvollziehbaren Erwartungen ihrer zu beurteilenden MA, die Neigung, von Beurteilungsrunde zu Beurteilungsrunde zunehmend bessere Beurteilungen zu geben und damit einer „inflationären Entwicklung" (s. Ilger & Feldman, 1983, S. 145 f.) mit „Bestnoten" Vorschub zu leisten. Solch ein Beurteiler Verhalten ist ebenso kein Ausweis realistischer Beurteilungsergebnisse, geschweige denn von mehr an Objektivität – eher ist das Gegenteil zu erwarten oder eingetreten.

8.2.1 Gewohnheitsmäßige, habituelle Beurteilungstendenzen

Teilweise fällt es schwer, im Einzelfall zwischen den mehr auf sozialpsychologischen Hintergrund entstandenen Beurteilungsirrtümern und den eher gewohnheitsmäßigen, habituellen Beurteilungsschwächen, die letztlich eine gelebte Praxis sind und häufig vorkommen, zu trennen. Manifestationen dieser beiden Beurteilungsfehler sind jedenfalls beim Beurteiler festzumachen und zu beobachten.

Von den sozialpsychologisch untersuchten Beurteilungsfehlern würde sich nach dieser Lesart der *Kontrasteffekt* als unwillkürliche habituelle Urteilstendenz beim Beurteiler abgrenzen, wenngleich in sozialpsychologischen Untersuchungen durch ein sogenanntes „Priming" als Konditionierungsbedingung auch Kontrasteffekte willkürlich erzeugt und wissenschaftlich untersucht wurden. Denn für das Auftreten dieses Beurteilungsmangels bedarf es unbedingt noch anderer Personen wie Kollegen oder Kolleginnen als Bezugs- oder Vergleichsgruppe. Nur dann ist die zuständige Führungskraft der Versuchung ausgesetzt, den zu beurteilenden MA automatisch mit den in diesem Arbeitsbereich sonst noch Beschäftigten bezüglich Leistung und Verhalten zu vergleichen und davon beeinflusste Akzente zu setzen, also Kontraste wahrzunehmen. Bekanntlich ist ja „der Einäugige König unter den Blinden", was dazu führt, dass die Erwartungen sich nach dem Leistungsniveau der Gruppe oder ihres Gruppendurchschnitts richten und auf die Beurteilung des betreffenden MA abfärben.

In enger Verbindung zum Kontrasteffekt steht auch der Hang zur *„Schwarz-Weiß-Malerei"* oder zum *„Schwarz-Weiß-Denken"* nach der Devise, es gibt z. B. nur *gut* oder *schlecht* und keinerlei Zwischen- oder Grautöne. Der zu beurteilende MA erleidet dann das Schicksal, schnell in eine „Schublade" gepackt zu werden, aus der er aus Sicht seines oder ihres Vorgesetzten nicht mehr so schnell herauskommt, egal wie in Zukunft die Leistung oder das Verhalten ist oder ausfällt, was natürlich ungerecht und demotivierend ist.

Aus der Anwendung von psychologischen Tests ist das abnorme Phänomen des sogenannten *„Häufigkeitsfehler"* als stereotypisches Antwortmuster oder Urteilstendenz bekannt. Testpersonen gehen in dem Falle einfach der Neigung, aus welchen Gründen auch immer (z. B. Bequemlichkeit), nach, alles gleich zu beantworten oder anzukreuzen, sodass für alle Items einer Skala dieselbe Skalenstufe vergeben wird und ein absolut homogenes Skalen- oder Merkmalsprofil erscheint. Übertragen auf die Mitarbeiterbeurteilung würde das bedeuten, dass ein oder alle MA in den Merkmalskriterien gleich und vollkommen undifferenziert bewertet würden. Ungerechtigkeitsgefühle und Demotivation wäre insbesondere bei den leistungsstärkeren MA zwangsläufige die Folge, während die „Schlecht Leister" zu gut dabei weg kämen und keinen Druck zur Verbesserung ihrer Arbeitsleistung verspüren (vgl. Curth & Lang, 1990, S. 7 und S. 238).

Ähnlich verhält es sich mit dem *Sympathie-* oder *Ähnlichkeitseffekt* als Beurteilungstendenz. Alles, was einem Beurteiler vertraut oder ähnlich ist, genießt unweigerlich mehr Sympathie, so ggf. auch der zu beurteilende MA, der dem Beurteiler anscheinend recht ähnlich ist. Was in alltäglichen Situationen und Beziehungen normal ist, wäre in der Personenbeurteilung ein Missgriff und sogar diskriminierend gegenüber „Artfremden". Getragen wird diese Urteilstendenz vom sogenannten „Bonding-Effekt", also der Fähigkeit und Gabe, zu anderen Personen eine „geistige Nähe" zu entwickeln wie z. B. herauszufinden, was dem anderen interessiert, um darüber in Kontakt zu kommen und eine von Sympathie getragene Beziehung aufzubauen. Das Gegenteil dessen ist, in der Interaktion mit anderen Menschen, zu denen ein distanziertes Verhältnis besteht, zuerst nach Fehlern und Schwächen zu suchen und sich auf diese Weise von ihnen abzugrenzen (s. z. B. Ryborz, 2017, S. 21). Selbstverständlich kann der Bonding-Effekt sowohl beim Beurteiler als auch beim Beurteilten entstehen und auftreten.

Eng verbunden mit Sympathie oder Antipathie können bei der Mitarbeiterbeurteilung noch *Strenge-* oder *Milde Effekte* sein. Sie hängen sehr stark mit der Psyche des Beurteilers zusammen, sie können aber auch taktisch motiviert sein. Einsehbar ist, dass einem sympathische Personen wohlgesonnener sind und sie womöglich mehr Nachsicht erwarten dürfen, denn es dürfte dem Beurteiler schwerfallen, eine ihm sympathische Person besonders schlecht zu beurteilen. Dieses verträgt sich nicht mit den Aussagen und Erkenntnissen zu interpersonalen Beziehungen, die ein harmonisches Gleichgewicht anstreben, was dann durch solch ein Beurteilungsergebnis gestört wäre (s. Kap. 7). Bereits frühere Untersuchungen ergaben den zumindest nicht überraschenden Hinweis (oder Nachweis), dass die Beziehungsqualität einen positiven Einfluss auf das Beurteilungsergebnis ausübte (s. Kallejian et al., 1953/1962, S. 136 ff.).

Nichtsdestotrotz führen Strenge- oder Milde Effekt auch zu Ungerechtigkeiten und Demotivation bei den Beschäftigten. Mit einem gewissen Ausmaß an Milde-Fehlern ist insbesondere auch dann zu rechnen, wenn Beurteiler genötigt sind, den zu beurteilenden MA ihre Bewertungen zu erklären und argumentativ zu vertreten. Sobald ein Beurteiler in seiner Argumentation nicht sattelfest ist, verhält er sich natürlich so wie die meisten anderen Beurteiler und geht lieber den (sicheren) Weg des geringsten Widerstandes und vergibt eine relativ bessere Benotung. Beobachtet wurde der Umschwung zu milderen oder positiveren Urteilen in Gänze, wenn die Praxis von vormals vertraulichen (engl.: confidential) zu offen zu kommunizierenden Beurteilungen umgestellt wurde, wie es in den vergangenen Jahrzehnten bei internationalen Konzernen in Asien verstärkt zu beobachten war (s. Rao, 2004, S. 125 ff.).

Niemand ist als Mensch gefeit vor *egozentrischen* Neigungen und Sichtweisen. Viele Menschen fallen der Versuchung anheim, schnell von sich auf andere zu schließen und sich selbst „als Nabel der Welt" zu betrachten. Sie gehen gerne von sich selbst und ihren Erfahrungen und Erlebnissen aus und projizieren sie (oder ihr verdrängtes Selbstbild oder ihre „Ich-Anteile") auf andere Mitmenschen, ohne sich davon zu überzeugen, ob ihre Sichtweise auch so geteilt wird. *Projektion* ist eine aus der Psychoanalyse herrührende Abwehr oder Charakterschwäche, die leider allzu häufig vorkommt, so auch bei Beurteilungsprozessen. Schon aus früheren Quellen und vor der Entdeckung des „fundamentalen Attributionsfehlers"

(s. auch Abschn. 7.4) bestand die Vermutung, dass bei der Beurteilung anderer Menschen eher egoistische Motive in Erscheinung treten, während Selbstbeurteilungen dagegen sozialverträglicher und damit nachsichtiger oder positiver ausfallen (s. Taft, 1955/1962, S. 42 f.).

Besonders gravierend wäre, wenn der Beurteiler narzisstische Persönlichkeitszüge aufwiese und von seinem Geltungsdrang und Kritikunfähigkeit gezeichnet ist. MA, die unter solch einem Persönlichkeitstyp arbeiten müssen und beurteilt werden, können einem leidtun, denn sie werden aufgrund der Persönlichkeitsstörung ihres Vorgesetzten nie eine faire Beurteilung erhalten.

8.2.2 Sozialpsychologisch zu begründende Beurteilungsfehler

Wer an Beurteilungsfehler denkt, denkt sicherlich (nicht) zuerst an den sogenannten *„ersten Eindruck"*, der zwar falsch sein kann, an den sich aber jedes Individuum gerne orientiert bzw. sogar klammert und nach fortlaufender Bestätigung während der Phase des Kennenlernens sucht, bis dieses Bild von einer fremden Person widersprüchlich erscheint und der „erste Eindruck" nicht mehr aufrecht zu erhalten ist und einer Korrektur bedarf. Besser wäre es, wenn es so ohne weiteres möglich wäre, von einer *Verifikationsstrategie*, die nach Bestätigung der Beobachtungen oder Eindrücke sucht, Abstand zu nehmen. Stattdessen wäre es nutzbringend und vorteilhafter, einer *Falsifikationsstrategie* nachzugehen und zu präferieren, und gezielt nach Widersprüchen und Unvereinbarkeiten mit den getroffenen eigenen Annahmen Ausschau zu halten und zu prüfen, ob der ursprüngliche „erste Eindruck" infrage zu stellen und abzulehnen ist. Bis zum Beweis des Gegenteils bestünde der erste Eindruck fort. Der „erste Eindruck" hat sicherlich schon aufgrund der sozialpsychologischen Forschung seine Bedeutung, aber auch besondere praktische Relevanz.

Eine menschliche Schwäche scheint bei Beurteilungen der *„Halo-Effekt"* oder *Überstrahlungseffekt* zu sein. Ob sich dieser Beurteilungsfehler in erster Linie bei Beurteilten oder Individuen, die einem unsympathisch sind (und weniger bei empfundener Sympathie), auswirkt, sei dahingestellt und ohne zusätzliche empirische Bestätigung oder weiteren geschilderten Beobachtungen zunächst nur eine Vermutung oder Behauptung (s. Müller, 2006, S. 114). Lueger (1992, S. 197) zitiert in diesem Zusammenhang eine Untersuchung von Tsui und Barry aus dem Jahre 1986, die mithilfe einer Skala zwischenmenschliche Gefühle („interpersonal affects") untersuchten und für den Halo-Effekt bei vornehmlich Antipathie erste Hinweise gewannen. Eigen ist dieser Beurteilungstendenz, dass von einer wahrgenommenen Eigenschaft, wie z. B. attraktives Aussehen, auch auf andere, in diesem Falle eher positive Eigenschaften, wie z. B. hohe Intelligenz, Durchsetzungsvermögen usw., geschlossen wurde. Mittels hoher nachgewiesener korrelativer Zusammenhänge lassen sich Vermutungen über mögliche Halo- oder Überstrahlungseffekte anstellen. Letztendlich läuft es für den Beurteiler darauf hinaus, dass er das Verhalten oder die Leistung des MA durchgehend gut oder durchgehend schlecht beurteilt, ohne zwischen den Beurteilungskriterien zu differenzieren. Dazu passt auch die Tendenz, von einem generellen Eindruck oder Bild des MA auszugehen und alle Beurteilungsaspekte oder Sub-Kriterien danach auszurichten oder dem unterzuordnen. Ein Stärken-Schwächen-Profil ist bei Existenz eines Halo-Effektes sicherlich nicht zu erwarten.

Implizite Persönlichkeitstheorien, die von einem in sich geschlossenen Menschenbild ausgehen, stoßen in der psychologischen Forschung ebenso auf reges Interesse und stehen dem eben vorgestellten Halo-Effekt inhaltlich sehr nahe. Nur, im Gegensatz zum Halo-Effekt, wird nicht von einer wahrgenommenen Eigenschaft oder Merkmalsausprägung auf eine andere, meistens gleichwertige, also entweder positive oder negative Eigenschaft, geschlossen, sondern der Beurteiler verfügt über eine implizite Vorstellung, wie Menschen seiner Meinung nach sind oder sich verhalten sollen. Dieses künstlich geschaffene Bild, z. B. über einem fleißigen MA, ist sein allgemeiner Maßstab für seine Wertungen und Einschätzungen und es produziert Pauschalurteile.

In die gleiche Richtung geht die Orientierung und Verwendung von *Stereotypen* oder *Vorurteile,* zumeist gegen fremde „Artgenossen", wie z. B. das andere Geschlecht, ethisch-rassistische Minderheiten oder sonstige „Außenseiter" in der Gesellschaft wie z. B. Behinderte. Reproduziert und vermischt werden dann die Vorurteile gegenüber dieser Gruppe von Menschen mit ihren Wahrnehmungen und es kommt zu verzerrten oder falschen Urteilen (oder Verurteilungen). Der beurteilte MA hat keinerlei Chance, neutral, geschweige denn fair, beurteilt zu werden.

8.2.3 Systemimmanente Beurteilungsfehler

Verfügt eine Beurteilungsskala über eine *ungerade* Anzahl von Skalenstufen, ob nun drei, fünf, sieben etc., ist der *„Tendenz zur Mitte"* kaum Einhalt zu gebieten. Jeder Anwender oder Beurteiler kann sich auf diesen neutralen Punkt, unabhängig von der Benennung, zu Recht berufen. Vermeiden lässt sich dieses mögliche Manko durch eine ganzzahlige Skalierung, wo zumindest eine Entscheidung zwischen „linker" oder „rechter" Hälfte der Skala zu treffen ist.

Da sich dieses Problem durch einen technisch-methodischen Eingriff ohne weiteres lösen lässt, zählt dieser Beurteilungsfehler zu den systemrelevanten Handicaps.

Vermeidbar wären auch Fehler oder besser Missdeutungen oder Falschinterpretationen, wenn Merkmale oder Persönlichkeitseigenschaften nicht als *abstrakter Begriff* und ohne jegliche Form der Begriffsklärung und Operationalisierung nur vorgegeben werden (vgl. Becker, 1998, S. 308). Meistens implizieren diese Beurteilungsmerkmale verschiedene Bedeutungen oder Auslegungen, wenn sie multidimensional sind. Im Ergebnis wären dann Beurteilungen nicht vergleichbar, da die Beurteiler ein multiples Verständnis haben und anwenden. Zum Beispiel versteht der eine unter *Zuverlässigkeit* Termintreue, also die Einhaltung vereinbarter Abgabe- oder Erledigungstermine, während für einen anderen das pünktliche Erscheinen bei angesetzten Besprechungsterminen wichtig und maßgebend ist. Ein Dritter definiert Zuverlässigkeit als Verfügbarkeit bei aktuellem Bedarf, also ein MA sollte immer (zuverlässig) zur Stelle sein, wenn der Chef ihn gerade braucht. Aber auch Selbstkontrolle und Gewissenhaftigkeit können Bestandteil dieses Merkmals sein.

Falls im nächsten Schritt für diese abstrakten Eigenschaftsbegriffe auch noch numerische Skalenstufen, z. B. auf der Basis der Schulnoten von *eins* bis *sechs,* zur Beurteilung vorgelegt werden, ist der Willkür und der Falschbeurteilungen im sprichwörtlichen Sinne „Tür und Tor geöffnet". Zahlen haben mitunter die Eigenschaft, sich zu verselbständigen und ein Eigenleben zu führen und koppeln sich von dem, was der Beurteiler beobachtet und erfahren hat, unwillkürlich ab (s. Becker, 1998, S. 353). Bei einer mehrstufigen Skala kommt noch hinzu, dass jeder Anwender eine eigene Bezugsbasis als Leistungsniveau oder Maßstab hat, was bedeutet, das für den einen die Zahl „X" (z. B. Skalenstufe = 3) die Ausgangsbasis bzw. Standard oder die Norm ist, für einen anderen Beurteiler die Zahl „Y" (z. B. Skalenstufe = 7).

8.2.4 Taktische Manöver bei Personalbeurteilungen

Es ist ein offenes Geheimnis, dass Führungskräfte als Beurteiler sich unlauterer Aktivitäten bedienen können, um sich persönliche (aber auch strategische) Vorteile zu verschaffen. Besonders sticht ins Auge, wenn sie Beurteilungen absichtlich schönen oder frisieren, um einen missliebigen MA loszuwerden! Auf der Basis der geschönten Beurteilung ermuntern sie ihn oder sie subtil, sich auf eine andere höherwertige Stelle in einem anderen Bereich zu bewerben oder über den nächsten Karriereschritt außerhalb des Unternehmens nachzudenken – und verweisen dabei auf die außerordentlich gute Beurteilung. Solch ein trickreiches Verhalten setzt allerdings voraus, dass der Manipulator einerseits sehr geschickt vorgeht und ggf. auch vor Lügen oder sonstigen Täuschungsmanövern nicht zurückschreckt, andererseits der Beurteilte als manipuliertes „Opfer" sehr leichtgläubig und beeinflussbar ist (s. hierzu auch Wienkamp, 2022).

Häufiger ist aber das Gegenteil von Wegloben durch übertrieben positive Beurteilungen zu beobachten. Vielen Führungskräften ist nämlich mehr daran gelegen, ihre Stammkräfte – und besonders ihre Spitzenkräfte – nicht oder nur ungern zu verlieren. Um MA zu halten, beurteilen sie sie in den Beurteilungsmerkmalen nicht unbedingt bewusst schlechter und riskieren unter Umständen Konflikte, weil die Beurteilten sich das nicht gefallen lassen und die Beurteilung nicht akzeptieren würden (formal durch Verweigerung der Unterschrift oder durch Ankreuzung einer Abfrage auf Zustimmung wie in dem Beurteilungsformular in Tab. 2.1), sondern sie verweigern ihnen eine Potenzialempfehlung für einen weiteren Karriereschritt im Unternehmen. Denn eine Potenzialempfehlung ist eine einmalige absolute Entscheidung der verantwortlichen Führungskraft und kann nicht oder nur schwer hinterfragt werden. Allenfalls später ist es möglich, eine Potenzialaussage zu überprüfen, entweder durch eine Potenzialanalyse unter Mitwirkung der Personalabteilung oder durch ein internes AC mit neutralen Beobachtern aus anderen Fachbereichen (s. Kap. 4). Nicht ohne Grund haben deshalb viele Firmen die Möglichkeit der „Selbstmeldung" für eine Potenzialanalyse geschaffen, um solchen Führungskräften die mögliche Blockade von Potenzialkandidaten bzw. Potenzialaussagen aufgrund von Partikularinteressen zu vereiteln.

Bei Einführung von MBS ist in der dazu erstellten Betriebsvereinbarung i. d. R. auch eine Konfliktregelung mit der Arbeitnehmervertretung vereinbart worden für den Fall, dass ein beurteilter MA die Beurteilung nicht akzeptiert. Meistens folgen dann zunächst Gespräche unter Einschaltung und Beteiligung des nächsthöheren Vorgesetzten und des Personalbereiches mit den Betroffenen. Sollte die Führungskraft allerdings nach Absolvierung der Gespräche bei ihrer Beurteilung bleiben, hätte die Beurteilung Bestand und dem MA bleibt nur die Möglichkeit, eine Gegendarstellung zu schreiben, die ebenfalls in die Personalakte aufgenommen wird.

Ignoranz oder Verleugnung kann auch bei Vorgesetzten als Beurteiler vorkommen, wenn sie externe Ereignisse oder ein bestimmtes Verhalten bei ihren MA unbewusst nicht wahrnehmen oder nicht wahrnehmen wollen, weil es nicht ihren Wunschvorstellungen entspricht oder sogar ihren Erwartungen zuwider läuft. Darunter fällt eine besondere Nachsicht oder ein bewusstes Wegschauen, also ignorieren, bei Fehlern oder kritikwürdigen Verhaltensweisen ihrer „Lieblings-Mitarbeiter" oder „Kronprinzen". Zu unterscheiden von der Verleugnung ist die Verdrängung oder Unterdrückung unangenehmer, konfliktärer eigener Triebimpulse oder Ereignisse als weitere psychoanalytische Abwehrhaltung, die sich ebenfalls in interpersonalen Beziehungen bemerkbar machen können und Beurteilungsergebnisse beeinflussen (vgl. Lueger, 1992, S. 162).

Aber nicht nur der verantwortliche Vorgesetzte verfolgt bei der Mitarbeiterbeurteilung ggf. eigene unredliche Interessen und versucht sie über taktische Manöver (oder „Psychospielchen") durchzusetzen und zu verwirklichen. Auch ein MA kann motiviert sein, seinem Beurteiler etwas vorzumachen und einen falschen Eindruck vorzutäuschen. Meistens versuchen es die Beurteilten durch „Schönfärberei", indem sie sich der „positiven Selbstdarstellungskunst" bedienen und normale Leistungen als Großtaten zu verkaufen versuchen, Fehler oder Inkompetenz herunterspielen oder kleinreden oder sich z. B. „mit fremden Federn schmücken" auf Kosten anderer Kollegen oder Kolleginnen. Nach den Erkenntnissen der Attribution-Theorie folgen Akteure gerne einen Antrieb oder Impulse ihres Selbstbildes, indem ihre Fehler oder Misserfolge immer oder häufig an den widrigen Umständen lagen oder der Situation geschuldet waren, aber keinesfalls dem eigenen Unvermögen!

Selbstpräsentationen zum eigenen Vorteil können sowohl kurzfristiger als auch langfristiger Natur sein und sich dabei entweder offensiver oder defensiver Manipulationsversuche bedienen. Anfällig für Beeinflussungsversuche des „Impression Managements" sind Individuen, die eine ausgesprochene Sensibilität für ihr Ansehen oder Image entwickelt haben und daher im hohen Maße auf sich selbst achten, also eine übertriebene Selbstaufmerksamkeit aufweisen und zeigen. Sie neigen mittels ihrer Eindruckssteuerung („self-monitoring") dazu, den

Beurteiler nicht nur in ihrem Sinne zu beeinflussen, sondern auch ganz bewusst auf eine falsche Fährte zu locken, z. B. durch „Vortäuschung falscher Tatsachen", Scheinbehauptungen bis zu eklatanten Lügen. Der Beurteiler sei somit gewarnt und sollte Hinweise auf „unechtes" manieriertes Verhalten sehr ernst nehmen und der Sache auf den Grund gehen (vgl. Lueger, 1992, S. 187). Nicht umsonst gewinnen „Anti-Anforderungen" als abnorme Verhaltensweisen bei psychologischen Anforderungsanalysen eine zunehmende Bedeutung und praktische Relevanz (s. Wienkamp, 2020, 2021a).

8.3   Beurteilungstraining

Für die meisten Professionellen in der PE ist es sicherlich eine Binsenweisheit: Das theoretische Wissen, wie es geht, reicht i. d. R. nicht aus, um es erfolgreich umzusetzen! – Denn, „erst die Übung macht den Meister". Warum soll das bei der Durchführung einer Mitarbeiterbeurteilung anders sein?

Somit ist es mit dem Wissen über z. B. die referierten Beurteilungsfehler allein nicht getan. Es bedarf darüber hinaus eines Beurteiler Trainings, idealerweise als Verhaltensseminar oder Workshop. In vielen Firmen ist daher über Betriebsvereinbarungen geregelt, dass die Teilnahme an einem Beurteiler Training für die Durchführung von Mitarbeiterbeurteilungsgesprächen (inkl. der formalen Beurteilung) obligatorisch, also ein MUSS ist. Häufig ist die Teilnahme an solch einer Seminarveranstaltung o. ä. Bestandteil eines Führungskräfte-Curriculums bzw. eines Management-Programms für angehende Führungskräfte. Das hätte den Vorteil, dass die einzelnen Verhaltens- oder Persönlichkeitsseminare wie Rhetorik und Argumentation, Professionelle Gesprächsführung, Führungswissen etc. mit dem Beurteiler Training abgestimmt und wesentliche Teile eines Kommunikationstrainings schon enthielten und geübt wurden.

Ziel und Inhalt eines Beurteilungsseminars wären dann spezielle Module, die unmittelbar mit der Vorbereitung eines Beurteilungsgespräches zu tun haben (s. Abschn. 8.4): Zum einen die Kenntnis über die wichtigsten und häufigsten Beurteilungsfehler (s. Abschn. 8.2), zum anderen mit der Durchführung und Gestaltung des Gespräches, wie

- die Vorstellung und Einübung in die Handhabung des Beurteilungssystems (inkl. Leitfaden),
- die Eröffnung eines Mitarbeiterbeurteilungsgesprächs,
- das Erteilen eines angemessenen Feedbacks, insbesondere das Vorbringen von Kritik und deren Dramaturgie (s. hierzu auch Kap. 9).

Dazu gehört auch noch der Umgang mit den betrieblichen Anreiz- oder Vergütungssystemen sowie PE- oder Fördermaßnahmen, und nicht zuletzt die Selbsterkenntnis und Selbsterfahrung in der Rolle des Beurteilers und Beurteilten z. B. durch Rollenspiele unter den Seminarteilnehmern. Auch sollte den (angehenden) Führungskräften klar sein, dass die Mitarbeiterbeurteilung nicht gleichzusetzen ist mit PE oder schon die PE an sich ist, sondern lediglich der Einstieg in die PE!

Frühere Autoren (s. Kellogg, 1961/1962, S. 93) wiesen in diesem Zusammenhang inständig daraufhin, dass zur PE auch die Ermunterung des MA gehört, „Learning by doing" durch Ausprobieren und Testen neuer Verfahrensansätze, Lösungswege oder schlichtweg die Umsetzung neuer Ideen zu betreiben, um auf diese Weise die eigenen, vielleicht noch verborgenen Talente zu entdecken.

Aus psychologischer Sicht sollte die Schulung der Intuition (s. Abschn. 9.4) und die Behandlung der Selbstbild- Fremdbildproblematik im Vordergrund eines Beurteiler Seminars stehen. Frühere Erfahrungen aus Beurteiler Schulungen zeigten, dass bei identischen Informationen die jeweils gebildeten Kleingruppen zu unterschiedlichen Wertungen und Interpretationen in Abhängigkeit von ihrer zugewiesenen Rolle und den dadurch aktivierten spezifischen Wahrnehmungs- oder Informationsfiltern, einmal aus Sicht der Führungskraft, zum anderen aus Sicht des beurteilten MA die identischen Informationen zu analysieren, kamen. So wurde ein ausgeprägtes kommunikatives Verhalten („talkative") einerseits von der Gruppe „Führungskraft" als eher geschwätzig und wenig effektiv, andererseits von der Gruppe „Mitarbeiter" dagegen als sozial angenehm für z. B. Kunden und gewinnbringend eingestuft (s. Kellogg, 1961/1962, S. 88 ff.).

Methodische Unterstützung fänden Seminarbesucher neben der Arbeit in Kleingruppen z. B. durch Videoaufnahmen gut geführter und mangelhafter Beurteilungsgespräche (dargestellt durch Schauspieler) und durch gegenseitiges Feedback im oder nach dem Rollenspiel sowie durch den Trainer-Input bei passender Gelegenheit. Nach den Videoaufnahmen sollten die Seminarteilnehmer einmal selbst die gefilmte Person als Beurteilten beurteilen anhand des firmen-eigenen Systems sowie sich dazu äußern, wie die gezeigte Führungskraft den MA aufgrund des gesehen und gehörten Dialogs aller Wahrscheinlichkeit eingeschätzt hat. Ein Gedankenaustausch über die angefertigten Beurteilungen bzw. Meinungen findet anschließend im Plenum statt. Dieses Vorgehen empfahlen bereits Latham und Wexley (1982, S. 107) zur Gestaltung von Seminaren oder Workshops für Beurteiler.

Jedem Mitwirkenden oder Betroffenen sollte nach dem Beurteiler Training klar sein, was im Endeffekt mit der Mitarbeiterbeurteilung zu bewirken ist und das es vor allem darum geht, eine *belastbare* Beziehung zu den MA als ver-antwortliche Führungskraft aufzubauen. Schade wäre es nicht, wenn zum Ende des Beurteilungsgespräches der Vorgesetzte darum bittet, selbst Rückmeldung über sein Führungsverhalten zu bekommen und auch mit Kritik daran vernünftig umgehen kann. Kritikpunkte oder Auffälligkeiten an seiner Person sollten den Beurteiler nicht übermäßig überraschen, denn in dem Beurteiler- oder in den anderen Führungsseminaren dürfte er oder sie sich bereits durch das Feedback von anderen hinreichend kennengelernt haben. Gerade aus diesem Grund, nämlich der Selbsterfahrung und der Selbsterkenntnis, sind die Beurteiler Seminare so wichtig! Zur Selbstanalyse gehört auch zu wissen, was für ein Beurteiler Typ bin ich? Über den möglichen „Charakter des Beurteilers" haben sich z. B. Kiefer und Knebel (2004, S. 82 f.) ausführlich ausgelassen und verschiedene Beurteiler Typen wie der „Sachliche", der „Pedantische", der „Konstruktive" usw. skizziert und vorgestellt.

8.4   Vorbereitung von Mitarbeiterbeurteilungen

Zu allererst sollte sich ein Beurteiler die Frage stellen, wo er am ehesten oder am besten den zu beurteilenden MA „abholen" kann. Damit wäre der Einstieg in das Gespräch bereits eröffnet. Kurioserweise kommt es in dieser Einstiegsphase nicht so sehr darauf an, den Beurteilten einen „ungeschminkten Spiegel" vorzuhalten, wer er (oder sie) für den Vorgesetzten wirklich oder in Wahrheit ist oder wie er (oder sie) auf ihn wirkt, sondern es ist zu sondieren, wie der MA sich zunächst einmal selbst sieht und wie er oder sie verstanden werden möchte – nur dann findet der oder die Vorgesetzte „den richtigen Draht" oder Zugang zum Beurteilten. Gedacht wird an Aussagen oder Statements, auf die der MA anspricht (z. B. mit einer Aufgabe als Einstieg zu beginnen, die ihn außerordentlich interessiert oder motiviert hat). In der Fachliteratur wird an dieser Stelle von „Barnum-Statements" gesprochen (s. Ryborz, 2017, S. 37).

Im nächsten Schritt sollte der Beurteiler noch einmal die letzte vergangene Beurteilungsperiode gedanklich oder anhand seiner Aufzeichnungen durchgehen und die wichtigsten Ergebnisse oder Leistungsbeiträge des MA Revue passieren lassen und festhalten. Unweigerlich werden ihm oder sie dabei „Licht und Schatten", also hervorragende Leistungen und Ergebnisse und nicht so gute Leistungsergebnisse ins Auge springen oder ins Bewusstsein dringen. Checklisten oder spezielle Fragebögen (s. z. B. Kiefer & Knebel, 2004, S. 112 f.) zur Vorbereitung auf Personalbeurteilungen können evtl. eine Hilfe sein.

Bei dieser Überprüfung ist auch nach den offensichtlichen Kompetenzen oder Fähigkeiten als Leistungsvoraussetzungen zu fragen und erste notwendige PE-Maßnahmen als Ansatz zur Leistungsförderung zu erkennen, aber auch das konkrete Verhalten in den beobachteten oder erinnerten Situationen ist zu würdigen. Dabei spielen die Umstände, wie z. B. außerordentlich schwierige Aufgaben, Projekte oder Kunden, ggf. eine große Rolle für die abschließende Beurteilung. Im Ergebnis sollte nach dieser „Gedankenreise" ein Stärken-Schwächen-Profil des MA vorliegen, was dann Eingang in das Beurteilungssystem findet.

Es schadet bei der Vorbereitung auch nicht, wenn sich die Führungskraft noch einmal an Ratschläge oder Rückmeldungen aus dem Beurteiler Seminar erinnert oder ggf. noch einmal die Seminarunterlagen zur Hilfe nimmt (s. Abschn. 8.3) und sein vorläufiges Beurteilungsergebnis, z. B. bezogen auf die möglichen Beurteilungsfehler, hinterfragt.

„Last but not least" sollte eine kritische Einschätzung der Beziehungsqualität erfolgen verbunden mit der zentralen Fragestellung, ob der MA auch in Zukunft in diesem Bereich oder auf seinem heutigen Arbeitsplatz richtig aufgehoben ist oder ob nicht ein möglicher Arbeitgeber- oder Stellenwechsel für alle Beteiligten das Beste wäre. Natürlich stellen sich auch bei exzellenten MA Fragen zur künftigen Gehalts- und Karriereentwicklung (s. Kap. 3), sei es die Potenzialanalyse (s. Kap. 4) oder eine mögliche Versetzung auf eine höherwertige Stelle z. B. als Führungsnachwuchskraft oder Nachfolger eines demnächst aus Altersgründen ausscheidenden Stelleninhabers. Auch unter diesen Gesichtspunkten könnten bestimmte gezielte PE-Maßnahmen sinnvoll und gerechtfertigt sein.

Falls die verantwortliche Führungskraft sich überhaupt nicht so richtig im Klaren darüber ist, was ihr MA als Person verkörpert, was ihn oder sie auszeichnet und was für ein Mensch er oder sie eigentlich ist, können bestimmte autosuggestive Übungen aus der Gestalttherapie hilfreich sein, zu besseren tiefgründigen Erkenntnissen zu kommen. Gedanklich sollte sich der Vorgesetzte „auf zwei Stühle setzen" und einen Dialog mit sich selbst, einmal in der eigenen Rolle (Stuhl 1), und zum anderen in der Rolle des Beurteilten (Stuhl 2), führen und die Rollen phasenweise wechseln. Nach Ansicht von Gestalttherapeuten (z. B. Stevens, 1984) sind diese Selbstübungen dabei behilflich, an den emotionalen Kern der Beziehung heranzukommen, durch das jetzige Erleben die Wirklichkeit intensiv zu erfahren und sich von vergangenen Vorstellungsbildern oder Phantasien, die immer noch psychische Energie binden, allmählich zu lösen und auf diese Weise neue Einsichten zu gewinnen (s. hierzu auch Abschn. 9.3).

8.5 Information der Mitarbeiter über das Beurteilungssystem

Analog zu den Führungskräften als Beurteiler bedürfen auch die betroffenen MA als Beurteilte einer ausführlichen und angemessenen Information über das firmeneigene MBS, um ihnen die Angst vor einer Beurteilung zu nehmen und um Irritationen aus dem Wege zu räumen bzw. erst gar nicht als Gerüchte entstehen zu lassen.

Elegant wäre es, bereits bei einer Eigenentwicklung eines MBS auch MA als potenziell Betroffene in die Gestaltung des Systems einzubinden und sie in dazu eingerichteten Arbeitsgruppen oder Workshops zu delegieren. Nach den Erfahrungen bei der Erhebung von betrieblichen Anforderungsprofilen durch Psychologische Anforderungsanalysen (s. Wienkamp, 2020, 2021a, c) ist es nun einmal so, dass die Führungskräfte wissen, wie die Arbeit erledigt werden *soll,* aber die MA wissen, wie die Arbeit zu machen und zu erledigen *ist!* Auf beide „Erfahrungswelten" kommt es dabei an und sie würden in gemeinsamen Workshops zum Wohle aller Betroffenen in einem gemeinsam zu entwickelnden System integriert. Da Beurteilungskriterien ein Derivat oder ein „Abfallprodukt" von arbeitsplatzbezogenen Anforderungskriterien sind, wären die MA nicht nur an der Entwicklung beteiligt, sondern könnten sich auch damit identifizieren und anfreunden.

Für die nicht an der Projektarbeit beteiligten MA bleibt zur Information über ein neuentwickeltes Beurteilungssystem entweder ein Vortrag durch den Personal-Chef, idealerweise im Beisein der Unternehmensleitung oder dem Vorstand, oder alternativ oder ergänzend dazu ein Info-Markt, der von den Projektmitgliedern auszurichten wäre. Auf dem Info-Markt ließen sich zu den verschiedenen Themen oder Aspekten des MBS Info-Stände einrichten, an denen die interessierten MA ihre Fragen loswerden könnten.

Selbstbeurteilungen (s. Abschn. 6.2) wären für die zu beurteilenden MA ein probates Mittel, sich auf die Beurteilung gründlich vorzubereiten und das Instrument in allen Facetten kennen zu lernen. Idealerweise sollte, wie schon erwähnt, die Personalabteilung den Beurteilungsvorgang über das firmeneigene Intranet mit dem Versand des Beurteilungsbogens zunächst an den betroffenen MA zur Selbstanalyse eröffnen, der dann seine oder ihre Selbstbeurteilung an die zuständige Führungskraft weiterleitet und im Anschluss daran zum Beurteilungsgespräch gebeten wird (s. auch Abschn. 1.3).

8.6   Resümee

Eine Mitarbeiterbeurteilung ist nach Meinung aller Personalexperten etwas absolut subjektives, aber nicht ein Akt der Willkür. Sie entspricht eher einer Gedächtnisleistung als einen realen Wahrnehmungsvorgang von lfd. Beobachtungen. Beurteilungsfehler können daher nur auf unrichtige oder falsch verstandene und kodierte Erinnerungen beruhen. Da es hierbei zu Auseinandersetzungen kommen kann, sorgen die in vielen Systemen angelegte Konfliktregelung für Abhilfe, indem Beurteilte nicht zur Akzeptanz ihrer Beurteilung zu zwingen sind bzw. sie die Möglichkeit haben, eine Gegendarstellung anzufertigen, die nach Durchführung der zu leistenden Gespräche für eine gemeinsame einvernehmliche Lösung ggf. Teil der Personalakte wird.

Personalbeurteilungen sind schon deshalb nicht willkürlich, da sie sich nach den geltenden Arbeitsplatzanforderungen zu richten haben, mit denen die Beurteilungskriterien konform gehen. Situative oder persönliche Einflüsse der Beurteiler sind dabei nicht auszuschließen und können zu spezifischen Beurteilungstendenzen oder sogar zu Beurteilungsfehlern führen. Zahlreiche Beurteilungsfehler können somit einem Beurteiler unterlaufen, aber auch das MBS ist anfällig für Systemschwächen und der Beurteilte selbst kann durch „Selbstdarstellungskünste" ebenso Einfluss auf das Beurteilungsergebnis ausüben und gewinnen.

Ohne eine ausreichende Beurteiler Schulung, die idealerweise Teil eines Ausbildungsprogramms für (angehende) Führungskräfte ist, wäre die Durchführung von Mitarbeiterbeurteilungen fahrlässig und womöglich für die herrschende Führungs- oder Unternehmenskultur ein Desaster. Wesentlicher Bestandteil solch eines Trainings ist, dass die Seminarteilnehmer nicht nur in die Handhabung des Systems eingewiesen werden, sondern auch die Rollen als Beurteiler und Beurteilter am eigen Leib selbst erfahren und durch gegenteiliges Feedback sich selbst kennenlernen.

Für ein Mitarbeiterbeurteilungsgespräch bedarf es einer gründlichen Vorbereitung. Dabei ist es allein mit der Erinnerung über die Leistungen und das Verhalten des MA und die anschließende Markierung in dem Beurteilungsbogen noch nicht getan, sondern die Führungskraft sollte sowohl über die Beziehungsqualität nachdenken als auch sich Gedanken über die weitere berufliche Zukunft des MA machen. Das können einmal Fördermaßnahmen, also PE, aber auch ein nächster

Karriereschritt sein, es kann aber auch zum anderen den Auftakt für eine Trennung von diesem MA bedeuten und einleiten. Eine Reihe von psychotherapeutischen Methoden, die auch in Eigenanwendung imaginativ einsetzbar sind, könnte helfen, sich der eigenen emotionalen Realität zu nähern.

Selbstverständlich haben die MA im Unternehmen einen Anspruch, ausreichend über ein neues bzw. über das aktuelle Beurteilungssystem informiert zu werden. Das ist nicht nur im Interesse der MA, sondern auch im Interesse der Führungskräfte als Beurteiler und des ganzen Unternehmens schlechthin. Zu empfehlen wäre noch, den betroffenen MA durch eine Selbstanalyse oder Selbstbeurteilung das System näher zu bringen und sich auf diese Weise qualifiziert auf das Beurteilungsgespräch vorzubereiten.

Literatur

Becker, F. G. (1998). *Grundlagen betrieblicher Leistungsbeurteilungen* (3. Aufl.). Schäffer-Poeschel.

Curth, M. A., & Lang, B. (1990). *Management der Personalbeurteilung*. Oldenbourg.

Filipp, S.-H. (1984). Entwurf eines heuristischen Bezugsrahmens für Selbstkonzept-Forschung: Menschliche Informationsverarbeitung und naive Handlungstheorie. In S.-H. Filipp (Hrsg.), *Selbstkonzept-Forschung, Probleme, Befunde, Perspektiven* (2. Aufl., S. 129–152). Klett.

Ilgen, D. R., & Feldman, J. M. (1983). Performance appraisal: A process focus. In L. L. Cummings & B. M. Staw (Hrsg.), *Research in organizational behavior, an annual series of analytical essay and critical reviews* (S. 141–197, Bd. 5). JAI Press.

Kallejian, V., Brown, P., & Wechler, I. R. (1953/1962). The impact of interpersonal relations on ratings of performance. In T. L. Whisler & S. F. Harper (Hrsg.), *Performance appraisal, research and practice* (S. 136–142). Holt, Rinehart and Winston.

Kellogg, M. S. (1961/1962). New angles in appraisal. In T. L. Whisler & S. F. Harper (Hrsg.), *Performance appraisal, research and practice* (S. 88–95). Holt, Rinehart and Winston.

Kiefer, B.-U., & Knebel, H. (2004). *Taschenbuch Personalbeurteilung. Feedback in Organisationen* (11. Aufl.). Verlag Wirtschaft und Recht.

Latham, G. P., & Wexley, K. N. (1981/1982). *Increasing productivity through performance appraisal*. Addison-Wesley.

Lueger, G. (1992). *Die Bedeutung der Wahrnehmung bei der Personalbeurteilung. Zur psychischen Konstruktion von Urteilen über Mitarbeiter*. Personalwirtschaftliche Schriften (Band 1), D. von Eckardstein, O. Neuberger (Hrsg.). Hampp.

Müller, J. (2006). *Personalbeurteilung. Bewertungsfehler, Optimierung*. VDM Verlag Dr. Müller.

Rao, T. V. (2004). *Performance management and appraisal systems. HR tools for global competitiveness*. Response Books.

Ryborz, H. (2017). *Beeinflussen, Überzeugen, Manipulieren. Seriöse und skrupellose Rhetorik* (3. Aufl.). Metropolitan Walhalla.

Slovic, P., Finucane, B., & Lichtenstein, S. (2009). The affect heuristic. In D. Gilovich, D. Griffin, & D. Kahneman (Hrsg.), *Heuristics and biases. The psychology of intuitive judments* (8. Aufl., S. 334–340). Cambridge University Press.

Stevens, J. O. (1984). *Die Kunst der Wahrnehmung. Übungen der Gestalttherapie* (8. Aufl.). Kaiser.

Taft, R. (1955/1962). The ability to judge people. In T. L. Whisler & S. F. Harper (Hrsg.), *Performance appraisal, research and practice* (S. 28–52). Holt, Rinehart and Winston.

Wienkamp, H. (2020). *Psychologische Anforderungsanalysen in Theorie und Praxis. Für Führungskräfte und Personalmanager, die Anforderungsprofile erheben wollen*. Essentials. Springer.

Wienkamp, H. (2021a). *Psychologische Anforderungsanalysen. Anforderungsprofile für Management, Arbeit und Business.* Springer.

Wienkamp, H. (2021c). *Psychological requirements in theory and practise. for excecutives and human resource managers who want to raise requirement profiles.* Essentials and eBook. Springer.

Wienkamp, H. (2022). *Manipulation als System. Über die bekannten und verborgenen Seiten systematischer Beeinflussungen.* Essentials. Springer.

Das Beurteilungsgespräch

9

Zusammenfassung

Wie in jedem Unternehmen wird am Ende einer Periode oder am Jahresende „Bilanz gezogen", um festzustellen, wie das vergangene Geschäftsjahr gelaufen ist. Genauso sollte es auch in den Arbeitsbeziehungen mit den Beschäftigten einer Organisationseinheit sein. Nicht nur sollte deren Leistung und Verhalten nach „Soll und Haben" bilanziert und bewertet werden, sondern primär geht es um eine ehrliche Rückmeldung im Rahmen eines konstruktiven Dialogs seitens der Organisation in Gestalt der zuständigen Vorgesetzten, geführt als Mitarbeiterbeurteilungsgespräch. Auf besondere psychologische Imponderabilien oder Unwägbarkeiten wäre im Hinblick auf eine für beide Seiten erfolgreiche Gesprächsführung zu achten. Ratsam wäre ebenso, geeignete Modelle aus der wissenschaftlichen Forschung dabei zu verwenden oder sich an ihnen zu orientieren und sie insbesondere für ein Beurteiler Training aktiv zu nutzen.

Nicht von ungefähr ist das formale Mitarbeiterbeurteilungsgespräch der prozessuale und finale Abschluss einer Beurteilungsrunde und endet mit der Erstellung und Abzeichnung des Beurteilungsbogens, idealerweise im gegenseitigen Einvernehmen. Aber nicht nur das, das Beurteilungsgespräch ist auch der Kern der Mitarbeiterbeurteilung überhaupt und aufgrund der vielen psychologischen Unwägbarkeiten der sensibelste Teil dieser „Wegstrecke" bzw. des Beurteilungsprozesses. Eine Reihe von Erkenntnissen aus der sozialpsychologischen Forschung könnte dabei helfen, entweder sich aufbauende Hindernisse zu umgehen oder in festgefahrenen Situationen durch den einen oder anderen Kunstgriff einen Ausweg zu finden. Wie hier vorgeschlagen, können sich daran „Karrieregespräche" anschließen und zu einem separaten Termin geführt werden (s. Kap. 3).

H. Wienkamp, *Strategische Personalbeurteilungen*,
https://doi.org/10.1007/978-3-662-66220-5_9

Manche Kulturkreise oder Länder, insbesondere im asiatischen Raum, gehen oder gingen mit Mitarbeiterbeurteilungen völlig anders um. Zum einen lag es nicht allein in der Verantwortung des direkten Vorgesetzten, wie das Beurteilungsergebnis ausfällt oder zu Stande kommt, sondern bis zu zwei übergeordnete Führungsebenen, also i. d. R. Geschäftsführer oder Hauptabteilungsleiter, konnten auf die Beurteilung Einfluss nehmen und die Ergebnisse ggf. modifizieren. Zum anderen kam es in den Unternehmen dieser Länder nicht allzu selten vor, dass die finalen Beurteilungsergebnisse vertraulich behandelt wurden und der MA sie erst gar nicht zu Gesicht bekam und sie nicht erfuhr. Allenfalls konnte es vorkommen, dass der Beurteilte von seiner oder ihrer Führungskraft ein allgemeines verbales und abgestimmtes Feedback im Gespräch erhielt (vgl. Rao, 2004).

In Deutschland wäre solch eine Verfahrensweise mit „unter Verschluss gehaltenen" oder vorenthaltenen dokumentierten Beurteilungsergebnissen aus arbeitsrechtlichen Gründen nicht möglich, da einerseits jeder beurteilte MA das Recht hat, in seine (oder ihre) Personalakte einzusehen und spätestens auf diese Weise die Beurteilung gewahr werden würde, andererseits hat die Arbeitnehmervertretung bei der Erstellung von Beurteilungssystemen und deren Ausführungsregeln ein Mitbestimmungsrecht, sodass eine vollständige und umfassende Informationspflicht gegenüber den betroffenen MA Eingang in jede Betriebsvereinbarung finden würde.

9.1 Ausgangsbedingungen und Gestaltung eines Beurteilungsgespräches

Aufbauend auf den bereits skizzierten Vorbereitungsmaßnahmen bittet die verantwortliche Führungskraft den MA zu einem Beurteilungsgespräch, auf das sich günstigenfalls beide Parteien gründlich vorbereitet haben (s. Abschn. 8.3 und 8.4). Wie an anderer Stelle sowie von verschiedenen dort genannten Autoren bereits vorgeschlagen, sollte zunächst der Beurteilte seine Sicht der Dinge bzw. seine Selbstbeurteilung vorlegen (sofern sie nicht bereits dem Vorgesetzten aufgrund der vereinbarten Verfahrensschritte bekannt ist). Auf jeden Fall sollte der oder die MA nach dem notwendigen und unvermeidlichen „Small Talk" zu Beginn des Gespräches mit dem Einstieg in das eigentliche Beurteilungsgespräch „das erste Wort haben" und seine oder ihre Selbsteinschätzung vortragen. Im Anschluss daran würde der Beurteiler oder die Beurteilerin dem MA entweder anhand des ausgefüllten Beurteilungsbogens oder zunächst einmal nach eigenem Gutdünken und ohne feste Reihenfolge der Beurteilungsmerkmale im Gespräch Rückmeldung geben. Entweder macht der Vorgesetzte zu Anfang eine eher generelle Aussage zu Leistung und Verhalten des MA schlechthin oder er oder sie orientiert sich bei der gewählten Reihenfolge nach der persönlichen Bedeutung und Wichtigkeit der Beurteilungskriterien. Selbstverständlich sollte das Beurteilungsgespräch überwiegend „stärkenorientiert" sein, d. h. z. B. bei der Rückmeldung, mit einer oder mehrerer Stärken des Beurteilten beginnen und nach Möglichkeit mit einem zuversichtlichen „mitarbeiterfreundlichen" Fazit enden. Nach den ersten anfänglichen

Versuchen und praktischen Erfahrungen mit formalen Personalbeurteilungen plädierte die personalwirtschaftliche Forschung für einen Wandel von der *Einschätzung* zur *Analyse* der Leistung und Verhalten am Arbeitsplatz, was sowohl eine Selbst- als auch Fremdbewertung impliziert, deren Ergebnisse dann von beiden Parteien analysiert werden (s. McGregor, 1957/1962, S. 74). Mit Einschätzungen könnten Aussagen oder Statements gemeint sein, ohne hinreichende Erklärung oder Erläuterung, wie z. B. die Aussage: „Sie finden beim Telefonieren nicht immer den richtigen Ton". Dagegen impliziert eine Analyse gerade die Suche nach den Verursachungsgründen und ggf. Lösungswegen.

Bei einer zwischenmenschlichen Kommunikation wie auch bei einem Beurteilungsgespräch treten zum einen verschiedene Kommunikationsebenen hervor, zum anderen sind die Äußerungen der Kommunikationspartner nicht immer alles andere als eindeutig und klar. Daher ist es ratsam, sich über die Kommunikationsebenen, den Ich- bzw. Du-Botschaften als Teil oder Mittel von Selbstoffenbarungen, Kommunikationsfallen etc. im Klaren zu sein. Beurteiler wären auch gut beraten, bei Schwierigkeiten oder Problemen in der Kommunikation oder in der Beziehung zu ihren MA sich einiger erprobter psychotherapeutischer Techniken oder Prinzipien zu bedienen, ohne den Anspruch zu haben, professionellen Therapeuten nachzueifern. Psychotherapeutische Konzepte verstehen sich in der betrieblichen Anwendung weniger als Behandlungsmethoden, sondern eher als Prophylaxe, um mit schwierigen Momenten umzugehen oder gar nicht erst in „schweres Wasser" zu geraten.

9.1.1   Kommunikationsebenen und Kommunikationsphänomene

Nach dem von Schulz von Thun (1981/1991 und 1989/1996) entworfenen Kommunikationsmodell als „Quadrat der Klarheit", das (wie bei einem Viereck mit vier Seiten) logischerweise ebenfalls vier Kommunikationsbestandteile (oder Kommunikationsebenen) enthält, nämlich

– den *Sachinhalt* (Objekt, Inhalt oder Gegenstand der Nachricht),
– die *Beziehungsqualität* zwischen Sender und Empfänger,
– das Ausmaß der *Selbstoffenbarung*, etwas über sich oder die eigene Gefühlswelt preiszugeben,
– und einen *Appell*, also eine unbewusste oder bewusste Aufforderung an den Empfänger der Nachricht, irgendetwas zu tun oder Folge zu leisten, oder schlicht und ergreifend zur Kenntnis zu nehmen.

Ziele der Persönlichkeitsentwicklung wären hiernach in der Kommunikation und Interaktion mit anderen Menschen vor allem:

– Gewinnung von mehr *Authentizität*, also „Ehrlichkeit zu sich selbst (oder Echt-Sein)", und
– *Empathie*, um andere Menschen wirklich zu verstehen und zu ihnen einen wirklichen Zugang („einen guten Draht") zu finden.

Gemünzt auf die Beurteilungssituation kann das für eine gelungene Kommunikation von erheblicher Bedeutung sein und jeweils für beide Gesprächspartner bestimmte Aktionen zur Folge haben.

9.1.1.1 Selbsterkenntnis als Voraussetzung

Nach der jeweils individuellen Vorbereitung auf das bevorstehende Gespräch sind sich beide Seiten über die Beurteilungssituation im Klaren und wissen, was auf dem Spiel steht. „Licht und Schatten" dürften in den unterschiedlichsten Rollen von Beurteiler und Beurteilten durchscheinen und zum Ausdruck kommen.

Der beurteilte MA kann sich wahrscheinlich an einige Dinge noch gut erinnern, die ihm oder sie heute noch ein schlechtes Gewissen machen oder zusetzen, da sie in der Vergangenheit nicht gut gelaufen sind und er oder sie sich über seine oder ihre Leistung (oder Misserfolg) bewusst ist und wahrscheinlich schon Selbstkritik geübt hat. Trotz aller zu erwartenden Kritik und der generellen Bereitschaft, die Verantwortung für die Leistungsergebnisse zu tragen, möchte er oder sie sich nicht verkriechen und niedermachen lassen, sondern einigermaßen (mit erhobenen Haupt?) aus der Situation herauskommen verbunden mit dem Appell: „Ich habe meine Lektion gelernt und werde es beim nächsten Male besser machen. Ich verdiene daher eine zweite Chance!"

Der Beurteiler weiß – oder sollte wissen – als Ergebnis seiner oder ihrer Selbstanalyse was er oder sie für ein *Beurteiler Typ* ist und versuchen oder sich bewusstmachen, nicht in alte gewohnte Rollenmuster zu verfallen, die die Beziehung und den Beurteilungsvorgang unweigerlich zusätzlich belasten würden. Zum Beispiel, wenn die Führungskraft weiß, dass sie von Natur aus ein pedantischer Typ ist, sollte sie sich zu mehr Großzügigkeit, Nachsicht und Gelassenheit durchringen. Zu einer eher *nondirektiven Gesprächsführung* sollte eine Führungskraft mit pedantischen, häufig auch zugleich auf Kontrolle angelegten Persönlichkeitszügen, sich zu bewegen, weitestgehend auf Ratschläge o. ä. verzichten und den MA Raum lassen, sich selbst zu entfalten und eigenständig „den richtigen Weg" zu finden. Auf eine einfache Formel gebracht heißt das: *„Zulassen statt machen!"* (Schulz von Thun, 1989/1996, S. 187).

9.1.1.2 Selbstkonzepte bestimmen die Art und das Ausmaß an Selbstoffenbarung

Selbstkonzepte oder Selbstschemata, die den Erkenntnis- und weiteren Kommunikationsprozess meditativ steuern, sollten die jeweiligen Personen von sich selbst kennen und vorsichtig oder bewusst damit umgehen. Als Sender einer Nachricht schimmert das Selbstkonzept, also wie der Sender sich gerade sieht und was er fühlt, durch, was als Selbstoffenbarung verstanden wird. Als Empfänger von Nachrichten wird auf der anderen Seite auch das eigene Selbstkonzept berührt und vom Sender z. B. durch die „Du-Botschaften" („So einer bist Du"!) und „Wir-Botschaften" („So stehen wir zueinander!") tangiert und ggf. modifiziert (s. Schulz von Thun, 1981/1991a, S. 159).

Selbstkonzepte wirken einerseits wie ein Impulsgeber zwecks Gegenreaktion auf die aufgenommenen Nachrichten, andererseits wie ein Filter zur selektiven Wahrnehmung, welche Deutungen für den Empfänger naheliegend oder akzeptabel sind. Helfen können dabei auch die Konzepte der Attribution (s. Abschn. 7.4), anhand dessen das beobachtete Verhalten auf dahinterliegende Beweggründe und Bedingungen zu hinterfragen und ggf. spekulativ zu interpretieren ist (z. B. die Frage, ob der MA sich überhaupt hätte anders verhalten *können* oder *dürfen?*). Begleitet werden diese intrapsychischen Prozesse von einem „inneren Seismographen", der jeweils instinktiv und emotional prüft, ob die Sachbotschaften oder das Wahrgenommene oder Erinnerte mit der Beziehung harmonieren und sich so etwas wie ein innerer Gleichgewichtszustand im „Beziehungssystem" einstellt, der für Entspannung und Zufriedenheit sorgt – ganz so, wie es die Balancetheorie voraussagt und propagiert (s. Abschn. 7.2). Andernfalls wäre die Interpretation der Erfahrungen und Beobachtungen nicht rund und nicht stimmig – und sollte zum weiteren Nachdenken anregen!

9.1.1.3 Ich- und Du-Botschaften als Mittel der Selbstoffenbarung

Zusammen mit der im Gespräch zu äußernden sachlichen Kritik (aber auch Lob, wenn es *wirklich* etwas zu loben gibt), der eigenen Betroffenheit über die vergangenen Leistungen und das wahrgenommene Verhalten, das wären die als Selbstoffenbarung gesendeten „Ich-Botschaften", entweder des Beurteilers oder des Beurteilten, kommt es zu Aufforderungen oder Appellen, dass sich z. B. Fehler nicht wiederholen werden oder sollten! Ich-Botschaften haben außerdem noch den Vorteil, dass sie für den Empfänger kalkulierbar sind („Ich weiß jetzt, wie es Dir geht, oder was mit Dir los ist, oder wo das Problem Deiner Meinung nach liegt").

Du-Botschaften des Senders setzen hingegen den Empfänger unter Druck („Du musst das anders machen!") oder weisen ihm eine Schuld zu („Du bist daran schuld"). Kein Wunder, dass ein Empfänger von Du-Botschaften sich in dem Falle in die Ecke gedrängt fühlt und sich im psychologischen Sinne irgendwie dagegen wehrt und auf Abwehr, Sturheit oder Ignoranz („Lass Ihn doch nur reden") umschaltet. Selbst wenn Du-Botschaften in der Sache zutreffen („Du hast Mist gebaut!"), lösen sie dennoch ein Potpourri schlechter oder negativer Gefühle beim Empfänger aus, wie Erniedrigung, Unterlegenheit, Kränkung, Scham, Insuffizienz usw. Reagieren kann der Empfänger entweder nur mit einer „permissiven Grundhaltung", also ohne Willenskraft und Rückgrat durch Unterwürfigkeit oder Gehorsam oder durch aktiven Widerstand (Reaktanz). Unter Widerstand fällt auch der „Dienst nach Vorschrift".

Sachliche Kritik sollte seitens des Beurteilers nicht mit Belehrungen, Bevormundung, Einschüchterung oder sonstigen Manipulationsversuchen, die getarnt und schleichend daherkommen und vom MA negativ als z. B. Abwertung, Geringschätzung, Erniedrigung etc. verstanden werden könnten, verwechselt werden, denn dann bedient der Sender (oder im dem Falle der Beurteiler) andere Kommunikationsebenen als die Sachebene wie z. B. die Beziehungsebene. Auch sollte der Beurteiler aufpassen auf sein eigenes Wertesystem, wenn er oder sie den MA charakterisiert oder bewertet. Eine Mitarbeiterbeurteilung, die auf eine persönliche Einschätzung, z. B. er oder sie ist zu *bequem* oder sogar *„faul"*,

hinausläuft, kann dem eigenen Wertesystem geschuldet sein und muss nicht All-
gemeingültigkeit besitzen und von anderen auch so geteilt werden!

Parallel zu dem Modell des „Quadrates der Klarheit" zur Analyse und Deutung
von Kommunikationsprozessen ist darüber hinaus immer auf die einer Nachricht
innewohnenden Botschaften mit ihren weiteren Besonderheiten zu achten. Botschaften können vielseitig sein, auf jeden Fall entweder *explizit* (z. B.: „Das war
ein großer Verlust, dass wir durch Ihre Reaktion den Kunden verloren haben")
und/oder *implizit* ausfallen, also als Botschaft auch einen nicht ausgesprochenen
Teil oder Appell enthalten können (also z. B. zu denken: „Beim nächsten ver-
lorenen Kunden können Sie die „Türe von Draußen zu machen" und es droht die
Kündigung – meine Geduld ist dann am Ende"). Implizite Botschaften können
im Gespräch nonverbal (z. B. über einen bestimmten Gesichtsausdruck) oder
auch paralinguistisch bei den kritischen Stellen einer Nachricht (oder Botschaft)
durch Räuspern, wiederholte Sprachansätze (z. B. „Was ich damit sagen wollte";
oder „Also...") , Laute wie „Mm", Äh" usw. geäußert werden. Schweigen gehört
genauso dazu entsprechend dem „Axiom" von Watzlawick et al. (1982): „Man
kann *nicht* nicht kommunizieren!"

Implizite Botschaften haben für den Sender den Vorteil, dass er oder sie zwar
eine Absicht durchschimmern lässt, aber sich noch nicht festlegen muss – und
auch nicht überführt oder festgenagelt werden kann, da es noch nicht gesagt wurde
und somit bei Bedarf eine unterstellte Absicht bestritten wird. Manchmal ist der
Sender selbst noch dabei, sich zu sortieren und befindet sich in der Situation des
Sondierens und Abwägens – ohne dass ihm oder ihr das in dem Moment klar ist.

9.1.1.4 Beziehungsebene und Beziehungsqualität

Über beide Gesprächsteilnehmer schwebt die Beziehungsqualität, die zum
einen den Einstieg in das Beurteilungsgespräch beeinflusst, denn es macht einen
gehörigen Unterschied, ob die Beziehung bisher völlig entspannt und gut ver-
lief, oder ob sie schon durch Vorkommnisse in der Vergangenheit belastet ist,
zum anderen auch deren Zukunftsperspektive. Aus der Gesprächsvorbereitung ist
bekannt (s. Abschn. 8.3), dass sich der Beurteiler als verantwortliche Führungskraft über die berufliche Zukunft des MA einige Gedanken gemacht hat und
vielleicht schon zu vorläufigen Schlussfolgerungen gekommen ist und vielleicht
nur noch das Gespräch abwartet bis zu einer notwendigen Entscheidung. Verständlich und einsehbar wäre dieses Vorgehen dann, wenn z. B. eine Trennung von
diesem MA ernsthaft erwogen wird.

Somit dürfte auf der Hand liegen, dass gerade der Beziehungsaspekt über die
mögliche Fortführung der Beziehung innerhalb dieses Arbeitsverhältnisses ent-
scheidet und, wenn die möglichen Konflikte nicht verdrängt werden, einer nach
Möglichkeit einvernehmlichen und nachvollziehbaren Lösung bedarf.

Je nach dem, was der Beurteilte von seiner oder ihrer Führungskraft zu hören
bekommt, werden die Ausführungen sowohl sein Persönlichkeitsbild bzw. sein
Selbstkonzept stark prägen als auch die gegenseitige Beziehung beeinflussen.

Leistung und Arbeitsverhalten in der Zukunft sind vom Ausgang dieses Kommunikations- bzw. Beurteilungsprozesses absolut abhängig, was nicht überraschen dürfte.

9.1.1.5 Aufforderung oder Appell

Aufforderungen oder Appelle als Teil einer Nachricht sind i. d. R. implizite oder indirekte Botschaften wie z. B. ein Ersuchen von Hilfe oder Unterstützung. Manche Menschen sehen in solch einer Kommunikationsform nur Andeutungen oder das „zwischen den Zeilen lesen". Direkte Appelle sind dagegen sicherlich Befehle, Verbote oder ausdrückliche Bitten um etwas. Groß ist die Versuchung, eine auf der Sachebene geäußerten Nachricht mit einer Aufforderung oder einem Appell implizit zu verbinden und zu beenden. Hierin steckt, wie immer es auch gedeutet wird, eine (versteckte) Manipulation, ein bestimmtes Verhalten zu provozieren oder herauszufordern oder zu unterbinden.

9.1.1.6 Auch das „Fragen" will gelernt sein

Manche wundern sich im Rahmen der Kommunikation, dass wenige Worte – wie Fragewörter – bereits auf das Geschehen und Gelingen der Gesprächsführung einen großen Einfluss ausüben können. Folgen wir Stevens (1984, S. 111) sind die Fragewörter WAS und WIE vollkommen in Ordnung und angemessen, da sie zur Gewinnung von Informationen dienen und beitragen. Also, z. B. die Fragen: „Wie geht es Dir heute?", oder „Was bedrückt Dich gerade?" fordern den Empfänger dazu auf, nähere konkrete Informationen zu geben und zur Klärung der Situation beizutragen. Dagegen die (Frage-) Wörter WARUM und WEIL laden zum Schwadronieren und zu nichts sagenden Erklärungen ein. Auf die Frage „WARUM…" kann es eine Vielzahl möglicher Erklärungen – oder auch Ausreden – geben, die der Fragende auf Anhieb gar nicht überprüfen kann, ob sie stimmen. Gleiches gilt im Grundsatz auch für die Aussage, die mit „WEIL…" als Begründung oder Erklärung beginnt, z. B. „Weil ich heute krank bin, komme ich nicht zur Arbeit".

Aus der Forschung über Manipulationsversuche ist noch bekannt, dass das Wort „WEIL" für persönliche Vorteile und Zwecke gerne manipulativ (und auch meist erfolgreich) zum Einsatz kommt z. B. in der Form: „Könnten Sie mich bitte vorlassen, weil meine Parkuhr gleich abläuft" (s. Wienkamp, 2022, S. 32).

9.1.2 Kommunikationsfallen

Zu den Kommunikationsfallen gehören in erster Linie die „Sich-selbst-erfüllenden Prophezeiungen" sowie die Paradoxien. Während die „Sich-selbst-erfüllenden Prophezeiungen" vom Sender in der Kommunikation ausgehen und sich andere Kommunikationspartner sich dem nicht entziehen können und wie erwartet reagieren oder reagieren müssen, haben Paradoxien einen manipulativen Charakter und greifen sowohl die Sach- als auch die Beziehungsebene auf bzw. an.

9.1.2.1 Sich-selbst-erfüllende Prophezeiungen

Nicht zu verwechseln sind die hier aufgelisteten Kommunikationsphänomene wie die Ich- oder Du-Botschaften mit z. B. den „Sich-selbst-erfüllenden Prophezeiungen". Bei den „Self fulfilling Prophecy", wie sie im englischen Sprachraum genannt werden, geht es um eine persönliche Grundhaltung, entweder zum eigenen Selbstbild oder über das (Fremd-) Bild einer anderen Person, die, und das ist das Entscheidende, ein konsekutives eigenes wie auch fremdes Verhalten provoziert, also der Betroffene sich selbst eine Falle stellt, in der er oder sie selbst hineingerät oder hineinfällt. Seine oder ihre Mitmenschen können meist gar nicht anders, als in einer bestimmten und zu erwartenden Weise darauf zu reagieren.

Zum Beispiel, wenn ein Individuum der Meinung ist, es ist nichts wert oder es ist inkompetent und alle anderen sollten oder müssten das auch wissen, wird es sich so verhalten, dass gerade dieser Eindruck in der Öffentlichkeit entsteht und typische Gegenreaktionen die gehegten Erwartungen erfüllen (das wäre dann die „sich-selbst-erfüllende Prophezeiung"). Ebenso kann auch eine Person Opfer eines Vorurteils über einen andern Menschen werden, wie es das illustre Beispiel von Watzlawick (2010, S. 37 f.) mit dem Hammer gezeigt hat, wenn ein Individuum, das sich von seinem Nachbarn einen Hammer leihen wollte, seinem Vorurteil, nämlich der Nachbar ist böse und wird mir den Hammer nicht geben, zum Opfer fiel und schließlich wutentbrannt zum Nachbarn eilte und ihn anschrie: „Behalten Sie doch ihren Hammer, sie….".

Genauso kann ein Beurteiler z. B. ein entsprechendes Bild von einem (vermeintlich) inkompetenten MA haben, den er zum einen keine anspruchsvollen Aufgaben überträgt, und zum anderen ihn oder sie „auf Schritt und Tritt" kontrolliert. Dass dieser MA dann wenig motiviert ist zu guten Leistungen und sie auch nicht abliefert, dürfte klar sein. Auch in dieser Situation hat ein Mensch durch seine (falsche) Voreinstellung eine Gegenreaktion provoziert, die allerdings seinen Erwartungen oder Stereotypen entsprach.

9.1.2.2 Paradoxien in der Kommunikation

Besonders gravierende Kommunikationsfallen sind Paradoxien oder (unauflösbare) Widersprüchlichkeiten. Jeder kennt sicherlich die Aufforderung: „Sei spontan!" als prominentes Beispiel. Bei dem Angesprochenen oder Zuhörer tritt unweigerlich aufgrund dieses Appells ein Störgefühl auf, bevor er oder sie diese Widersprüchlichkeit intellektuell verstanden hat, weil der Befehl, „spontan zu sein", einfach nicht funktioniert.

Aus der Kommunikation mit MA hat z. B. Stevens (1984, S. 100) ein gutes Beispiel vorgestellt, wenn der Vorgesetzte zu seinem MA z. B. sagt oder ihn oder sie anstiftet: „Sei nicht so unterwürfig!". So auch hier steckt der Empfänger dieser Botschaft in einem Dilemma oder in einer Kommunikationsfalle. Folgt er oder sie der Aufforderung, ist die Person einerseits *gehorsam* und zugleich im realen Verhalten *rebellisch,* was nicht zusammen geht oder passt. Ignoriert sie andererseits diesen Appell, bleibt sie so wie sie bisher war, also unterwürfig und folgsam, wird ihr das zum Vorwurf gereicht. Wie die Person sich auch verhält, es ist falsch. Darin steckt das Dilemma!

Paradoxien in der Kommunikation sind auch unter dem Begriff „Doppelbot-schaften" (engl.: „double bind") bekannt und dienen aufgrund ihres gleichzeitigen und widersprüchlichen Sach- und Beziehungsaspektes als eine mögliche Ursache für die Entstehung der Schizophrenie, wenn z. B. eine Mutter ihr Kind auffordert, sie lieb zu haben, sie aber zugleich nonverbal oder auch verbal Abwehr und Miss-trauen zeigt oder äußert (z. B. durch die Aussage: „Du meinst das ja doch nicht so"; oder: „Du bist nicht ehrlich zu mir"). Das Kind kann diese problematische Situation nicht auflösen und verliert auf Dauer das Vertrauen und die Bindung zu Bezugspersonen.

9.1.3   Schlussbetrachtungen

Bei alle dem, was bei einer Mitarbeiterbeurteilung „auf den Tisch kommt" und zu diskutieren und zu klären ist, sollte seitens der Führungskraft nicht ver-gessen werden, die MA nicht zu überfordern und nicht zu hohe unrealistische Erwartungen an ihr Leistungsvermögen oder ihren Ehrgeiz zu stellen. Gerade zum Schluss des Beurteilungsgespräches, wo es einmal um die Förderung oder PE am hiesigen Arbeitsplatz geht, und zum zweiten die künftige Zusammenarbeit oder Beziehung zu reflektieren und ggf. neu zu justieren ist, sollte der Vorgesetzte den MA da abholen, wo er oder sie augenblicklich steht oder sich befindet. Zwischen-schritte zu vereinbaren können auf diesem Wege hilfreich sein, vor allem dann, wenn das Endziel noch in weiter Ferne ist oder sich zumindest so anfühlt. Selbst-verständlich ist es ratsam, neben den Zwischenschritten auch an Zwischen- oder Folgetermine zu denken und sie zugleich zu terminieren, damit ein geregelter Prozess in Gang kommt.

Zum Abschluss des Gespräches, sozusagen als „allerletzten Satz", sollte noch einmal die Frage vom Beurteiler gestellt werden, ob aus Sicht des Beurteilten alles gesagt und besprochen wurde, oder ob er oder sie noch „etwas auf dem Herzen haben?" Diese Gelegenheit sollte der Beurteiler nicht verstreichen lassen. Denn, es ist nichts schlimmer, wenn noch ungeklärte Probleme – oder Konflikte – sowohl beim Beurteiler als auch beim beurteilten MA existieren und die weitere Zusammenarbeit belasten können. Besonders anfällig sind Menschen, die von Natur aus dazu neigen, nachtragend zu sein und sich damit schwertun, loszulassen. Meistens sind diese Personen weder zu sich selbst noch zu anderen aufrichtig und ehrlich. Ein Nachfassen zum Ende des Gespräches könnte daher hilfreich sein und ihnen „auf die Sprünge helfen".

Nicht zu vergessen ist, dass die Führungskraft sich selbst auch vom MA über ihren Führungsstil, ihr Verhalten dem MA gegenüber, also über ihre Beziehung zueinander, Rückmeldung geben lässt und dieses Feedback auch annimmt und authentisch oder natürlich damit umgeht. Ergänzend zum Vorgesetzten-Feedback sollten Führungskräfte ihre Mitarbeitenden auch danach fragen, ob sie irgend-welche Ideen haben zur Arbeitsorganisation oder zum Arbeitsprozess (z. B. könnte sich ein MA anbieten, die Abwesenheitsvertretung eines Kollegen oder einer Kollegin zu übernehmen, weil…). Oder die Frage an den MA: „Wenn sie selbst in

diesem Bereich Führungskraft wären und meinen Platz als Ihren Vorgesetzten einnehmen würden, würden sie dann irgendetwas anders machen?" – Solche Impulse
durch aktives Nachfragen der verantwortlichen Führungskräfte gereichen einem
betrieblichen Ideenmanagement auf einfachste Weise und ohne Verursachung von
Kosten zum Wohle und Nutzen ggf. aller Betroffenen.

9.2   Kommunikations- und Persönlichkeitsmodelle aus der Personalforschung

Aus der Psychologie sind einige Modelle bekannt, die helfen könnten,
Kommunikationsprozesse und Beziehungsmuster zu verstehen und mit ihnen
gekonnt und effektiv umzugehen. Zumindest sind sie so angelegt, dass „grobe
Schnitzer" oder Missgriffe aufgrund von fehlendem Wissen und Erfahrungen sich
vermeiden ließen.

Neben den hier exemplarisch dargestellten Kommunikationsmodellen kennt
die Psychologie noch andere Konzepte, wie z. B. die „Transaktionsanalyse
(TZA)" von Eric Berne (z. B. 2006), für das Verständnis und die Gestaltung von
Kommunikations- und Interaktionsprozessen.

9.2.1   Das TALK – Modell von Neuberger

Ein Feedbackgespräch kann sich unterschiedlichster Kommunikationsmodelle bedienen. Ein Modell unter vielen, das speziell für die betriebliche
Kommunikation in der Arbeitswelt entwickelt wurde, ist das „TALK – Modell"
von Neuberger (1984). Für TALK als Abkürzung steht:

– Tatsachenbeschreibung (also Information)
– Ausdruck (als Selbstoffenbarung oder Offenheit)
– Lenkung (als Beeinflussung oder Dominanz)
– Kontakt (als Beziehungspflege).

Diese vier Kommunikationskomponenten durchziehen und gestalten den gesamten
Kommunikationsprozess und gelten selbstverständlich für beide Seiten, wenn das
Gespräch zufriedenstellend verlaufen soll.

Informationen über *Tatsachen* verkörpern die (nüchterne oder neutrale) Sachebene, der *Ausdruck* spricht die Gefühle und Emotionen an, mit der *Lenkung* sind
Wirkungen, Konsequenzen oder Appelle intendiert und der *Kontakt* wirkt auf
die Qualität der Beziehung. Über diesen vier Komponenten der Kommunikation
schwebt noch die *Metakommunikation,* die es gestattet, über das Gespräch
selbst – oder auch über die gegenwärtige Beziehung – zu kommunizieren,
also den Gesprächsrahmen bei Bedarf zu verlassen und sozusagen die aktuelle
Kommunikation „von oben" aus der Vogelperspektive zu betrachten und zu
bewerten. Metakommunikation ist in festgefahrenen, ansonsten aussichtslosen

Situationen das einzige Mittel oder der einzige Weg, aus der „kommunikativen Sackgasse" wieder herauszufinden.

9.2.2 Das Modell der „Differentiellen Kommunikationsstile"

Von Schulz von Thun (1989/1996) liegt ebenso ein Modell mit *acht* unterschiedlichen Kommunikationsstilen (s. Tab. 9.1) vor, die jeweils einen nachhaltigen Einfluss auf das Gelingen von Gesprächen oder Interaktionen zwischen Personen als Sender und Empfänger von Nachrichten ausüben. Meistens prägt der Kommunikationsstil des Senders das Geschehen und den Kommunikationsprozess, es kann aber auch sein, das in bestimmten Konstellationen beide Seiten den Prozess oder die Art und Weise des Umgangs miteinander aufgrund ihrer Prädispositionen zusammen beeinflussen und lenken, wie das entweder bei komplementären oder symmetrischen Beziehungen regelmäßig der Fall ist (z. B. bei komplementärer Beziehung, wenn eine Person von Natur aus der „Hilfsbedürftige", die andere gerne und immer der „Helfer" ist).

Schulz von Thun (1989/1996, S. 59) entlehnte diese Kommunikationsweisen verschiedenen Modellen oder Schulen der Persönlichkeits- und Sozialpsychologie (z. B. Alfred Adlers Individualpsychologie oder E. Berne's Transaktionsanalyse) und nannte diesen Komplex „Differentielle Kommunikationsstile". Die Sub-Konstrukte im sogenannten „Werte- und Entwicklungsquadrat" von Schulz von Thun, um die es eigentlich hier geht, die zusammen mit ihrem Gegenstück oder Komplement (= Ergänzungsteil) sich in einer bipolaren Beziehung bzw. einem Spannungszustand im Rahmen der Persönlichkeitsentwicklung befinden, definieren die Persönlichkeitsausprägung eines Individuums. Zum Beispiel korrespondiert *Sparsamkeit* einerseits mit *Großzügigkeit* als Antipode, andererseits wäre die gesteigerte Form von Sparsamkeit der *Geiz,* dem auf der anderen Seite die *Verschwendung* (als Übertreibung von Großzügigkeit) entsprechen würde (s. Schulz von Thun, 1989/1996, S. 39).

Bezogen auf meine eigenen Forschungsaktivitäten (s. Wienkamp, 2017, 2020) kann das „Werte- und Entwicklungsquadrat" ebenso gut auf die in dieser Untersuchung genutzten psychologischen Konstrukte *Anreizmotivation* und *Risikobewusstsein* übertragen werden: Anreizmotivation korrespondiert mit Risikobewusstsein als das dazugehörige komplementäre Konstrukt; *Gier* wäre dann die Übertreibung von Anreizmotivation, während die *Angst* oder Ängstlichkeit die extreme Steigerung von Risikobewusstsein wäre. Für die PE würde das bedeuten, gierige Menschen sollten mehr auf Risikobewusstsein achten und mehr Vorsicht walten lassen und ängstliche Menschen sollten sich etwas zutrauen und von Anreizen „verführen" lassen, also sich auch „schöne Dinge" gönnen und anstreben und dafür Motivation oder Begierde entwickeln und zeigen.

Noch einfacher und verkürzt lässt sich das Modell des „Werte- und Entwicklungsquadrates" auf die Dimension „JA – NEIN" übertragen. Während das *JA* für Bejahung und Konsens steht, verkörpert das *NEIN* Widerstand und Ablehnung. Somit wäre die Übertreibung von JA-Sagen die *Selbstverleugnung,* also anderen

Tab. 9.1 Differentielle Kommunikationsstile. (In Anlehnung an Schulz von Thun, 1989/1996)

	Kommunikationsstil	Sub-Konstrukte (Übertreibung)	Syndrom (Angst vor.)	Manifestation
1	Bedürftig – abhängig	Autonom vs. schwach (Selbstüberschätzung – Understatement)	Selbst-Verantwortung	Aufforderung zur Hilfeleistung („Hilf mir doch!")
2	Helfend	Fürsorge vs. Herausforderung (Erdrücken – Überforderung) Oder: Mitleid vs. Abgrenzung (zerfließen – gleichgültig)	Eigener Schwäche	„Von oben herab"
3	Selbstlos	Selbstbehauptung vs. Hingabe (herrschsüchtig – aufopfernd) Oder: Selbstbehauptung vs. Rücksichtsvoll (Rücksichtslos – Selbstverleugnung)	Eigenen Ambitionen und Ansprüchen	Unterwürfig Konfliktscheu („Wie soll ich bitte sein?")
4	Aggressiv – abwertend	Respekt verschaffen vs. Respekt erweisen (Arroganz – Anbiederung) Oder: Kritik üben vs. Anerkennung (Geringschätzung – Schmeichelei)	Unterlegenheit und Bloßstellung (bedingt durch Minderwertigkeitskomplex)	Projektion der verdrängten Schwächen auf andere und der Suche nach Schuldigen sowie „nach oben buckeln, nach unten treten"
5	Sich beweisend	Kooperation vs. Konkurrenzgehabe (Naivität – Rivalität) Oder: Kompetenz vs. Leistungsmängel (Angeberei – Selbstentwertung)	Versagen	Fassadenhaft „sich ins rechte Licht setzend"
6	Bestimmend – kontrollierend	Direktiv vs. Non-Direktiv (Penetranz – Abstinent)	Überraschung Kontrollverlust	Selbstgewissheit („Ich weiß es besser")
7	Distanzierend	Authentisch vs. abgrenzend (distanzlos – unnahbar)	Nähe und Abhängigkeit	Ambivalenz (hat Angst davor und zugleich Sehnsucht danach)
8	Mitteilungsfreudig – dramatisierend	Kommunikativ vs. schweigsam (redselig – verschlossen)	Bedeutungslosigkeit	Inszenierend Chauvinistisch

wider besserer Überzeugung zu Willen zu sein und ihnen bedingungslos zu folgen, und die Übertreibung für Widerstand wäre die Destruktion (Zerstörungswut) oder der unerbittliche *Kampf* gegen etwas, oder in der schlimmsten Form der Krieg.

Für die Gestaltung eines Mitarbeiter- oder Beurteilungsgespräches haben diese Kommunikationsstile eine funktionale Wirkung oder ein „Echo", auf das der Gesprächspartner in bestimmter Weise reagiert bzw. reagieren muss. Wenn der Vorgesetzte z. B. einen helfenden fürsorglichen Kommunikationsstil betreibt oder pflegt, werden MA, die eher unselbständig oder hilfsbedürftig sind, unweigerlich darauf anspringen und, wenn man so will, sich dazu komplementär verhalten und die Hilfe ihres Chefs gerne annehmen, da sie sich damit vor der Angst der Selbstverantwortung für ihr Verhalten entledigen oder befreien können. Auf der anderen Seite würde ein aggressiv-abwertender oder geringschätzender Kommunikations- oder Führungsstil häufig Konflikte mit den MA provozieren, da solch ein Führungsverhalten für die betroffenen MA unwürdig und nicht zu rechtfertigen ist. Die Konflikte oder Probleme wären für ein anstehendes Beurteilungsgespräch somit schon vorprogrammiert (s. auch Kap. 10).

9.2.3 Das Enneagramm

Manchmal ist es auch so, dass bestimmte Modelle oder Konzepte aus der wissenschaftlichen Forschung ein hohes Maß an Gemeinsamkeiten oder Ähnlichkeiten aufweisen. So könnte das vorgestellte Modell der „Differentiellen Kommunikationsstile" mit acht Varianten an das in der psychotherapeutischen Praxis und Seelsorge eingeführte Persönlichkeitsmodell einer Charaktertypologie, das insgesamt *neun* Charaktereigenschaften unterscheidet, erinnern. Aufgrund der neun Charaktertypen heißt dieses Modell auch Enneagramm (s. Tab. 9.2).

Auch dieses Modell differenzierter Charaktertypen verfolgt den Zweck, Menschen aufgrund ihrer (vermuteten) Persönlichkeitsausprägung in definierten sozialen Situationen oder Beziehungskonstellationen, wie z. B. in der Ehe, Partnerschaft oder am Arbeitsplatz, besser zu verstehen. Ein möglicher Ansatz wäre z. B. von der in diesem Modell inhärenten Typologie: *Herztypen* (Typ: Neun, Eins und Zwei), *Kopftypen* (Typ: Drei, Vier und Fünf) und *Bauchtypen* (Typ: Sechs, Sieben und Acht) auszugehen und als Ausgangspunkt für die weiteren Nachforschungen oder der Psychodiagnostik zu nutzen.

Personalexperten sowie Führungskräfte, die mit Personalbeurteilungen häufig zu tun haben, wären dann in der Lage, ihre lfd. Beobachtungen und Erfahrungen mit MA vor dem Hintergrund dieser persönlichkeitsspezifischen Schemata oder Kategoriensysteme zu deuten und zuzuordnen. Selbstverständlich gilt dies im Bedarfsfalle auch für die Selbsterkenntnis, zu welchem Kommunikationsstil oder Charaktertyp man selbst, also die Führungskraft als Beurteiler, tendiert. Auf einen Nenner gebracht, könnte sowohl die Führungskraft sich selbst als auch den zu beurteilenden MA einen der zur Auswahl stehenden Persönlichkeitstypen im Ansatz oder nur vermutlich zuweisen. Solch ein zugegebenermaßen nur erster und vorläufiger Erkenntnisgewinn ist besser als nichts! Aus dem Zusammen-

Tab. 9.2 Charaktertypen gemäß Enneagramm. (Aus Wienkamp, 2021, S. 177)

Charaktertyp	Wer bin ich?	Angstkomplex (Angst vor…)	Verhalten gegenüber anderen	Entwicklungspotenzial
Eins	• Idealist • Musterknabe • Perfektionist	Unvollkommenheit	• anklagend • nachtragend • selbstgerecht	≥mehr Gelassenheit
Zwei	• Wohltäter • Klammeraffe • Anbiederung	Einsamkeit und Ablehnung	• schmeichelhaft • gefällig • manipulierend	≥mehr Selbstbestimmung
Drei	• Erfolgssucher • Selbstdarsteller • Schönfärber	Versagen und Niederlagen	• dynamisch • nicht aufrichtig • oberflächlich	≥mehr Authentizität
Vier	• Exzentriker • Schizoider • Träumer	Konkurrenz und übersehen zu werden	• künstlich • aufgeblasen • neidisch	≥mehr Bodenständigkeit
Fünf	• Autarker • Erhabener • Krämerseele	Abhängigkeit und innerer Leere und den dabei aufkommenden Gefühlen	• unscheinbar • geschäftstüchtig • gefühlskalt	≥mehr aus sich heraustreten und leben
Sechs	• Sicherheitsfanatiker • Systemgläubiger • Selbstverleugner	Ungewissheit	• risikoscheu • misstrauisch • pessimistisch	≥mehr Mut
Sieben	• Lavierer • Genießer • Planer	Aussichtslosigkeit und innerer Abgründe (plus Seelenschmerz)	• narzisstisch • bequem • macht sich gerne etwas vor	≥mehr Realismus
Acht	• Sturkopf • Gerechtigkeitsfanatiker • Kämpfernatur	Schwachheit und Minderwertigkeit	unnachgiebig • rechthaberisch • einschüchternd	≥mehr Toleranz (und Barmherzigkeit)
Neun	• Konfliktvermeider • Dünnbrettbohrer • Wankelmütiger	Position zu beziehen (und sich zu zeigen)	• träge • profillos • naiv	≥mehr Selbstvertrauen

spiel unterschiedlicher Kommunikationsstile oder Charaktertypen können sich dann besondere soziale Prozesse oder Beziehungs- oder Kommunikationsmuster ergeben, die für die Führung von Mitarbeiter- oder Beurteilungsgesprächen aufschlussreich und interessant sind. Nebenbei gilt dies auch für die Zusammensetzung von Teams oder Projektgruppen, deren gegenseitige Arbeitsbeziehungen ebenso von den einfließenden Kommunikationsweisen oder Persönlichkeitsausprägungen der Teammitglieder abhängen, sich idealerweise ergänzen sollten und deshalb nach Möglichkeit vorher bekannt und zu diagnostizieren sind (s. hierzu auch Abschn. 6.3). Zur praktischen Anwendung eines Enneagramms wäre z. B. die nachfolgende Vorgehensweise als Raster und „Fahrplan" zu empfehlen (in Anlehnung an Wienkamp, 2021, S. 181 f.):

1. Zum Einstieg
   – Sammlung von Informationen über die neun Typen
   – Erstellung eines ungefähren Verhaltensprofils unter besonderer Beachtung der Unterschiede zwischen den Charakteren (vgl. Tab. 9.2)
2. Auswahl bzw. Identifikation mit einem Enneagramm-Typ gemäß eingeschätzter aktueller Lebenssituation (als Bezugspunkt) entweder durch
   – Wahl eines (vorläufigen) „Favoriten"
   – Erstellung einer Rangreihe (nach Relevanz)
   – Verwendung eines Kategorienschemas, wie z. B.
   – könnte zutreffen
   – weiß nicht?
   – trifft eher nicht zu
3. Überprüfung der Auswahl o. dgl. durch Einholung einer „Zweiten Meinung", entweder durch
   – Test (z. B. „Enneagramm-Typen-Test" von Becker, 2018)
   – Fremdbild (z. B. vom Ehepartner, Freund, Berater etc.)
4. Vergleich der Ergebnisse aus Schritt 2. und 3. und, soweit möglich, Klärung der Abweichungen
5. Neubewertung der Identifikation oder Auswahl nach Überprüfung der Verhaltensbeschreibungen z. B. in der einschlägigen Literatur (z. B. für die Arbeitswelt Palmer, 2000) auf Plausibilität und Angemessenheit bei den infrage kommenden Typen.

Weitere Informationen und Erläuterungen zu diesem Charaktermodell sind bei Wienkamp (2021, S. 174 ff.) inkl. zusätzlicher Primärliteratur und Testanwendung zu entnehmen.

9.3   Methodik und Anwendungen aus der Psychologie

Ohne ausgebildeter professioneller Psychotherapeut zu sein, lassen sich doch einige nützliche Methoden und Hilfskonstruktionen aus psychotherapeutischen Verfahren zur Gestaltung von Kommunikationsprozessen und zwischenmenschlichen Beziehungen insbesondere in problematischen Situationen übernehmen und soweit möglich nutzen. Stellvertretend für viele Therapieschulen sei hier auf die *Systemische Psychotherapie,* Therapien, die sich besonders *Imaginationen,* wie Phantasien, Träume oder sonstige gedankliche Vorstellungen wie z. B. Bilder als Werkzeug bedienen, und auf die *Gruppendynamik* im Hinblick auf die Beurteiler Schulungen exemplarisch verwiesen.

Diese aus der psychologischen Beratung und Therapie stammenden Ansätze und Verfahrensweisen dienen bei der Personalbeurteilung vor allem einer gelungenen Gesprächsführung und dem Verstehen und ggf. Mitfühlen des Kontrahenten. Verstehen ist die wichtigste Voraussetzung, eine angemessene und realitätsgerechte Leistungs- und Verhaltensbeurteilung zu erreichen, die auch der beurteilte MA akzeptieren kann.

„Fragen kann nicht schaden", so könnte eine allgemeine Floskel lauten, an die sich auch bestimmte therapeutische Schulen halten und sie zum Grundprinzip ihres Tuns oder ihrer Vorgehensweise erklärten oder erkoren.

Die Systemische Psychotherapie ist z. B. eine explorative Therapieform, indem sie versucht durch hypothetische („zirkuläre") Fragen „neue Wirklichkeitsräume" (Mücke, 1998, S. 17) zu erschließen oder zu erschaffen, streng eingebunden in dem Erlebnisraum oder dem sozialen Kontext des Klienten.

Ein Kunstgriff ist vor allem das (übertriebene) Abstrahieren, oder das bewusste Herstellen von Unterschieden, um die Problematik zu konkretisieren oder besser zu kontrastieren, also „auf den Punkt zu bringen" und daran zu arbeiten. Abwehrhaltungen oder Widerstände lassen sich durch diese kommunikative Intervention gekonnt umgehen oder „aus den Angeln heben".

Im Unterschied zu problemorientierten Fragen, die Schuldgefühle erzeugen und implizieren und für den Befragten konfrontativ oder sogar peinlich sind, weil sich das Individuum vorher wahrscheinlich falsch verhalten hat, eröffnen zirkuläre Fragen einen Perspektivenwechsel, wenn z. B. gefragt wird: *„Was würde z. B. Ihr Kollege dazu sagen?"*, und stellen bisher geglaubte Ursache-Wirkungs-Zusammenhänge infrage. Gern nutzen Therapeuten auch die „Wunderfrage": *„Stellen Sie sich vor, Sie werden morgens wach, und das Problem ist nicht mehr da. Was wäre dann?"*. All diese Interventionen bedienen sich primär zunächst den zur Problematik *alternativen* Vorstellungsbildern oder Imaginationen, bevor sie in die Realität eintauchen und Wirklichkeit werden.

Imaginationen als symbolhafte gedankliche Konstruktionen ziehen sich durch die „Therapieszene" von der Psychoanalyse bis zur Verhaltenstherapie (vgl. Singer, 1978; Singer & Pope, 1986a, b). Sie sind als Phantasien, Träume oder sonstige gedankliche Vorstellungen, wie z. B. Bilder als Hilfsmittel oder „Werkzeuge" einer Psychotherapie, nicht wegzudenken und auch nicht zu entbehren.

Für die Kommunikation sowie auch in Mitarbeiterbeurteilungsgesprächen ist es wichtig, anzuerkennen, dass mithilfe der einen oder anderen hier vorgeschlagenen Technik (wie z. B. zirkuläre Fragen stellen, Übertreibungen bewusst einbringen oder hervorheben) der Kommunikationsprozess zu beiderseitigem Vorteil bewusst belebt und weitergebracht werden kann und es die Möglichkeit eröffnet, bislang gewohnte und liebgewonnene Rollen- oder Verhaltensmuster (Rituale) aufzugeben und zu verlassen, um sich neuen Einsichten zu öffnen (und damit einen neuen Gleichgewichtszustand zu erreichen). Auch eine Führungskraft in der Rolle des Beurteilers kann sich dieser bewährten „Psychotechniken" bedienen, ohne gleich geschulter und erfahrener Therapeut sein zu müssen!

Wer sich mit Gruppendynamik beschäftigen will, kommt an Peter Hofstätter (1957/1971) mit seinen erkenntnisreichen sozialpsychologischen Konzepten und zitierten Befunden aus klassischen Experimenten zur Gruppendynamik in der Sozialpsychologie (wie z. B. die von Sherif und Asch), zumindest im deutschsprachigen Raum, nicht vorbei. Kennzeichnend für eine Gruppe ist die funktionale Ordnung in Form von Rollenverteilungen oder Aufgabenzuweisungen bzw. Funktionen. In dieser Hinsicht grenzt sich eine Arbeitsgruppe, die dem utilitaristischen Prinzip folgt, von anderen Gruppierungen wie ein Fanclub oder eine Familie ab (vgl. Nijstad & Van Kippenberg, 2014, S. 442).

Bei der Beurteilung von Sachverhalten oder Situationen gehen Gruppen lt. Hofstätter (1957/1971, S. 57 ff.) auf zweierlei Weise vor: Entweder suchen und finden sie eine verbindliche Bezugsnorm, indem sie z. B. sich gegenseitig beobachten und ihre Leistung miteinander vergleichen, um sich in ihren Erwartungen anzunähern oder abzustimmen, oder sie bewegen sich *stillschweigend* in ihren Urteilen nach vorherigen Diskrepanzen aufeinander zu und verkleinern merklich die Streuung in den Einschätzungen. Motiv für dieses Verhalten könnte die Angst vor sozialer Isolation sein, oder der Wunsch nach einem harmonischen Gleichgewicht, was die Überwindung von Differenzen bedingt bzw. voraussetzt.

In Anspielung an die experimentellen Erkenntnisse zur Urteilsbildung unter Unsicherheit und der zwangsläufigen Orientierung an „soziale Normen" durch *Bestimmung* (z. B. durch die innerhalb einer Gruppe vorgegeben Sichtweisen oder Urteile der Majorität) darf zunächst einmal gefolgert werden, dass Individuen nicht nur im Beisein anderer Personen Konformitätsverhalten mangels objektiver Entscheidungs- oder Bewertungskriterien zeigen, sondern sich auch gedanklich einer *imaginierten* Bezugsnorm anschließen können. Solch eine Situation wäre z. B. bei einer Mitarbeiterbeurteilung gegeben, wenn der Beurteiler eine bestimmte Merkmalsausprägung als allgemeingültigen Beurteilungsstandard der Organisation stillschweigend voraussetzt (imaginiert) und annimmt, dass alle Beurteiler dies so sehen und sich daran orientieren, ohne das es jemals einen Beweis dafür gab. Allenfalls gab es vielleicht Indizien oder Anhaltspunkte für interindividuelle Beurteilungsmaßstäbe entweder durch zwanglose Gespräche oder durch einen ernsthaften Meinungsaustausch auf bilateraler oder multilateraler Basis.

Unstrittig ist demnach auch die Tatsache, dass die Akteure in einem Beurteilungsgespräch nicht vollkommen frei von *äußeren* Einflüssen sind und dem Vorgesetzten als Beurteiler aller Wahrscheinlichkeit nach die Organisation bzw. die Unternehmensleitung mit bestimmten Erwartungen „im Nacken sitzt" als wenn, bildlich gesprochen, irgendein anderer Vertreter der Organisation stillschweigend dem Gespräch beiwohnt und *indirekt* auf den Verlauf Einfluss nimmt. Beurteiler könnten somit das Gefühl haben, sie werden von einer „außenstehenden Macht" kontrolliert – und handeln, also beurteilen, unter Berücksichtigung solcher angenommenen oder imaginativen Erwartungen danach. Der beurteilte MA ist ebenso nicht komplett unabhängig in dieser Situation, da z. B. der Ehepartner oder die Familie ihn mit ihren Gedanken beim Beurteilungsgespräch begleiten und später sicherlich danach fragen, wie es gewesen ist. Sich dieser indirekten Beeinflussungen entledigen zu können, wäre schon vermessen, das anzunehmen oder zu behaupten.

Ähnlich wie in einer Kleingruppe durch die anwesenden Gruppenmitglieder könnte der Vorgesetzte des MA sowohl sein persönliches „Fremdbild" als auch zusätzlich das wahrgenommene (Fremd-) Bild aus der Arbeitsgruppe zum Auftreten und Verhalten des zu beurteilenden MA skizzieren und versuchen, den Beurteilten bestimmte Sichtweisen von anderen Personen verständlich zu machen, die er (oder sie) nach einigem Nachdenken und emotionaler Verarbeitung auch akzeptieren kann. Im Ergebnis würde solch ein dynamischer kommunikativer Prozess eine sogenannte „kognitive Um- oder Neustrukturierung" (s. Sader, 1972) veranlassen und bewirken, indem der MA sein bisheriges Verhalten ändert und an sein modifiziertes neues Selbstkonzept anpasst.

Umgekehrt kann auch der zu beurteilende MA die Arbeitsgruppe oder einzelne Gruppenmitglieder als Vehikel seiner Interessen und Meinungen bzw. als Projektionsfläche seiner Beschwerden o.ä. einspannen, indem er (oder sie) auf bestimmte Kollegen oder Kolleginnen – oder auf das Team als Ganzes – verweist, wenn manche oder bestimmte Teammitglieder z. B. einer optimalen Entfaltung seiner Leistungsfähigkeit entgegenstehen und ihn (oder sie) durch fehlende Kooperation daran hindern. Bei solchen Klagen des MA wäre seine (oder ihre) Führungskraft im Beurteilungsgespräch der natürliche Adressat, sich um seine (oder ihre) vorgetragenen Anliegen zu kümmern.

In dem hier skizzierten „offenen sozialen System" von Führungskraft, MA und Team sind die Systemgrenzen zwischen *innen* (wie die eigene Gefühlswelt) und *außen* (die Gruppe oder das Umfeld der Gruppe) fließend und sie machen auch vor einem „Vier-Augen-Gespräch" als Mitarbeiterbeurteilungsgespräch nicht halt. Hinzu kommt noch, dass der Vorgesetzte als Führungskraft dem Führungskader der Organisation (als eigenes Subsystem) angehört und die in dieser Organisation geltende Führungsphilosophie vertreten und exekutieren muss, worauf schon hingewiesen wurde.

Unterstützung könnten Sensitivität und Verhaltensänderungen innerhalb eines gruppendynamischen Settings oder auch in einem bilateralen Gespräch durch ein einfaches *Feedback* finden. „Es besteht (nämlich) eine Wechselbeziehung zwischen subtiler Auffassung des Verhaltens eines Gegenübers und der Fähigkeit, sich etwas sagen zu lassen" (Däumling, 1968/1981, S. 147). Voraussetzung hierfür ist, dass emotionale Blockaden und Hindernisse aufgrund von Ängsten abwehrenden Mechanismen abgebaut werden, die einer subtilen Sozialwahrnehmung im Wege stehen. Durch das (z. B. in einem Sensitivitäts-Training erzeugte) Gefühl, angenommen zu werden, verlieren die sozialen Ängste allmählich ihren Schrecken und ihre Funktion. Spontan auftretende Triebansprüche oder Ambitionen sowie Abwehrhaltungen sind nämlich für eine Befangenheit z. B. aus Angst verantwortlich, dass das eigene und fremde Verhalten nicht feinjustiert und nicht aufeinander abgestimmt werden. Befangenheiten, egal aus welchem Grund, verhindern z. B. aufmerksames Zuhören, sodass das eigentlich Gemeinte nicht verstanden wird bzw. erst gar nicht beim Zuhörer ankommt (vgl. Däumling, 1968/1981, S. 149 ff.).

9.4 Von der psychoanalytischen Gruppentherapie zur „Themenzentrierten Interaktion (TZI)" als probates Konzept für eine Beurteiler Schulung

Ruth Cohn (z. B. 1981, 1983) entwickelte auf der Basis ihrer Erfahrungen mit psychoanalytischen Gruppentherapien (s. z. B. Grinberg et al., 1971) und erlebnis- oder gestalttheoretischen Ansätzen, z. B. für die Ausbildung und Schulung von angehenden Gruppentherapeuten, das Konzept der „Themenzentrierten Interaktion (TZI)", das insbesondere sich den pädagogischen Herausforderungen normaler (also nicht psychisch gestörter) Klienten annimmt.

Zwischenmenschliche oder soziale Probleme, wie z. B. bevorstehende wichtige Veränderungen in meinem Leben und deren Bewältigung, lassen sich auch als ein Thema formulieren, zu dem die Gruppenmitglieder unterschiedliche und auch unterschiedlich ausgeprägte Erfahrungen in der Vergangenheit oder aktuell gemacht haben. Jeder Teilnehmer als Person (dem ICH) bietet seine oder ihre Erfahrungen (zum THEMA oder dem ES) der Gruppe (dem WIR) an und fordert gleichzeitig nach dem Prinzip „Geben und Nehmen" von den anderen Gruppen- mitgliedern ihre aufrichtige Meinung bzw. ihre persönlichen Erfahrungen ein. Da die Gruppe (sowie auch der Gruppenleiter) der „Resonanzboden" oder Spiegel für die vorgetragenen Meinungsbilder ist und absolute Ehrlichkeit und Aufrichtig- keit eine der Grundbedingungen dieser Methode sind, soll das Gruppen-Feedback dazu verhelfen, die aller Wahrscheinlichkeit zutreffende Realität oder persönliche Wirkung des Gruppenmitgliedes auf die anwesenden Teilnehmer zu verdeutlichen und seine oder ihre Selbsterkenntnis fördern.

Neben diesem Dreiecksverhältnis der „*ICH-WIR-ES – Beziehung*" tritt auch noch die Umgebung als äußere Hülle (oder dargestellt als Kugel) hinzu, die die Beziehungen innerhalb des Dreiecks zwischen der Person (ICH), der Gruppe (WIR) und dem Thema (ES) von außen beeinflusst (s. Abb. 9.1 mit dem für die TZI bekanntem Symbol – z. B. aus dem Internet unter dem Suchbegriff „TZI"; oder als Figur aus wahrnehmungs- und gestaltpsychologischen Experimenten, s. Hebb, 1949, S. 103).

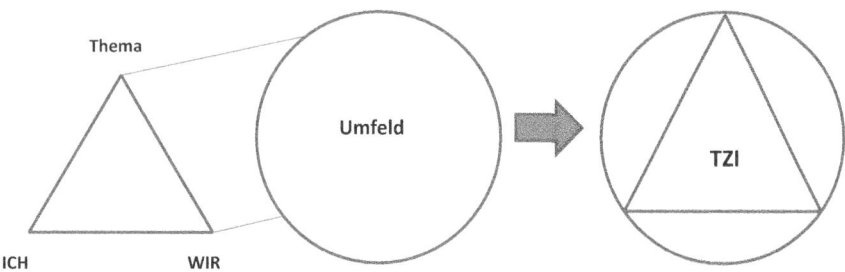

Abb. 9.1 Dreiecksverhältnis

Von der Psychoanalyse grenzt sich die TZI insoweit ab, da es bei dieser Methode nicht oder weniger darum geht, Übertragungsphänomene, wie schwerwiegende persönliche Probleme oder Konflikte aus der Vergangenheit (z. B. mit Bezugspersonen wie einem Elternteil in der Kindheit) mithilfe des Therapeuten durch Übertragung und Gegenübertragung zu bearbeiten und zu lösen, sondern es werden aktuell zu beobachtende Reaktionen gegenüber der Gruppe wahrgenommen, aufgegriffen und in ihrer Wirkungsweise an die Person durch Rückmeldung zurückgespielt. Bei einem Feedback der Gruppe, das sich auf die aktuelle Situation bezieht, lässt sich die Auseinandersetzung mit den ansonsten zu erwartenden Widerständen und Abwehrhaltungen der „Konfliktperson" aufgrund des im Unterbewusstsein verborgenen und tabuisierten Problems (oder „Ur-Konflikt") umgehen. In dieser erlebnisorientierten Behandlung von möglicherweise aus der frühen Vergangenheit stammenden Probleme ähnelt die TZI der Gestalttherapie, die ebenfalls nach dem Prinzip des „Hier und Jetzt" die aktuell gezeigten Reaktionen oder verbalen Aussagen aufgreift und sich auf die damit verbundenen Emotionen fokussiert und, wenn man so will, sie einer Bearbeitung, z. B. durch ein Rollenspiel, zuführt. Gerade bei angehenden Gruppentherapeuten (oder auch Pädagogen o. ä.) geht es vornehmlich darum, ihre *Intuition* bei zwischenmenschlichen Interaktionen zu schulen und zu üben. Dieses Lernziel lässt sich im Grunde auf alle Individuen übertragen, die berufsmäßig Verantwortung für andere Personen bzw. für die Gestaltung der zwischenmenschlichen Beziehungen übernommen haben und ausgesetzt sind (wie z. B. Führungskräfte in Organisationen). Von daher wäre es ausgesprochen sinnvoll, wenn z. B. bei der Durchführung von Beurteiler Schulungen (s. Abschn. 8.3) gerade die Intuition der Führungskräfte im Hinblick auf die Personenbeurteilungen systematisch geschult und trainiert würde. Ein Curriculum für ein Beurteiler Seminar könnte z. B. nach dem Modell der TZI wie folgt aussehen (s. Tab. 9.3):

Um es mit den Worten von Ruth Cohn (1983, S. 134) zu sagen, dient die Schulung der Intuition dazu, sie in ihrer „Plötzlichkeit und Gewissheit, ohne bewusstes Wissen um ihre Herkunft (anzunehmen und zu verstehen) Intuition kann Erkenntnis, Interpretation oder Vorahnung sein....Es gibt keine falsche Intuition; es gibt nur Intuition oder Irrtum". Daher erfüllt eine Schulung der Intuition den Zweck, über die kontinuierlich gesammelten Beobachtungen und Erfahrungen die unmittelbar auftretende intuitive Wahrnehmung oder Eindrucksbildung zu einer „Gestalt" (vor passendem Hintergrund) zu formen und ein ganzheitliches Muster oder Struktur zu erkennen. Intuition bedeutet, Zusammenhänge zu erkennen, Schritte vorauszusehen und Gefühle anderer Menschen wahrzunehmen und aus ihren verbalen Äußerungen den wahren Kern oder das eigentlich gemeinte Anliegen als richtige und wichtige Signale zu erfassen (vgl. Cohn, 1983, S. 138). Intuition ist auch die Voraussetzung, um einen kommunikativen, interaktiven Prozess zu steuern. Wie bei der Gestaltung von interpersonalen Beziehungen (s. Kap. 7) geht es auch hier um die Erreichung einer kognitiv-emotionalen Balance zwischen den beteiligten „Eckpunkten" des TZI-Dreiecks. Nur kommt hier ein Gleichgewicht durch ein Ausbalancieren oder durch einen Ausgleich bei entweder *zu viel* oder *zu wenig* Engagement zustande, und nicht,

Tab. 9.3 Beurteiler Seminar zur Schulung der Intuition gemäß „Themenzentrierter Interaktion"

Nr.	TOP	Operationalisierung	Anmerkung
1	Lernziel	Schulung und Training der *Intuition* für individuelle Probleme und daraus resultierenden Interaktionen	
2	Gruppe	Ca. 8 bis 16 Teilnehmer mit der Möglichkeit von Kleingruppenarbeit, um „zwischenmenschliche Komplikationen sichtbar zu machen"	Zitat s. Cohn (1983, S. 112)
3	Methodik gemäß TZI	1. Einsatz von: • psychoanalytischen Techniken zwecks Deutung von Beobachtungen • gestalttherapeutischen Techniken, um sich in Gefühle und körperliche Symptome zu vertiefen und auf diese Weise Probleme zu bearbeiten • erlebnisorientierte („experiental") Techniken auf der Basis des „Hier & Jetzt" Prinzips sowie Gruppen-Feedback 2. Dreiecksbeziehung von *ICH-WIR-ES* systematisch unter Berücksichtigung der *Außenwelt* (z. B. hier Gruppensituation) behandeln und versuchen, eine *dynamische Balance* herzustellen 3. Schweigen – Nachdenken – Reden als Sequenzen und Interventionen 4. *Empathie* vor Feedback entwickeln (und üben) als Voraussetzung für Intuition in der Wahrnehmung und Urteilsbildung	
4	Themen (= ES)	1. Beispiele: • Angemessener Umgang mit Kritik (oder: „Wie sage ich es dem Mitarbeiter?") • Veränderungen oder Herausforderungen im (Berufs-) Leben meistern • Warum Führungskraft? usw. 2. Voraussetzungen: • Interesse an dem Thema • Eigene Erfahrungen mit aktueller Situation (in der Gruppe) verbinden	Lt. Cohn sollte das Thema immer positiv ambitioniert formuliert sein
5	Regeln	1. Das, was ich von anderen erwarte und hören will, werde ich auch selbst einbringen und kommunizieren („Geben und Nehmen") 2. Ich bestimme selbst mein Verhalten (bin mein eigener Herr) und bringe mich selbst als Person (ICH) ein 3. Nur einer spricht (ausreden lassen und zuhören) 4. ehrliches und in der Form für andere akzeptables Feedback geben 5. Störungen haben Vorrang	

(Fortsetzung)

Tab. 9.3 (Fortsetzung)

Nr.	TOP	Operationalisierung	Anmerkung
6	Maßstäbe bzw. Erfolgs- kriterien	Intuition als zu lernende Fähigkeit setzt voraus, dass • Empathie gelebt und praktiziert wird; • Sensibilität für versteckte Signale oder Muster vorhanden ist oder entfaltet wird; • eigene Ambitionen oder Gefühlsregungen kurz- zeitig zurückgestellt werden und nicht ablenken; • ein Gespür von Ungleichgewichtszuständen im Kommunikations- und Interaktionsprozess erkannt und dagegen angegangen wird (das betrifft primär den Gruppenleiter)	

wie bei der Balancetheorie, durch eine Beseitigung von Widersprüchen oder radikalen Meinungsänderungen als empfundene Disharmonie. Das Thema ist darüber hinaus das „Bindemittel", das die Akteure zusammenhält und den Kommunikations- bzw. Interaktionsprozess bestimmt.

Voreingenommenheit oder Selbstbezogenheit stehen diesem Erkenntnisprozess diametral im Wege, da sie die intuitive Wahrnehmung behindern und von der „zu identifizierenden Gestalt" ablenken. Eher kommt es auf die sogenannte Empathie an, also auf die Fähigkeit, sich in die Gefühlswelt anderer Personen zu begehen bzw. hineinzuversetzen, als wäre es die meine.

In gruppentherapeutischen sowie TZI-Sitzungen hat daher der Gruppen-leiter die Aufgabe, für eine ausreichende Balance im „ICH-WIR-ES – Dreieck" zu sorgen und bei einem Übergewicht eines Elementes gegenzusteuern, um das Gleichgewicht wiederherzustellen. Falls z. B. ein Gruppenmitglied nur (oder zu viel) über sich selbst spricht, hat er zu intervenieren und z. B. andere Teilnehmer stärker einzubeziehen und nach ihren Erfahrungen zu fragen oder stärker das aktuelle Thema wieder in den Vordergrund zu stellen.

Ähnlich könnte auch die (geschulte) Führungskraft in der Beurteilungssituation agieren, wenn z. B. ein MA nur seine Sichtweise betont und er (oder sie) den MA als Gegenreaktion mit anderen, davon abweichenden Ansichten konfrontiert und neue Perspektiven ins Spiel bringt, um auf einer anderen Ebene versuchs-weise zu einem Konsens oder Gleichgewicht zu kommen. Einseitigkeiten oder Verabsolutierungen von Meinungsbildern ist stets entgegenzuwirken, um ein aus-geglichenes Spiel der Kräfte zu erreichen und der „ungeschminkten" Realität zum Durchbruch zu verhelfen.

9.5 Resümee

Mit der Kommunikation und Gesprächsführung ist das so eine Sache, vor allem, wie bei Beurteilungsgesprächen, wenn für die Beteiligten viel auf dem Spiel steht. Um Missverständnissen oder sogar Missgriffen, die dann zu erheblichen

Konflikten oder Problemen führen können, vorzubeugen oder zu vermeiden, sind adäquate Maßnahmen im Rahmen der Vorbereitung auf diese Gespräche unumgänglich und zu ergreifen, wie es bereits im vorherigen Kap. 8 ausführlich besprochen wurde.

Auf was die Beurteiler als zuständige Führungskräfte dabei in ihrer Rolle als sowohl Sender als auch Empfänger von Ich- bzw. Du-Botschaften beachten sollten, wurde unter Berücksichtigung möglicher Kommunikationsschwierigkeiten bzw. Kommunikationsfallen und der falschen Einschätzung von ihren Wirkungen auf den jeweils anderen Gesprächspartner eingehend erläutert.

Wertvoll kann auch das Vorgesetzten-Feedback durch die beurteilten MA sein, wenn neue Ideen zur Arbeitsorganisation geäußert werden und die MA einmal in Gedanken „den Stuhl ihrer Führungskraft" einnehmen würden und sozusagen aus dieser Perspektive die Arbeitswelt und das Geschehen in der Organisation betrachten.

Unterstützung könnte im Rahmen der Vorbereitung und Gesprächsführung ein Beurteiler auch durch die Beiträge der psychologischen Forschung finden, die sich als Kommunikations- und Persönlichkeitsmodelle bereits in der Wissenschaft und Praxis etabliert und häufig bewährt haben. Für ihn oder sie wäre wichtig zu erkennen, welche Ausgangssituation für das Beurteilungsgespräch gegeben ist und auf welche Bedingungen er oder sie im Hinblick auf den Gesprächspartner treffen. Um ein stimmiges Bild zu schaffen, müssen die einzelnen „Zutaten" der Gesprächs- teilnehmer wie bei einem Puzzle-Spiel zusammenpassen und harmonieren.

Führungskräfte in Organisationen müssen nicht unbedingt psychotherapeutisch geschult sein, um die Kommunikation und die Beziehung zu ihren Mitarbeitern bestmöglich zu gestalten. Dennoch kann es nicht schaden, den „Psychoexperten" der verschiedensten Therapieschulen über die Schulter zu sehen und ihnen einige Kniffe und Tricks abzugucken und zu übernehmen. Verblüffend ist, wie einfach und handhabbar manche Techniken, wie die „richtigen" Fragen zu stellen, mit gedanklichen Vorstellungen zu arbeiten usw. sind, um insbesondere die Intuition für die Kommunikation mit anderen Menschen zu entwickeln und zu schärfen. Nicht zu vergessen ist, dass auch Beurteilungsgespräche als „Vier-Augen- Gespräche" eingebettet sind in ein soziales Umfeld und hierdurch zumindest indirekt beeinflusst werden.

Führungskräfte können daher für die Gestaltung von Mitarbeiterbeurteilungs- gesprächen von den „Psychospezialisten" aus den verschiedensten Therapie- schulen einiges lernen und in der Praxis anwenden. Insbesondere kommt es beim Beurteilungsgespräch darauf an, den MA zu erreichen und seine oder ihre Lage zu verstehen. Das „Rüstzeug" ist hierfür eine gut ausgebildete und geschärfte Intuition für soziale interpersonale Interaktionen und Prozesse, die vor allem ein Gespür für emotionale Befindlichkeiten und Empathie entwickelt, also Situationen so zu sehen und nachzuempfinden, wie der Gesprächspartner sie erlebt hat. Beurteiler Schulungen nach dem Muster der „Themenzentrierten Interaktion (TZI)" wären deshalb ein probates Mittel, die Intuition als Voraussetzung für eine richtige realitätsgerechte Wahrnehmung, emotionales Verständnis und Beurteilung sozialer Interaktionen und zwischenmenschlicher Beziehungen zu schulen.

Literatur

Becker, M. (2018). *Enneagramm-Typen-Test* (18. Aufl.). Claudius.

Berne, E. (2006). *Spiele der Erwachsenen. Psychologie der menschlichen Beziehungen* (6. Aufl.). Rowohlt.

Cohn, R. C. (1981). Das Thema als Mittelpunkt interaktioneller Gruppen. Eine Modifikation gruppentherapeutischer Technik zum Zwecke der Führung von Erziehungs- und anderen Kommunikationsgruppen In P. Kutter (Hrsg.), *Gruppendynamik der Gegenwart*, Wege der Forschung, Bd. 543 (S. 156–165). Wissenschaftliche Buchgesellschaft (Erstveröffentlichung 1969/1970/1975).

Cohn, R. (1983). *Von der Psychoanalyse zur themenzentrierten Interaktion: Von der Behandlung einzelner zu einer Pädagogik für alle* (6. Aufl.). Konzepte der Humanwissenschaften. Klett-Cotta.

Däumling, A. M. (1981). Sensitivity training. In P. Kutter (Hrsg.), *Gruppendynamik der Gegenwart*, Wege der Forschung, Bd. 543 (S. 133–155). Wissenschaftliche Buchgesellschaft (Erstveröffentlichung 1968/1973).

Grinberg, L., Langer, M., Rodregue', E. – Herausgegeben und eingeleitet von Werner W. Kemper (1971). *Psychoanalytische Gruppentherapie. Praxis und theoretische Grundlagen*. Geist und Psyche. Kindler.

Hebb, D. O. (1949). *The organization of behavior. A neuropsychological theory*. Wiley.

Hofstätter, P. R. (1971). *Gruppendynamik. Kritik der Massenpsychologie*. Durchgesehene und erweiterte Neuauflage. Rowohlt (Erstveröffentlichung 1957).

McGregor, D. (1962). An easy look at performance appraisal. In T. L. Whisler & S. F. Harper (Hrsg.), *Performance appraisal, research and practice* (S. 71–78). Holt, Rinehart and Winston. (Erstveröffentlichung 1957).

Mücke, K. (1998). *Systemische Beratung und Psychotherapie – Ein pragmatischer Ansatz*. Klaus Mücke Öko Systeme Verlag.

Nijstad, B. A., & Van Knippenberg, D. (2014). Gruppendynamik. In K. Jonas, W. Stroebe, & M. Hewstone (Hrsg.), *Sozialpsychologie* (6. Aufl., S. 439–467). Springer.

Palmer, H. (2000). *Das Enneagramm in Liebe und Arbert*. Knaur.

Rao, T. V. (2004). *Performance management and appraisal systems. HR tools for global competitiveness*. Response Books.

Sader, M. (1981). Methoden und Techniken der Gruppendynamik. In P. Kutter (Hrsg.), *Gruppendynamik der Gegenwart*, Wege der Forschung, Bd. 543 (S. 107–123). Wissenschaftliche Buchgesellschaft (Erstveröffentlichung 1972).

Schulz von Thun, F. (1991). *Miteinander reden 1. Störungen und Klärungen*. Allgemeine Psychologie der Kommunikation. Rowohlt (Erstveröffentlichung 1981).

Schulz von Thun, F. (1996). *Miteinander reden 2. Stile, Werte und Persönlichkeitsentwicklung*. Differentielle Psychologie der Kommunikation. Rowohlt (Erstveröffentlichung 1989).

Singer, J. L. (1978). *Phantasie und Tagtraum. Imaginative Methoden in der Psychotherapie*. Leben lernen 37. Pfeiffer.

Singer, J. L., & Pope, K. S. (Hrsg.). (1986a). *Imaginative Verfahren in der Psychotherapie*. Jungfermannsche Verlagsbuchhandlung.

Singer, J. L., & Pope, K. S. (1986b). Anwendung der Imaginations- und Phantasietechniken in der Psychotherapie. In J. L. Singer & K. S. Pope (Hrsg.), *Imaginative Verfahren in der Psychotherapie* (S. 13–48). Jungfermannsche Verlagsbuchhandlung.

Stevens, J. O. (1984). *Die Kunst der Wahrnehmung. Übungen der Gestalttherapie* (8. Aufl.). Kaiser.

Watzlawick, P. (2010). *Anleitung zum Unglücklich sein* (16. Aufl.). Piper.

Watzlawick, P., Beavin, J. H., & Jackson, D. D. (1982). *Menschliche Kommunikation. Formen, Störungen, Paradoxien* (6. Aufl.). Huber.

Wienkamp, H. (2017). *The influence of incentive motivation and risk tolerance on risky decisions. An empirical study to show how direct effects from these psychological constructs and indirect effects from two mediators connected with risk, influence decision in ambivalent situations.* A thesis submitted for the degree of Ph. D., University of Nicosia, Department of Psychology.

Wienkamp, H. (2020). The influence of incentive motivation and risk tolerance on risky decisions. *Advance Research in Psychology, 1,* 1. https://doi.org/10.46412/001c.13098.

Wienkamp, H. (2021). *Psychologische Anforderungsanalysen. Anforderungsprofile für Management, Arbeit und Business.* Springer.

Wienkamp, H. (2022). *Manipulation als System. Über die bekannten und verborgenen Seiten systematischer Beeinflussungen.* Essentials. Springer.

Konfliktfelder und Konfliktlösungen

10

Zusammenfassung

Ach, was wäre doch das Leben langweilig, gäbe es keine Konflikte! So oder so ähnlich könnte die (vermeintliche) Meinungsbildung in einem Betrieb aussehen. Nicht nur bei der Personalbeurteilung können aus unterschiedlichsten Gründen Konflikte auftreten. Ob und wie sie zu beheben sind, hängt sehr viel von der herrschenden Organisationskultur und vom Verhalten der Führungskräfte als ihr ausführendes Organ gegenüber ihren Mitarbeitern oder Mitarbeiterinnen als auch untereinander ab. An welche Konfliktherde und ihre Ursachen primär zu denken sind und was idealerweise zu tun ist, um sie zu lösen, bedarf der Diskussion. Besonders sollten sich die Konfliktparteien vor „faulen Kompromissen" und scheinbaren Friedens- oder Konfliktlösungen hüten, die dann doch nicht akzeptiert werden und weiterhelfen. Ideal wäre es, eine „Win-Win-Situation" zu erreichen. Bei schnellen und unzureichend behandelten Konflikten kann es auch passieren, dass nur das vordergründige Problem diskutiert wird und eben nicht das eigentliche Problem oder die verursachenden Hintergründe.

Streit tritt in den unterschiedlichsten sozialen Konstellationen auf, ob nun auf weltpolitischer oder globaler Ebene oder in kleineren Gemeinschaften wie Familien, Organisationen oder Arbeitsgruppen, wo sich Probleme, Missverständnisse u. ä. dann als Konflikte zwischen den Menschen entpuppen und ausarten können. Unter strukturellen Gesichtspunkten folgen Konflikte sowohl einem TOP-DOWN als auch BOTTOM-UP Ansatz, d. h., ein personalisierter interindividueller Konflikt zwischen zwei Personen kann sich wie ein Lauffeuer ausbreiten und zum Flächenbrand werden und sogar ganze Länder oder Staaten in Geiselhaft nehmen. Oder anders herum, Konflikte zwischen Gemeinschaften oder Gruppen

© Der/die Autor(en), exklusiv lizenziert an Springer-Verlag GmbH, DE, ein Teil von Springer Nature 2022
H. Wienkamp, *Strategische Personalbeurteilungen*,
https://doi.org/10.1007/978-3-662-66220-5_10

wirken sich auch negativ aufgrund der herrschenden Loyalitäts- und Streit-
kultur auf die persönlichen Beziehungen zwischen einzelnen Mitgliedern dieser
Gruppierungen aus. Für Betriebe o. ä. bedeutet das, wenn sich die Führungskräfte
an der Spitze von Unternehmensbereichen „nicht grün sind", färbt dies auch auf
die Beschäftigten der Unternehmens- oder Fachbereiche ab und eine Kooperation
zwischen einzelnen MA ist aufgrund der Auseinandersetzungen auf Bereichs- oder
Gruppenebene erschwert und die Kommunikation bzw. die Qualität der interpersonalen Beziehungen davon negativ berührt. Bei Personalbeurteilungen kann
sich somit schnell die Loyalitätsfrage stellen: Wer ist für uns? Oder, wer ist gegen
uns?

Konflikte sind in Organisationen z. T. auch ein Opfer der herrschenden Arbeitsbedingungen und Organisationsstrukturen bzw. Rollenvorgaben, die erst aufgrund
unglücklicher kontroverser Zuständigkeitsregelungen in persönliche Konflikte
übergehen, wenn die beteiligten Personen sich in die Quere kommen.

10.1 Konflikte und ihre Ursachen

Konflikte tragen in sich eine Spannung aus zwischen einem angestrebten Bedürfnis und einem (entspannten) Ruhezustand – nach erfolgter Bedürfnisbefriedigung
oder Zielerreichung, der getragen ist von Frieden und Harmonie. Das Gegenteil
von Konflikten ist daher der Konsens. Ob nun der Konflikt oder der Konsens gut
oder schlecht als erstrebenswerter Zustand ist, darüber streiten sich die „Geister".
Für den einen sind Konflikte etwas, „was aus den Fugen geraten ist" und Unheil
anrichtet oder zu Chaos führt, für andere sind Konflikte die notwendige Voraussetzung für Veränderungen oder für den Wandel zum Besseren, oder auch Fortschritt oder Wachstum genannt.

Unter diesem Aspekt kann das Gegenteil von Konflikten, nämlich der Konsens
eher so etwas wie „Friedhofsruhe" oder ein scheinbarer Frieden sein. Keinesfalls das, was in der Natur anzutreffen ist: Dort herrscht, wie wir alle wissen, das
„Gesetz des Stärkeren" mit der Folge eines Kampfes jeder gegen jeden! Wer nicht
kämpft (oder frisst), der wird gefressen! Territorialverteidigungen bei Revier-
kämpfen oder die Klärung von Machtverhältnissen in einer Herde sind hierfür illustre Beispiele. Anscheinend stecken das Konfliktpotenzial und der Streit
zur Klärung von Machtverhältnissen bereits in unseren egoistischen Genen (s.
Dawkins, 1978).

Es dürfte nicht verwundern, diese Ausgangsbedingungen auch in der „freien
Wirtschaft" anzutreffen, denn *Konkurrenz* belebt das Geschäft. Aber, nicht nur ein
Konkurrenzverhältnis ist die Ursache für Konflikte, auch *Misstrauen* und *Ruhm-
sucht* werden von einigen Autoren in der einschlägigen Literatur genannt (z. B.
Bühl, 1976, S. 5).

Nach der von Hegel vertretenen Dialektik gilt: These – Antithese – Synthese!
Anscheinend kann es auch bei Konflikten, wie z. B. zwischen Kapital und Arbeit
im Sinne von Karl Marx, so sein, dass Konflikte bei den ersten beiden Stationen
stehengeblieben sind und es ist nicht bis zur Synthesebildung kam – oder wie

Bühl (1976, S. 20) es beschreibt: „Aus einer dreistelligen ist eine zweistellige Relation geworden, und die Hegelsche Dialektik droht in eine binäre Mechanik abzugleiten,…". Wie bereits an anderer Stelle erläutert, kann ein Konflikt auch als ein Zeichen von Disharmonie, Unwucht oder fehlendem Gleichgewicht verstanden werden, ein Zustand der auf eine Veränderung oder Lösung drängt (s. Kap. 7).

Lösungen bestehen dann, wie kann es auch anders sein, in dem Suchen und auch Finden von Kompromissen, die für beide Konfliktparteien eine zukunfts- feste Regelung herbeiführen. Klar ist deshalb auch, dass sich damit der Status quo ändert. Kompromisse gedeihen zumeist auf komplexere Lösungen und Bedingungen und weniger auf einfachen Absprachen, wie es bei sozialen Systemen so eher nicht üblich ist. Eine Reduktion auf einfache einseitige Sicht- weisen, wie z. B. für sich in Anspruch nehmen, Recht zu haben, führen aufgrund der Systemdynamik unweigerlich zur Eskalation und weit weg von einer Lösung.

10.2   Konfliktherde in Organisationen

Egal, wo ein Konflikt auftritt, ist er erst einmal da, hilft nur, den Disput anzu- erkennen und ihn zu verstehen, also als das zu diagnostizieren, einzuordnen und zu analysieren. Auf diese Weise wird z. B. jede Führungskraft ihr „eigener Konfliktmanager"!

Es muss auch nicht unbedingt eine persönliche Animosität vorliegen, im Gegenteil, betriebliche Konflikte sind häufig das Ergebnis von Organisations- mängeln, insbesondere von Schnittstellenproblemen in den lfd. Arbeitsprozessen und in der Zusammenarbeit. Das können Abläufe sein, die die Führungskräfte und ihre MA betreffen als interne Prozesse, insbesondere in Kompetenzfragen und Entscheidungsbefugnissen. Es können aber auch ebenso gut organisatorische Probleme unter den MA eines Bereiches oder zwischen verschiedenen Bereichen sein, wie z. B. ungeklärte Zuständigkeitsfragen oder Rollenzuweisungen, die gegenseitiges Misstrauen erwecken.

Vor Ausbruch eines Konfliktes gibt es meist eine Seite, die mit der Situation gut leben kann und eigentlich keinen Konflikt in dem Sinne hat, während die andere Seite darunter leidet. Für eine Konfliktlösung stehen dann häufig die Gefühle oder Emotionen im Wege, denn in einem emotionalen Zustand sucht ein Mensch nie die zugrundeliegenden Ursachen oder das Problem, sondern *Schuldige!* Klare, rationale Gedankengänge sind für ihn oder sie nicht mehr möglich, wenn Affekte die Oberhand gewinnen – es gibt nur noch oben oder unten, oder gut oder schlecht und das aufgrund der *positiven Rückkopplung* bis zur maximalen Eskalationsstufe im Extremfalle (vgl. Schwarz, 2005, S. 59 ff.).

Konflikte bestehen auch häufig darin, dass bestimmte Realitäten verleugnet oder nicht selbst eingestanden oder bestimmte Verhaltensweisen kontrovers wahr- genommen und interpretiert werden. In Betrieben sind diese Geschehnisse häufig zu beobachten, wenn z. B.

1. Einmischungen in innere Angelegenheiten fremder Zuständigkeits- oder Verantwortungsbereiche vorkommen – selbst wenn dies aus (vermeintlich) edlen Motiven der Hilfsbereitschaft geschieht *(„Ich wollte Ihnen doch nur helfen und Sie entlasten)*;
2. Führungskräfte eine „Sandwichposition" bekleiden und sowohl dem Druck oder den Erwartungen von „Oben" in Richtung Mehrleistung als auch dem Druck von „Unten", also ihrer MA, ausgesetzt sind, die humanere Arbeitsbedingungen oder Entlastungen verlangen – Führungskräfte sind in solchen Situationen sehr stark Ambivalenzen ausgesetzt und müssen vielfach lavieren, also ein „entweder – oder" tunlichst vermeiden, um beide Seiten nicht zu verprellen;
3. die Stäbe mit ihren ausgefeilten Strategien oder Konzepten der Linienorganisation vorschreiben wollen, wie sie ihre Arbeit zu erledigen haben oder wie sie ihr Geschäft machen sollen – solch ein Konflikt ist der klassische Konflikt zwischen „Theorie und Praxis";
4. Partikularinteressen, oder auch „Silodenken" genannt, als Bereichsegoismen die Oberhand gewinnen und das sogenannte „Gesamtunternehmerische Denken und Handeln" zu kurz kommt und darunter leidet – es soll schon in Unternehmen vorgekommen sein, dass sich zwei oder mehrere Geschäftsbereiche beim gleichen Kunden gegenseitig Konkurrenz gemacht und unterboten haben (z. B. im Bankenbereich, wenn für eine Hotelneubaufinanzierung sowohl der Firmenkreditbereich als auch das gewerbliche Baufinanzierungsgeschäft an den Kunden herantreten und nicht abgestimmte Angebote abgeben);
5. Loyalitätskonflikte zum solidarischen Handeln zwingen, weil z. B. einerseits die Führungskräfte ihren betroffenen MA „den Rücken freihalten" und sie schützen, oder andererseits die MA eines Fachbereiches „grenzwertige Praktiken", z. B. bei der Neukundengewinnung, wider besseres Wissen tolerieren müssen;
6. Substitutionskonflikte auftreten, die z. B. als Ausreden den wahren Kern eines existierenden Problems verschleiern (z. B. wenn eine unfähige Führungskraft – oder noch schlimmer der „Junior-Chef" – laufend Fehler macht oder sich als entscheidungsschwach erweist, aber keiner wagt aus politischen Gründen etwas dazu zu sagen und „hält die Füße still");
7. Beziehungskonflikte bei Einstellung neuer MA innerhalb eines Teams entstehen, weil z. B. „die Karten neu gemischt werden" sowohl was die Zuständigkeitsbereiche betrifft als auch die Sympathien – Antipathien verbunden mit neuen Gunstbeziehungen oder Koalitionsbildungen;
8. Rivalitätskonflikte zwischen dem Vorgesetzten und seinem potenziellen Nachfolger, Stellvertreter oder seinem „Ersten Offizier" sich ergeben, da der Vorgesetzte bestrebt ist, seinen Rivalen auf Abstand zu halten und zu diesem Zweck sich nicht scheut, manipulative Manöver zu seinem eigenen Vorteil einzusetzen; oder der oder die unterstellte MA sorgsam darauf achtet, dem „Chef" bei dem kleinsten Fehler oder Nachlässigkeit eins auszuwischen, um sich selbst ins rechte Licht zu stellen;
9. Veränderungskonflikte bei Einführung neuer Technologien oder neuen Rollen oder Funktionalitäten in der Arbeitswelt bevorstehen, die ein Umdenken der Beschäftigten und ein Verzicht auf alte liebgewonnene Gewohnheiten erfordern;
10. Systemkonflikte aufbrechen, also wenn ähnlich der Veränderungskonflikte das „alte Weltbild" fundamental infrage gestellt wird (z. B. Sachbearbeiter sollen in Zukunft auch Produkte verkaufen), wenn unterschiedliche „Denkschulen" aufeinander treffen und unterschiedliche schwer zu vereinbarende Ziele verfolgen

(z. B. die Techniker stehen für technische Perfektion, die Kaufleute legen Wert
auf wirtschaftliche Vorteile) oder wenn grundlegende Zielkonflikte bestehen wie
z. B. Kundenzufriedenheit mit der Qualität einerseits und Umsatz- und Gewinn-
wachstum durch mehr Quantität oder Menge andererseits.

Solch eine Palette an Konflikten, und sicherlich noch vieles mehr, kommen tagtäglich in Organisationen vor, wo Menschen – und nicht nur Maschinen – arbeiten
und irgendwie miteinander auskommen müssen, damit die Prozesse am Laufen
bleiben – und sich manches auch wie von selbst regelt oder regeln sollte.

10.3 Konfliktmanagement und Konfliktlösungen

Die Psychologie kennt verschiedene Blickwinkel und Gestaltungsansätze rund um
das Thema Konflikte. Sicherlich hängt zunächst einmal viel von den persönlichen
Voraussetzungen der Beteiligten ab, also welche sozialen Fähigkeiten (englisch:
social skills) in welcher Ausprägung sie mitbringen und aufweisen. Professionelle
wie Berater oder Psychotherapeuten sind unstreitig aufgrund ihres Studiums
und ihrer Ausbildung anders beim Umgang mit Konflikten aufgestellt, als der
sogenannte „Otto-Normal-Verbraucher". Daneben gibt es aus der Wissenschaft
und Praxis bewährte Techniken und Methoden, die bei Konflikten helfen könnten
und die in der Fachpresse, aber auch in der populärwissenschaftlichen Literatur als
Ratgeber vielfach Verwendung finden.

10.3.1 Wesentliche Persönlichkeitsvariablen bei Konflikten

Bevor ein ganzer Katalog an Persönlichkeitsmerkmalen für den erfolgreichen
oder auch gerade nicht erfolgreichen Umgang mit Konflikten ausgegossen und
diskutiert wird, wäre es hilfreicher sich an einige grundsätzliche habituelle
Neigungen zu erinnern und sie zu beherzigen. So sind z. B. die „Differentiellen
Kommunikationsweisen" (s. Abschn. 9.2.2) dazu bestens prädestiniert, bei ein-
seitiger extremer Auslebung nicht effektiv zu sein, Konflikte zu lösen oder zu ent-
schärfen, ganz im Gegenteil, sie würden Konflikte geradezu heraufbeschwören
und entfachen. Egal, welcher von den acht Kommunikationsstilen in Betracht
kommt, sie alle entwickeln wegen des dahinterstehenden Angstkomplexes ein
hohes Maß an Irrationalität und Penetranz, die für andere (normale) Individuen
bei übertriebener Auslebung nur schwer zu ertragen sind und zu Konflikten führen
müssen. Ähnlich ist auch das Agieren der Enneagramm-Typen zu bewerten, die
auch in sozialen Beziehungen „ihre Macken haben" und mitunter für andere
eine Belastung sind. Bei extremen Verläufen kommt es schnell zu „emotionalen
Erstarrungen" oder „Fixierungen", die statt auf ein gelungenes Miteinander und
Konfliktverhütung der Beteiligten auf eine maligne Neurosenbildung hinauslaufen
können.

Unstrittig und förderlich für die Behandlung und Lösung von Konflikten ist sicherlich *Empathie*. Empathie ist nicht nur in der Gesprächspsychotherapie eine „Therapeutenvariable", sondern die persönliche Eigenschaft, die es vermag, den Zugang oder „den Draht" zu anderen Personen aufgrund der absoluten Aufmerksamkeit und des mitfühlenden Verstehens zu finden. Therapeuten sind zudem noch darin geübt, durch ihre Verbalisationen, also dem Zusammenfassen und Wiederholen des Gesagten und der vom Therapeuten verspürten und zurückgemeldeten Affekte oder Gefühlswelt, sich „in die Schuhe des anderen zu begehen" und ein maximales Verständnis zu signalisieren. Auch Führungskräfte als Beurteiler können bei konflikthaften oder kontroversen Problemen Empathie zeigen oder es zumindest versuchen, um ihre MA oder das Problem zu verstehen. Ein beispielhaftes Zitat aus der Praxis von Gordon (1984, S. 88) weist auf das Kernproblem beim (nicht) aktiven Zuhören hin: Wenn ein Mensch aktiv zuhört, „versucht (er oder sie) nicht mehr, schon im Voraus daran zu denken, wie (er oder sie) antworten will....Ich habe jetzt gemerkt, dass ich früher manchmal das falsche Problem gelöst habe....Es war zwar eine Antwort, doch nicht die Antwort auf das Problem, das ihm (den MA) wirklich zu schaffen machte."

Richtige Problemlösungen für die *falschen Probleme* erinnern sehr stark an die Warnung von Peter Drucker (2009, S. 26), da solche (richtigen) Problemlösungen für das falsche Problem viel schwerer zu verwerfen sind, als wenn die falsche Problemlösung für das richtige oder wirkliche Problem vorliegt. Menschen fällt es nämlich viel schwerer, ihren Denkirrtum oder ihr Missverständnis zuzugeben. Meist ist es dann für eine Einsicht zu spät und der Schaden unvermeidlich groß. Ähnlich verhält es sich auch mit falsch gestellten Fragen: Die Antworten darauf können nur falsch und irreführend sein – und keinesfalls passend oder richtig!

Eng mit dem Einfühlungsvermögen und dem Problemverständnis hängt auch eine *Sensibilität* für persönliche Bedürfnisse beim Gesprächspartner zusammen, die erfüllt sein müssen oder bei Kontroversen nach einem Ausgleich (oder einer Balance) verlangen, z. B. nach dem Motto: „Eine Hand wäscht die andere". Das Prinzip „Geben und Nehmen" sorgt dafür, dass bei den Betroffenen Insuffizienz-Gefühle von ungerechter Behandlung oder Unfairness entgegengewirkt werden oder gar nicht erst entstehen. Um in diesen Situationen erfolgreich zu sein und den Problemlösungs- oder Klärungsprozess in Gang zu setzen, ist sowohl *Fingerspitzengefühl* als auch *Flexibilität* in der Wahl der Ansätze oder Mittel gefragt. Soziale Sensibilität ist besonders bei der Gesprächseröffnung von Nöten, wenn der MA als Sender und Problemträger die ersten schwachen Signale eines Unwohlseins aussendet und es darauf ankommt, gehört und ermuntert zu werden, darüber zu sprechen. Zuhören zu können zwingt dann zur intensiven Aufmerksamkeit beim Empfänger verbunden mit geeigneten Signalen der Rückmeldung. Voraussetzung für „aktives Zuhören" ist, dass der Empfänger sich von seinen eigenen Problemen und Bedürfnissen in dieser Phase distanzieren kann, um seine ganze Aufmerksamkeit den Problemschilderungen des Senders zu widmen und sich nicht durch andere Gedanken ablenken lässt. Ideal wäre es natürlich, wenn der Zuhörer selbst mit sich im reinen ist und in dem Moment keinen persönlichen Problemen nachgeht.

Führungskräfte müssen in Klärungs- oder Konfliktgesprächen *auf gleicher Ebene* mit ihren MA als Gesprächspartner interagieren. Wenig hilfreich sind Statusunterschiede aufgrund der Stellung als Führungskraft im Unternehmen. Als Vertreter für die Belange der Organisation (u. a. auch in der stellvertretenden Arbeitgeberfunktion) nimmt die Führungskraft außerdem eine Rolle an, die Abwehr und soziale Distanz erzeugen kann, wenn es z. B. darum geht, in Zukunft höhere Produktivitätsziele o. ä. einerseits zu erreichen, andererseits der oder die MA sich bereits heute schon überfordert fühlen und auf Entlastung z. B. durch zusätzliches Personal (z. B. durch Neueinstellungen) drängen. Gerade in dieser Doppelfunktion müssen Führungskräfte vermitteln und nach tragfähigen Kompromissen suchen. Das wird nur gelingen, wenn die Führungskraft auch *Offenheit* zeigt für die Vorschläge der MA, die als denkbares Entgegenkommen aus der Arbeitsgruppe kommen, und fair damit umgeht. Was natürlich auch die Mitarbeitenden vom Management erwarten, ist, dass die Vorgesetzten sich nicht nur an getroffene Absprachen oder Kompromisse halten und dabei berechenbar bleiben, sondern dass sie auch im Stande sind, die Vereinbarungen bei der „obersten Heeresleitung", also bei der Geschäftsführung oder beim Vorstand, durchzusetzen und kalkulierbare Risiken eingehen.

Zweifellos ist der Führungskader auf vielen Kanälen kommunikativ unterwegs und steht in den vielen Gesprächen mit unterschiedlichen Interessensgruppen (englisch: stakeholder), wie Unternehmensleitung, Betriebsrat, den betroffenen MA etc., vor jeweils individuellen Herausforderungen und auf „offener sozialer Bühne". Gefragt ist bei interessensgeleiteten heiklen Gesprächen oder Verhandlungen eine *kommunikative Geschmeidigkeit* (s. Wienkamp, 2021, S. 15), im Sinne von Biegsamkeit, Gewandtheit o. ä., aber mit einer klaren Zielstellung vor Augen. Verkäufer oder Vertriebsleute, die in ihren Kundengesprächen immer mit dem schwierigen Thema „Preise" umzugehen haben, bevor es zu einem Verkaufsabschluss kommt, bedienen sich dieser „Verhandlungskünste" nahezu täglich.

Kommunikative Geschmeidigkeit sollte wegen der darin enthaltenen Flexibilität, die häufig auch ein schnelles „Umschalten" von z. B. passivem Zuhören zu aktivem Zuhören (inkl. passender Hilfsangebote oder Ratschläge) verlangt, nicht mit *Diplomatie* verwechselt werden. Diplomatie bedeutet zwar ursprünglich im Griechischen „Kunst der Verhandlung", ihr Sprachverständnis geht aber heute mehr in die Richtung, einmal einen Weg oder eine Form zu finden, unangenehme oder schlechte Nachrichten zu übermitteln ohne übermäßige negative Reaktionen als Konsequenz darauf auszulösen, oder zum anderen, wie es einmal sinngemäß Winston Churchill ausdrückte, „reden, ohne viel zu sagen" – umgangssprachlich auch „labern" genannt.

Ohne die Fähigkeit der kommunikativen Geschmeidigkeit vermögen auch hochprofessionelle Methoden oder Techniken der Kommunikation und Verhandlungskunst bei der Lösung von Konflikten wenig auszurichten.

10.3.2 Techniken und Methoden zur Erreichung von Konfliktlösungen

Ohne eine bestimmte Methodik im Sinne von „gewusst wie" lassen sich im sozialen Bereich bzw. in zwischenmenschlichen Beziehungen keine Konflikte zufriedenstellend lösen. Grundsätzlich steht entweder ein kurzer schneller oder ein mühevoller kooperativer Lösungsweg den Konfliktparteien zur Verfügung. Kommt der Faktor Macht ins Spiel, können z. B. Führungskräfte über die Köpfe ihrer Mitarbeitenden einfach eigene Entscheidungen treffen oder bestimmte Maßnahmen anordnen, sie können auch den Prozess einfach laufen lassen und das Geschehen oder die Vorstellungen ihrer MA tolerieren, wenn sie auf die Ausübung ihrer Machtbefugnisse verzichten, obwohl sie eigentlich anderer Meinung sind und die Konsequenzen zu ihren Lasten, also auf ihre Verantwortung, gehen. Sie können sich auch als letzte weitere Möglichkeit um eine einvernehmliche, von allen akzeptierte Lösung bemühen und sich sozusagen „als Gleicher unter Gleichen" (ohne Machtambitionen) in den Konfliktlösungsprozess einbringen. Der erste Ansatz wäre der *autoritäre* Führungsstil, der zweite der *Laisser-faire* Führungsstil und der dritte ein *integrativer* Führungsstil – Gordon (1984, S. 179 ff.) nannte diesen dritten Ansatz die „jeder-gewinnt-Methode".

Dass die beiden erstgenannten Konzepte nicht unbedingt zielführend sind, dürfte jedem klar sein. Einsame Entscheidungen eines Vorgesetzten für eine Konfliktlösung bringen gravierende Nachteile mit sich, da sie zum einen zumeist auf einseitige oder unzureichende Informationen basieren. Zum anderen können sie auf ein nur begrenztes Sichtfeld oder eine eingeschränkte, getrübte Wahrnehmung beruhen. Mit Sicherheit ist davon auszugehen, dass sie auf fehlende Akzeptanz der anderen Seite, also der betroffenen MA stoßen. Bei Entscheidungen der Gruppe gegen die eigentliche Auffassung des Vorgesetzten bleibt dennoch die Verantwortung für die Folgen bei der Führungskraft und er oder sie muss sich fragen, ob das zu tolerieren bzw. überhaupt zu verantworten ist – von dem Ansehensverlust als zu respektierende Führungskraft und der Präzedenzwirkung für ähnliche spätere Situationen oder Konflikte einmal ganz zu schweigen.

Beim integrativen bzw. kooperativen Führungs- oder Konfliktlösungsstil bedient sich die Führungskraft der „Klaviatur" vieler sozialer Skills, wie sie in Abschn. 9.3 als (ideale) Persönlichkeitsvariablen skizziert wurden. Charakteristisch hierfür ist einmal das Bemühen, allen Bedürfnissen – insbesondere nach Gehör und Mitsprache – gerecht zu werden, auch wenn die spätere Entscheidung vielleicht nicht nach jedermanns Geschmack ist oder ausfällt. Ideal wäre es natürlich, wenn die vereinbarte Konfliktlösung zu einem Gewinnspiel für alle führt und eine sogenannte „Win-Win-Situation" eintritt. Zum anderen hat dieses Vorgehen den entscheidenden Vorteil, dass das Problem eindeutig und klar herausgearbeitet und definiert wird. Häufig ist es in zwischenmenschlichen Beziehungen so, dass die zuerst genannten vordergründigen Probleme, Klagen oder Beschwerden, wie z. B. Störungen in der Zusammenarbeit oder in der Kommunikation unter den Beschäftigten, gar nicht die eigentlichen Ursachen für den Konflikt sind und diese häufig den Beteiligten zu Anfang auch gar nicht bewusst sind. Zum Beispiel bei „Standing-Problemen" in Verbindung mit Minderwertigkeitsgefühlen einer Konfliktpartei kann dies der Fall sein, sodass diese im Hintergrund schlummernden Konfliktursachen erst nach einem notwendigen Klärungsprozess ans Licht kommen und bearbeitet werden können. Standing-Probleme treten in der Arbeitswelt häufig dann auf, wenn eine bestimmte Berufs- oder Mitarbeitergruppe das Gefühl hat, die Handlanger für eine andere höhergestellte Gruppe zu sein – und vielleicht auch noch schlechter bezahlt und behandelt wird.

Gordon (1984, S. 183 ff.) gab hierzu als Beispiel einen Dialog zwischen einer Führungskraft und dem unterstellten Teamleiter wieder, wo es zunächst darum ging, dass der Teamleiter einen ihm direkt unterstellten MA wegen Störungen in der Zusammenarbeit und der Nicht-Befolgung von Anweisungen entlassen wollte, und sich später herausstellte, dass die eigentlichen Ursachen in dem Führungsstil des Teamleiters verbunden mit Ängsten vor fehlendem Respekt als Führungskraft lagen. Erst als diese Problemlage klar benannt wurde, war es möglich, eine für alle akzeptable Lösung zu finden, wie z. B. ein persönliches Gespräch zwischen dem Teamleiter und dem „renitenten" MA zu führen sowie eine spezielle Führungskräfteschulung oder ein Coaching anzustreben.

10.3.3   Falsche Konfliktlösungen

Machen wir uns nichts vor, es gibt auch sogenannte „falsche" Konfliktlösungen (genauso, wie es „falsche Freunde" gibt), die gar nicht so selten im Leben wie auch im Arbeitsleben vorkommen. Darunter fällt zunächst einmal die Ansicht, wir haben keine Probleme oder Konflikte, wenn sie von den Beteiligten verleugnet oder verdrängt werden. Das ist nichts anderes als die Flucht vor der Realität. Das Schlimmste daran ist, dass aus den Erfahrungen mit den Problemen überhaupt nichts gelernt wird, weil keine Problem- oder Konfliktbearbeitung bisher stattfand und auch nicht stattfinden wird.

Konflikte am Arbeitsplatz können auch durch „Psychospiele" (als Manipulationsmanöver und für eine Seite scheinbare Konfliktbewältigung) angegangen werden. Wenn der Versuch unternommen wird, den „Gegner kalt zu stellen" oder ihn durch Gerüchte in eine bestimmte Ecke zu drängen, aus der er sich nur unter Gesichtsverlust wieder hinausbewegen kann, haben wir es mit „schmutzigen Tricks" zutun und es könnte dann auf vielen Ebenen ein richtiges „Gemetzel" stattfinden.

Eine andere Möglichkeit, Konflikten aus dem Weg zu gehen, ist, sich einfach unterzuordnen und das zu tun, was andere von einem verlangen. Dass solch ein unterwürfiges Verhalten nicht erstrebenswert und unbefriedigend ist und zum Verlust der Autonomie oder der Selbstständigkeit führt, dürfte auf der Hand liegen. Auf Dauer macht diese Art von Selbstverleugnung sogar psychosomatisch krank.

Es gibt auch Konfliktparteien, die ihre Probleme gerne auf Dritte übertragen. Wenn z. B. ein Gruppenleiter mit einem MA nicht zurechtkommt, kann er versucht sein, die Problemlösung seinem Vorgesetzten zu übertragen, z. B. mit dem Ansinnen, mit diesem MA ein intensives Gespräch zu führen. Dieser nächsthöhere Vorgesetzte wäre gut beraten, davon Abstand zu nehmen. Nachdem er oder sie durch aktives Zuhören das Problem oder den Konflikt verstanden hat, kann er oder sie allenfalls als „unbeteiligter Dritter", also in der Funktion eines Mediators, zusammen mit den beiden anderen Kontrahenten ein gemeinsames Gespräch anbieten und führen. Im Gegenzug kann es auch passieren, dass MA sich direkt an den nächsthöheren Vorgesetzten wenden und ihre Beschwerden über ihre direkte Führungskraft dort vortragen. Falls der nächsthöhere Vorgesetzte feststellt, dass der MA entweder ohne Wissen seiner Führungskraft zum Gespräch erschienen ist und bzw. noch nicht einmal mit ihr über das Problem gesprochen hat, sollte er oder sie an dieser Stelle das Gespräch beenden und den MA dazu auffordern, zunächst dieses Gespräch nachzuholen und erst danach, wenn es dann noch erforderlich ist, wieder vorstellig zu werden. Alles andere wäre eine Einmischung in die internen Angelegenheiten dieser Gruppe und in die Kompetenz des Gruppenleiters und würde die Autorität der Führungskraft untergraben. Gut vorstellbar ist, dass es bei Einmischung zu einem schweren Konflikt zwischen diesen beiden Führungskräften verschiedener Führungsebenen kommt, der die Beziehung dauerhaft belastet. In gleicher Weise sollte auch ein „Personal-Chef" verfahren, wenn MA aus dem Unternehmen zu ihm kommen, um sich über ihre Vorgesetzten zu beschweren.

„Faule Kompromisse", die in letzter Konsequenz von den Konfliktträgern nicht akzeptiert werden, weil sie „auf halber Strecke" stehengeblieben sind, die eigentlichen Bedürfnisse nicht erfüllen oder an ihnen vorbeigehen und als defizitär empfunden werden, helfen in Wirklichkeit keiner Seite. Faule Kompromisse kommen häufig dann vor, wenn sie von Dritten verordnet werden, nur um einen scheinbaren Frieden zu wahren oder zu erzwingen.

Von einer einvernehmlichen Lösung oder einem Konsens, der auch nicht zwangsläufig zur Erfüllung der Ausgangsforderungen beider Seiten führte und von ihnen einen Verzicht auf Maximalforderungen zugunsten eines tragbaren Kompromisses verlangte, sind die faulen Kompromisse weit entfernt.

10.4 Konflikte bei Personalbeurteilungen

Konflikte bei der Beurteilung von MA kommen häufig vor und gehören zum „täglichen Geschäft" dazu. Nicht umsonst gibt es bei Einführung von Personalbeurteilungssystemen immer eine Konfliktregelung, die in den dafür abgeschlossenen Betriebsvereinbarungen mit dem Betriebs- oder Personalrat vereinbart wurde (s. auch Abschn. 8.2.4). Mit der Praxis von MBS sind neben den bereits erwähnten und kritisierten „Systemdefekten" (s. Abschn. 2.3.1) aber auch

noch andere Konflikte oder mögliche Probleme verbunden, an die bei der Einführung vorher niemand gedacht hat, aber von Kritikern der „klassischen" Mitarbeiterbeurteilung häufig zitiert werden.

So weisen Kritiker herkömmlicher Beurteilungsverfahren daraufhin, dass es zu
Personalproblemen unweigerlich kommt, wenn zu große Diskrepanzen zwischen
den Regelbeurteilungen und späteren beklagenswerten Ereignissen existieren,
die z. B. Disziplinarmaßnahmen wegen Schlecht-Leistungen vom Personalmanagement erfordern. Wie soll das Unternehmen einem Arbeitsrichter erklären,
dass ein immer als „gut" beurteilter MA jetzt wegen Minderleistungen oder Faul-
heit zu kündigen ist? Führungskräfte als Beurteiler scheuen häufig oder bisweilen
den Konflikt, ihren MA ungeschminkt die Wahrheit über ihre Leistungen zu
sagen und reden dann gerne „um den heißen Brei herum" und stellen lieber schön
gefärbte oder frisierte Beurteilungen aus! Sie leiden dann unter den häufig in der
Psychologie zitierten „Annährungs-Vermeidungskomplex", wo der Wunsch zwar
nach einer Klärung der Angelegenheit besteht (= Annährungsverhalten), aber
in der Phantasie zirkulierende antizipierte Befürchtungen vor scharfen Gegenreaktionen des MA, dies zu verhindern wissen (= Vermeidungsverhalten). Als
momentaner Ausweg bleibt ihnen nur, sich mit der Situation zu arrangieren und
im Grundsatz nichts zu tun und „die Füße still zu halten", um keine Scherereien zu
riskieren. Vielen Führungskräften ist dabei allerdings nicht bewusst, dass sie die
Probleme eines „falschen Zeugnisses" über die wahren Mitarbeiterleistungen nur
aussitzen, und nicht lösen, sodass es dann irgendwann für sie, wie auch für ihre
Firma, zu einer Zuspitzung und damit „zum Knall" kommt.

Fremdbeurteilungen durch Vorgesetzte, um die es hier geht, können für die
Beurteilten stets eine Bedrohung sein oder so empfunden werden, da sie bei Kritik
mit „Verurteilungen" rechnen, die sie in ihrer Ehre und Selbstachtung kränken
und vor der sie Angst haben. Zur Vorbeugung evtl. Kritik ergreifen sie Manöver
des Vermeidungsverhaltens, indem sie z. B. ihren Chef nicht oder nicht vollständig und wahrheitsgemäß über Ereignisse informieren, wo es Probleme oder
sonstige Missgriffe gegeben hat, oder sie vertuschen oder verheimlichen ganz
einfach Fehlleistungen – oder sie sind geübt in Ausreden. Zugleich beschäftigen
sich Mitarbeiterbeurteilungen mitunter zu sehr mit der Vergangenheit und sind zu
wenig zukunftsorientiert, was nach Meinung der Kritiker (s. z. B. Gordon, 1984,
S. 236 ff.) zu nichts führt.

Dass bei guten oder ordentlichen Leistungsbeurteilungen auch eine
Erwartungshaltung zur Leistungshonorierung erzeugt wird, die nicht immer erfüllt
und somit enttäuscht wird, war bereits schon an früherer Stelle Gegenstand der
Erörterungen (s. Kap. 3).

Personalbeurteilungen haben – und das ist nicht zu bestreiten – einen
ambivalenten Charakter und sollen verschiedenen, manchmal nicht miteinander
zu vereinbarenden Zwecken gerecht werden. Dass das ein Ding der Unmöglichkeit ist, sollte bei aller Kritik an den Systemen und ihrer Handhabung oder
Beurteilungspraxis, die Konflikte nicht ausschließen, nicht übersehen und vergessen werden.

10.5   Resümee

Konflikte kommen im wirklichen Leben überall vor und sind immer eine Herausforderung, die Verhaltensänderungen, neues Lernen und auch Lust auf neue Erfahrungen verlangen. Etwas Mut dies umzusetzen, gepaart mit einer Portion Selbstvertrauen bezüglich des Erfolges, gehören selbstverständlich auch dazu.

Konflikte sind bei gegensätzlichen Interessen der Spannungsbogen zwischen den menschlichen Bedürfnissen und ihrer Erfüllung oder Zielerreichung, was häufig auf Anhieb nicht gelingt und einen Klärungsprozess voraussetzt. An was für Konflikte und Spannungsmomente gerade in Organisationen zu denken ist, wurde ausgiebig geschildert.

Zu tragbaren oder guten Konfliktlösungen tragen einmal bestimmte charakterliche Voraussetzungen bei, insbesondere bei den verantwortlichen Führungskräften, zum anderen eine bestimmte Methodik des Konfliktmanagements, die weniger mit einer Technik, sondern eher mit einer bestimmten Denkart oder Philosophie gemeinsam hat und idealerweise zu einem Gewinnspiel für alle führen soll.

Konflikte können sich natürlich auch bei Personalbeurteilungen ergeben. Das liegt einmal an den unterschiedlichen Interessenslagen der Beteiligten, zum anderen an der herrschenden Ambivalenz, die sich mit dem Einsatz von MBS verbindet. Es obliegt jeweils der Organisation oder den verantwortlichen Führungskräften, wie sie die widerstrebenden Interessen auf einen gemeinsamen Nenner bringen und die betrieblichen Ziele und Zwecke dabei erreichen. Wenn die Vorgesetzten mit gutem Beispiel vorangehen und fair, aber auch ehrlich zu ihren MA in der Leistungsbewertung sind, kann dieses Unterfangen gelingen und zu einem Spiel mit nur Gewinnern beitragen – auch wenn nicht alle Erwartungen, z. B. bei der Leistungshonorierung, in Erfüllung gehen. Tunlichst zu unterlassen sollten Führungskräfte das Aussitzen von Konflikten mit MA, die ein problematisches Leistungsverhalten zeigen, weil sie Annährungs-Vermeidungskonflikte scheuen. Irgendwann erhalten sie und ihr Unternehmen für ihr Konfliktvermeidungsverhalten später dafür die Rechnung bzw. die Quittung.

Literatur

Bühl, W. L. (1976). *Theorien sozialer Konflikte.* Wissenschaftliche Buchgesellschaft.
Dawkins, R. (1978). *Das egoistische Gen.* Springer.
Drucker, P. (2009). *Management. Das Standardwerk komplett überarbeitet und erweitert* (Bd. 1). Campus.
Gordon, T. (1984). *Managerkonferenz. Effektives Führungstraining.* ro ro ro.
Schwarz, G. (2005). *Konfliktmanagement. Konflikte erkennen, analysieren, lösen* (7. Aufl.). Gabler.
Wienkamp, H. (2021). *Psychologische Anforderungsanalysen. Anforderungsprofile für Management, Arbeit und Business.* Springer.

Neue Herausforderungen für die Personalbeurteilung

Zusammenfassung

Wie bei jedem Personalsystem, so auch bei MBS, ist „noch Luft nach oben", also die Aussicht sowohl auf spürbare Systemverbesserungen als auch die verstärkte Berücksichtigung bisher eher vernachlässigter Anwendungsfelder in der Theorie und Praxis. Zu denken wäre insbesondere an Beurteilungsmerkmale mit betriebswirtschaftlichem Hintergrund oder Bezug (sogenannte Business-Anforderungen) und Beurteilungskriterien, die sich in erster Linie mit kreativen Anwendungen oder Problemstellungen in der Praxis beschäftigen. Schließlich könnte leicht übersehen werden und es zu ungewollten Problemen für die soziale Gemeinschaft kommen, wenn sowohl für die Zusammenarbeit in einem Betrieb problematische Verhaltensmuster als auch Übertreibungen in Verhaltenszügen egal welcher Couleur auftreten. Nicht zu vergessen ist, diese neu gefundenen Kriterien oder Aspekte für die Praxis „mundgerecht" aufzubereiten und einzuführen und sie an realistischen repräsentativen Erfolgskriterien z. B. aus der Balance Score Card (BSC) zu messen und dabei die personalstrategische Perspektive nicht zu verlassen oder zu ignorieren. Mitunter können auch bewährte Techniken aus der psychologischen Praxis diesen Prozess unterstützen.

Jedem erfahrenen Personalbeurteiler dürfte nicht entgangen sein, dass die Mitarbeiterbeurteilung ein sehr komplexes Gebiet ist und für das Begehen vieler Fehler und Missgriffe sich geradezu anbietet. Nicht auszuschließen ist, dass gravierende, auf jeden Fall systematische Fehler den Betriebsfrieden empfindlich beeinträchtigen und das Betriebsklima nachhaltig stören würden, wenn es zu massiven Konflikten zwischen Führungskraft und MA wegen der Mitarbeiterbeurteilung kommt. Soweit es bisher erforderlich und nötig war, wurde auf die kritischen Aspekte einer Personalbeurteilung (hoffentlich) ausführlich

© Der/die Autor(en), exklusiv lizenziert an Springer-Verlag GmbH, DE, ein Teil von Springer Nature 2022
H. Wienkamp, *Strategische Personalbeurteilungen*,
https://doi.org/10.1007/978-3-662-66220-5_11

161

und tiefgehend eingegangen. Gerade die Gesprächsführung und die Nutzung von „Psychotechniken" (s. Kap. 9) und der Umgang mit Konflikten (s. Kap. 10) haben zuletzt eine besondere Würdigung aufgrund ihrer besonderen Bedeutung in der Umsetzung und praktischen Relevanz erfahren.

Damit aber noch nicht genug! Denn neben dem klassischen Anforderungsprofil eines Arbeitsplatzes, auf dem sich eine Mitarbeiterbeurteilung als Basis vor allem stützt, und einer bei Bedarf sich anschließenden Potenzialbeurteilung (s. Kap. 4), insbesondere bei Führungsnachwuchskräften und MA, die für den nächsten Karriereschritt auserwählt sind, kann es noch Beurteilungsgesichtspunkte oder Kriterien geben, die bisher noch nicht thematisiert und diskutiert wurden.

Für ökonomisch denkende und handelnde Organisationen, wie Unternehmen und Betriebe, aber auch in eingeschränktem Umfange „Non-Profit Einrichtungen" wie Verwaltungen, Krankenhäuser etc., stehen auch geschäftsbezogene oder organisatorische Herausforderungen, sogenannte *Business-Anforderungen,* im Zentrum des Geschehens, die mehr die Organisation als Ganzes betreffen und weniger den einzelnen Arbeitsplatz, von Management- und Vertriebspositionen einmal abgesehen. Zum Teil reagierten in der Vergangenheit bereits Betriebe auf diese geschäftsbezogenen Herausforderungen mit wirtschaftlichem Hintergrund, indem sie Beurteilungsmerkmale des „Unternehmerischen Handelns" in den Beurteilungskatalog berücksichtigen und aufnahmen (s. das MBS in Tab. 2.1).

Meist fällt unter „Unternehmerisches Denken und Handeln" vor allem sowohl *Kostenbewusstsein* als auch *Ertragsorientierung.* Im Finanzbereich können, insbesondere im Rahmen der Bonitätsbeurteilung von Kreditnehmern, noch *Risikoeinschätzungen,* als eines der wichtigsten Beurteilungskriterien dieser Branche überhaupt, dazu kommen. Den oberen Managementebenen bleibt noch das „Strategische Denken und Handeln" i. d. R. vorbehalten, wo es um das Engagement in neuen Märkten und um die Entwicklung neuer Produkte geht, die risikoreiche strategische Investitionen im größeren Ausmaß erfordern.

Wenn es nicht bei Etiketten oder Sprachhülsen der wirtschaftlichen Beurteilungskriterien bleiben soll, ist es notwendig, sie „mit Leben zu füllen" und sie für die praktische Anwendung in Organisationen operationalisierbar und verständlich zu machen. Kostenbewusstsein z. B. hört sich auf den ersten Blick sicherlich überzeugend als ökonomisches Beurteilungskriterium an, hat aber auf den zweiten Blick so seine Tücken, da dieses Konstrukt schwierig zu operationalisieren ist und damit kaum für die Praxis als Beurteilungskriterien zu gebrauchen. Woran soll denn festgemacht werden, ob ein MA sich kostenbewusst verhält? – An dem Ressourcenverbrauch (z. B. Papier- oder Materialbedarf) bei seiner täglichen Arbeit, an der Anzahl von Telefonaten bzw. an der Höhe der Telefongebühren, wenn die im Zeitalter der Flat-Rates überhaupt noch eine Rolle spielen. Oder würden sich die gefahrenen Kilometern bzw. Kundentermine ohne Geschäftsabschluss bei Vertriebsleuten im Außendienst oder die Flop-Rate von Versuchen im Labor usw. hierfür anbieten? Genauso gut könnten diese Kostenarten auch Leistungskriterien sein! Allenfalls kann budgetverantwortlichen Führungskräften o. dgl. ein Kostenbewusstsein als Anforderung unterstellt oder attestiert werden, wenn sie bestrebt sind, ihre Budgets einzuhalten.

Somit stellt sich die Frage, wie geschäftsnahe Attribute als Business-Anforderungen für Personalbeurteilungen und zwar sowohl für eignungsdiagnostische Untersuchungen bei der Bewerberauswahl als auch für regelmäßige Mitarbeiterbeurteilungen zu konzipieren und in die Praxis sinnvoll zu transformieren wären?

Aber nicht nur Business-Anforderungen werden in der Zukunft eine höhere Bedeutung und Relevanz erlangen, sondern es wird auch kein Weg daran vorbeiführen, sich verstärkt der Diagnostik und Beurteilung von kreativen und innovativen Begabungen und Leistungen zuzuwenden, da sie das Potenzial in sich tragen, die Problemlösungen von Morgen zu entwickeln und zu schaffen. Außerdem erscheint es notwendig, auf negative Verhaltensauffälligkeiten bei der Mitarbeiterbeurteilung zu achten und ggf. zu reagieren, um die Betriebsgemeinschaft vor Schäden zu bewahren und zu schützen. Schließlich ist die Suche nach wirtschaftlichen Erfolgsgrößen zur Bemessung der Gültigkeit bzw. Validität der Instrumente eine nicht enden wollende Geschichte. Viel hängt davon ab, inwieweit die mit seriösen Instrumenten und Praktiken gewonnenen Beurteilungsdaten zur Erfüllung der personalstrategischen Aufgaben beitragen. Unabhängig davon können auch Methoden aus der „Psychokiste" wie Konzepte der Imagination weiterhelfen, um der Wahrheit oder Realität näher zu kommen. Auf das strategische Personalmanagement kommen noch künftig als Herausforderungen verstärkt hinzu, zum einen alle personalwirtschaftlichen Instrumente und Verfahren einem „Alignment", also einer strategischen Ausrichtung, und einer regelmäßigen Evaluation zu unterziehen, und zum anderen durch hinreichende Informations- und Schulungsmaßnahmen (wie z. B. ein Beurteiler Training) insbesondere die Führungskräfte auf den aktuellsten Stand zu halten.

11.1 Zur Konstruktion von Business-Anforderungen

Für die Entwicklung von geschäftsorientierten Anforderungen und Neigungen besteht ebenso wie bei anderen psychologischen Attributen oder Konstrukten die Möglichkeit, über eine stufenweise Analyse die relevanten Business-Anforderungen auf unterschiedlich gestaffelten Begriffsebenen zu erschließen, wie es z. B. für die Konstruktion psychologischer Tests üblich ist (und bereits in Tab. 2.2 anhand des Merkmals Arbeitstechnik exemplarisch dargestellt wurde). Konstruktionsschema ist die nachfolgende Heuristik (s. Tab. 11.1), die sich für die Entwicklung und Operationalisierung psychologischer Merkmale sehr gut bewährt hat.

Zunächst ist ein konzeptioneller Rahmen oder ein Modell gefragt, was das Konstrukt (z. B. Risikobewusstsein) eigentlich ist oder was es darstellen soll. Nicht in allen Fällen existiert in der wissenschaftlichen Psychologie eine Theorie oder ein Persönlichkeitsmodell als „Blaupause". Das liegt größtenteils daran, dass für ein Merkmal unterschiedliche Auslegungen und Deutungen vorhanden sein können. So versteht der eine unter Risikobewusstsein z. B. Vorsicht und Achtsamkeit, während andere eher die Neigung zu Grenzwertbetrachtungen, also um die Frage, was ist gerade noch vertretbar und akzeptabel, oder zum Optimieren als charakteristisches Kriterium darunter subsumieren. Mit der Sammlung dieser

Tab. 11.1 Heuristik für Anforderungsmerkmale (Aus Wienkamp, 2021, S. 77)

Merkmalsstruktur	Methodik
1. Konstrukt	= Auswahl konzeptioneller Rahmen (Modell)
2. Facette oder Aspekt	= Definition und begriffliche Abgrenzung
3. Verhaltensbeschreibung	= Operationalisierung und Messung

Merkmalsaspekte oder Facetten sollte es möglich sein, die Beurteilungsmerkmale zu definieren und von anderen, aber ähnlichen Merkmalen, abzugrenzen (z. B. im Falle von Risikobewusstsein: Selbstkontrolle oder Reflexionsvermögen).

Auf jeden Fall ist zu prüfen, ob das Merkmal zu dichotomisieren ist und zudem, wie die beiden Pole oder Extrema heißen könnten. Bei Risikobewusstsein wären die Endpunkte einmal *Risikofreude,* zum anderen *Risikoangst,* also risiko-affines bzw. risikoscheues Verhalten.

Im Hinblick auf die Betriebsbereiche wie Forschung & Entwicklung, Marketing und Vertrieb, Produktion und Stäbe wäre zu prüfen, wie sich dieses Konstrukt bei der Arbeit manifestiert und welche Aspekte oder Facetten in den untersuchten Fachbereichen jeweils relevant sind. Für Produktionsstätten liegt ein Risiko immer darin, dass aufgrund von z. B. unterlassenen, aber kostensparenden Wartungsarbeiten irgendwann der Fertigungsprozess gestört wird und es zu Produktionsausfällen kommt, oder die Lagerhaltung mit ihren Zeitpuffern falsch kalkuliert wurde. Vertriebsbereiche tragen immer das Risiko, Kunden und damit Umsatz zu verlieren, oder bei Ausschreibungen nicht zum Zuge zu kommen. Und Forschungsbereiche unterliegen dem Risiko, entweder mit technisch nicht ausgereiften Innovationen zu früh in die Produktion zu gehen oder am Kundenbedarf vorbei sie zu entwickeln. Solche bereichsspezifischen Merkmalsfacetten wären dann in Workshops oder über Interviews vor Ort zusammen zu tragen und näher zu beschreiben oder zu konkretisieren, damit sie als Merkmals- oder Beurteilungskriterien (Items) Anwendung in der Praxis finden und jeder Betriebsbereich sich darin wiederfindet.

Ähnlich wie bei dem Merkmal Risikobewusstsein wäre auch mit den anderen Merkmalen des „Unternehmerischen Denkens und Verhaltens" zu verfahren. Am Ausgangspunkt steht daher immer die Frage: „Was heißt z. B. Kosten- oder Ertragsorientierung konkret für uns und wie zeigt sich das in der Praxis?".

Ein weiterer wichtiger Gesichtspunkt gerade bei wirtschaftsbezogenen Merkmalen ist auch, dass es als Erfolgskriterien oder Manifestationen sowohl *quantitative* Kriterien (z. B. Kennziffern als Budgetgrößen, Kundenmargen etc.) als auch *qualitative* Kriterien, wie z. B. die Risikoneigung, gibt und für die Gestaltung von Personalbeurteilungssystemen prinzipiell zur Verfügung stehen. Bei Berücksichtigung und Einsatz ökonomisch ausgerichteter Beurteilungskriterien ergibt sich zunehmend die Chance, sie für Management-Informations-Systeme (MIS) oder Controlling-Systeme, wie die BSC (s. Kap. 5), zu nutzen und die betriebs- oder personalwirtschaftliche Steuerung zu optimieren.

Anregungen zur Entwicklung und Formulierung von Beurteilungskriterien können auch psychologische Tests geben oder stiften, die sich mit der Diagnostik von wirtschaftlichen oder geschäftsbezogenen Neigungen und Verhalten beschäftigen wie z. B. der *„Six & Six"* als Persönlichkeitsverfahren zur Identifizierung eines Wirtschafts- und Finanzprofils (Wienkamp, in Vorbereitung). Neben der Risikoneigung und der *Anreizmotivation* als Ausfluss des „Sinns oder die Motivation für das Geschäft (oder dem Business) zum eigenen Vorteil" können gemäß der Konzeption dieses Instrumentes noch ganz andere Einflüsse existieren, die im Geschäftsleben wirksam und erfolgskritisch sind, wie z. B. ein starker Optimismus (hier als *Wunschdenken* apostrophiert), *Machtambitionen* um Geschäfte auch bei Hindernissen oder Widerständen zu realisieren, *„Soziale Vergleichsprozesse"*, um sich mit anderen zu messen usw.

11.2 Ansätze zur Beurteilung von Kreativität und Innovationsvermögen

Beurteilungen oder Einschätzungen über kreative oder innovative Anlagen oder Begabungen sind in der Eignungsdiagnostik fast „ein Ding der Unmöglichkeit". Was in der Kunst oder im Show-Geschäft vielleicht noch funktioniert und zu beobachten ist, tritt in dieser Auffälligkeit nicht im normalen Arbeitsleben in Erscheinung. Bereits bei Kindern im Vorschul- und Schulalter haben die Bemühungen zur Kreativitätsdiagnostik mittels Kreativitätstests versagt (vgl. z. B. Seiffge-Krenke, 1974).

Selbst in späteren Jahren haben die Versuche, Kreativitätstests vornehmlich für den technisch-naturwissenschaftlichen Bereich (Facaoaru, 1985) zu entwickeln, nicht zu dem durchschlagenden Erfolg geführt, da die Aktivitäten weniger an der Entwicklung von Testaufgaben scheiterten, sondern an den Ansätzen, sie mithilfe geeigneter Kriterien zu validieren (s. insbesondere Palmer, 2016). Lediglich ein sogenannter „Extremgruppenvergleich" vermochte gewisse Ansatzpunkte einer realitätsgerechten nachvollziehbaren Differenzierung zu liefern. In dem Gruppenvergleich von Facaoaru (1985) war z. B. festzustellen, dass Wissenschaftler in der Grundlagenforschung oder im F & E Bereich von Unternehmen einen anderen *Arbeitsstil* entwickelten als z. B. Ingenieure oder Konstrukteure, die vornehmlich in der Konstruktion oder in der Fertigung arbeiteten. Forscher gehen mehr grundsätzlicher, theoretischer, also hypothesengeleiteter, und viel analytischer an die Problemstellungen heran, was nicht überraschen dürfte, während Konstrukteure mehr ergebnis- oder funktionsorientiert sind und auf technische (ggf. schon erprobte und bewährte) Lösungen setzen.

Kreativität lässt sich nicht so ohne weiteres einfangen und nach einem vorgegebenen Plan untersuchen. Denn es ist nun mal eine Tatsache, dass Kreativität sich nicht verordnen und verschreiben lässt, zumeist spontan auftritt (wie ein „Geistesblitz") und damit allen Testversuchen oder Überprüfungen zuwiderläuft. Einmal wegen ihrer aus dem Unterbewusstsein stammenden ungesteuerten Impulse, und zum anderen wegen der Undurchführbarkeit geplanter Versuche,

Kreativität zu diagnostizieren, ist es im Prinzip nicht möglich, kreative Personen ordnungsgemäß zu identifizieren. Wenn es im Rahmen der Eignungsdiagnostik und Bewerberauslese aufgrund des Paradoxons, also der Widersprüchlichkeit, also nicht möglich ist, Kreativität angemessen zu beurteilen, muss das allerdings für Mitarbeiterbeurteilungen durch die Vorgesetzten nicht unbedingt zutreffen. Führungskräfte haben die Möglichkeit, die „Kreationen" ihrer MA, wie z. B. originelle Ideen, Erfindungen oder Patente, zum einen über einen längeren Zeitraum zu beobachten und zu begutachten, zum anderen müssen sie ihnen ihre kreativen Lösungen persönlich auch abnehmen bzw. sie wollen von deren Nutzen oder Lösungspotenzial überzeugt sein oder werden.

Damit könnten kreative Problemlösungen von den Beschäftigten am Arbeitsplatz die allgemeinen Mindestanforderungen von kreativen Beiträgen oder Leistungen per Definition erfüllen:

1. Sie müssen neu und originell sein
2. Sie müssen von Nutzen sein und
3. Sie müssen von anderen akzeptiert werden.

Aber, woran können Führungskräfte das festmachen und feststellen? Einmal aufgrund der *Neugier,* wenn ihre MA häufig fragen nach dem „Was...?" oder nach dem „Warum?", also nach dem Grund oder einer Begründung oder Erklärung, was als „epistemische Neugier" oder Wissbegierde angesehen wird (vgl. z. B. Berlyne, 1974). Viel deutet auch auf neugieriges Verhalten hin, wenn MA dazu neigen, Dinge näher zu hinterfragen oder Situationen zu problematisieren – was eigentlich auch ein Zeichen der Analysefähigkeit ist und sich mit Neugier überschneidet. Manche Menschen neigten schon im Kindes- und Jugendalter außerdem dazu, die Dinge im sprichwörtlichen Sinne auseinander zu nehmen, sie auszuprobieren usw., was auch auf Neugierde schließen ließ. – Und Neugierde ist nun einmal ein Anzeichen bzw. eine Voraussetzung für Kreativität!

Selbstvertrauen soll nach den Beobachtungen und Erfahrungen einiger Forscher (s. Hennessey & Amabile, 1988) stark mit Kreativität korrespondieren und zusammenhängen, was natürlich ebenso in der betrieblichen Praxis festzustellen wäre. Menschen, die an sich selbst in erster Linie glauben, sind stärker im „Hier und Jetzt", also in der aktuellen Realität, verhaftet und plagen sich weniger mit Zukunftsängsten oder Vergangenheitsbewältigungen in ihrer Phantasie herum, die von kreativen Ideen ablenken, da der „Kopf nicht frei ist". Nicht umsonst gibt es aus der therapeutischen Arbeit eine Vielzahlt von Übungen, die auf die „Versöhnung" von Phantasie einerseits, und erlebter und wahrgenommener Realität andererseits abzielen (s. z. B. Stevens, 1984), um den Klienten die erlebten Unterschiede klarzumachen und ihnen einen Ausweg aus dieser selbst gestellten Falle zu bieten.

Eine weitere, eng mit der Kreativität zusammenhängende Facette ist *Intuition,* also so etwas wie ein bestimmtes „Bauchgefühl" oder den „richtigen Riecher" zu haben. Weniger mit Kreativität, eher mit „intuitiver Intelligenz" dürfte die mentale Stärke verbunden sein, „um die Ecke denken zu können" und auf diese Weise auf Erkenntnisse zu stoßen, an die andere bisher überhaupt noch nicht gedacht haben und bei ihnen für Verblüffung oder Überraschung sorgen. Menschen, die über diese intuitiven Eigenschaften verfügen, dürften damit im Arbeitsleben auch positiv auffallen. In interpersonalen oder sozialen Beziehungen fallen sie dadurch positiv auf, dass sie andere Menschen einfach besser verstehen und sie sich emotional in sie hineinversetzen können, was bekanntlich Empathie auszeichnet (s. auch Abschn. 9.3 und 9.4).

Die betriebliche Praxis wie auch die Managementlehre kennt darüber hinaus noch zwei „Spielarten" oder Varianten von *Innovationen*. Einmal den „Kontinuierlichen Verbesserungsprozess (KVP)", wo eher evolutionär innovative Fortschritte, meistens durch Teamwork, erzielt werden, und zum zweiten erratische (i. S. von „weg vom Ursprünglichen" oder dem Status quo) Umbrüche oder Sprünge, die die betriebliche Wirklichkeit radikal verändern, sie also die Verhältnisse „von den Füßen auf den Kopf stellen" und dem Veränderungsmanagement (Chance Management) oder Business Reengineering begrifflich nahekommen.

Strittig ist überhaupt eine Gleichsetzung von Kreativität im Sinne von Einfallsreichtum oder Erfindergabe und Innovationsvermögen. Während Kreativität eher Forschern aufgrund ihrer Theorielastigkeit und ihrer Neigung zur Exploration attestiert wird, gelten Innovatoren eher als „Macher", die als Projekt- oder Produktmanager vor Ort die von anderen ersonnenen Ideen oder deren Erfindungen aufgreifen und zu produktionsreifen Innovationen entwickeln und umsetzen, also die Dinge erst in Gang bringen und den Prozess am Laufen halten (vgl. Malik, 1996).

Einstellungen zur Kreativität oder zum kreativen Arbeiten wären evtl. diagnostizierbar und von den eigentlichen Kreativitätsleistungen zu differenzieren und zu trennen. Eine kreative Einstellung wäre dann eine Prädisposition für Kreativität im Verhalten, die allerdings nur spontan auftritt.

Nicht nur für Personalbeurteilungen, wie z. B. eine mögliche Potenzialanalyse (s. Kap. 4), sondern auch für die spätere PE und Karriereplanung haben solche Erkenntnisse und Befunde über Kreativität eine enorme praktische Bedeutung.

11.3   Auf welche Kriterien bei der Mitarbeiterbeurteilung noch verstärkt zu achten wäre?

Selbstverständlich erschöpfen sich die Attribute oder Kriterien eines MBS nicht an den hier herausgehobenen betriebswirtschaftlichen (Business-) Anforderungen und den geforderten oder diagnostizierten Kreativitätsbeiträgen der MA. Zugebenermaßen sind sie für in wirtschaftlichem Wettbewerb stehende Unternehmen der Garant, auch in der Zukunft am Markt erfolgreich zu sein und ihre Überlebensfähigkeit zu sichern.

Ein Blick nach „Innen" auf die Belegschaft, also auf die soziale Betriebsgemeinschaft, mag darüber hinaus noch einer nicht zu unterschätzende Bedeutung
zukommen. Nicht von ungefähr sind Bestandteil jedes MBS auch Beurteilungskriterien, die das „Zwischenmenschliche", also das Sozialverhalten thematisieren
und einer Beurteilung unterziehen. Dass das Kooperationsverhalten oder der
„Teamgeist" sowie auch die Art und Weise der Kommunikation schon immer
für eine Mitarbeiterbeurteilung relevant waren, mag niemandem besonders überraschen und soll nicht weiter diskutiert werden.

Leider kann es aber vorkommen, dass die Beurteilung in den sozialen Kategorien nicht nur im Einzelfall zu wünschen übrig lässt, sondern dass es auch in
bestimmten Verhaltenszügen *Übertreibungen* bzw. extreme Ausprägungen gibt, die
ebenfalls negativ zu Buche schlagen und berechtigterweise kritikwürdig sind. Zum
Beispiel ist ein sehr impulsives, unkontrolliertes Verhalten eines MA für seine
oder ihre soziale Umwelt unverträglich und führt häufig zu Irritationen und Ärger.
Ebenso wären auch sowohl ein übertriebener Optimismus als auch Pessimismus
fehl am Platze, und diese Verhaltenstendenzen machen es insbesondere den verantwortlichen Führungskräften nicht immer leicht. MA, die unter einem starken
Geltungsdrang leiden, tragen narzisstische Züge in sich und wollen immer von
allen anderen bewundert werden. Wird ihnen die Aufmerksamkeit, ob nun zu
Recht oder zu Unrecht, verwehrt, werden sie unerträglich und zum „Störenfried".

All diese Kriterien, die in der Tendenz unerwünschtes Verhalten in sich
bergen, lässt sich noch um weitere Merkmale wie Egoismus, Machiavellismus
und Konkurrenzgehabe ergänzen und sollten bei der Mitarbeiterbeurteilung eine
entsprechende Beachtung und Würdigung erfahren, da sie den Betriebsfrieden
gefährden könnten.

11.4   Neugestaltung von Beurteiler Schulungen?

Curricula von Beurteiler Schulungen sollten sich nicht nur der Systemtechnik und
der Einweisung in das Beurteilungsverfahren widmen, sondern auch ergänzend
dazu   auf   Persönlichkeitsförderung   der   Seminarteilnehmer   (und   künftigen
Beurteiler als Vorgesetzte) setzen. Hierfür könnten die erlebnisaktivierenden
Methoden wie die „Themenzentrierte Interaktion (TZI)" zusammen mit aus
der psychotherapeutischen Anwendung stammenden Interventionen wie z. B.
Imaginationen sehr hilfreich sein (s. auch Kap. 9).

Um die positiven Effekte dieses Curriculums gemäß TZI unter Beweis zu
stellen, wäre zu empfehlen, einmal eine Seminargruppe mittels dieses Modells
zu schulen, und zum anderen eine Kontrollgruppe nach dem bisherigen oder
herkömmlichen Seminarkonzept, also ohne intensive Schulung der *Intuition*, damit
zu vergleichen. Zu erwarten wäre, dass die TZI-Gruppe der Kontrollgruppe in
der intuitiven Wahrnehmung und Urteilsbildung in der Praxis bei der Mitarbeiterbeurteilung überlegen ist. Gradmesser oder Erfolgskriterien wären z. B. die Anzahl
nicht-akzeptierter Beurteilungen durch die MA im Sinne von „Beschwerden",
Abfragen über Zufriedenheitswerte mit der Beurteilungspraxis u. ä.

11.5 Suche nach geeigneten Erfolgs- oder Validität-Kriterien

Bei Durchsicht der bisherigen Ausführungen dürfte auffallen, dass es bei der Neu-entwicklung von psychometrischen Instrumenten oder auch ihr Einsatz in der Praxis auf Nachweise oder Belege ihrer Güte und Praxistauglichkeit ankommt. Sie sollten zum einen die messtechnischen Gütekriterien erfüllen, zum anderen sollten die Verfahren „am Puls der Zeit" sich bewegen und in der Realität ankommen. Realitätsgerechte Verfahren sind zugleich auch immer Verfahren, die valide sind und das, was sie zum Ausdruck bringen, auch messen und darstellen.

Aus dem Tableau der BSC (s. Kap. 5) liegt für Validität-Nachweise eine Reihe von betriebswirtschaftlichen objektiven Erfolgskriterien vor, die sich mit den Ergebnissen aus der Personalbeurteilung in Zusammenhang bringen lassen, was bereits angedeutet wurde. Zu denken wäre an Daten aus der Produktion wie Produktivität, Fehlerquote oder Reklamationen, oder aus dem Kundengeschäft wie Umsatz, Neukundengewinnung etc., oder schließlich aus dem Finanz- und Rechnungswesen mit ihren klassischen Erfolgsgrößen aus der G+V – Rechnung u. ä. An dieser Stelle soll allerdings nicht behauptet werden, dass dieses Ansinnen neu wäre und noch nie versucht oder praktiziert wurde.

Von Autoren aus der Szene „rund um das 360° – Feedback" (s. Abschn. 6.1) ist zu entnehmen, dass die Korrelationen zwischen den Fremdbeurteilungen und der Selbstbeurteilung zwar positiv, aber nur mäßig bis moderat waren und nur im Einzelfall statistisch signifikant wurden mit Korrelationsmaßen von größer .20. Moderate Korrelationen haben durchaus eine gewisse Plausibilität, da die Urteile Fremder sich von Selbsteinschätzungen unterscheiden (z. B. wegen des Halo-Effektes bei Beurteilungen durch andere). Nicht erwähnt wurden Zusammenhangsberechnungen (also Korrelationen) zwischen einerseits der Selbstbeurteilung und betriebswirtschaftlichen Kennziffern, und andererseits Korrelationen zwischen den Fremdbeurteilungen und z. B. vergleichbaren BSC-Indikatoren. Dabei könnte solch ein Korrelationsvergleich darüber Auskunft geben, welche Beurteilungsform näher an der Wahrheit liegt und valider wäre! Richtig wäre auch, dass solch ein Forschungsdesign eher eine wissenschaftliche Untersuchung darstellen würde, von deren Ergebnisse und Erkenntnisse auch die Praxis profitieren könnte.

11.6 Von der Personen- zur Beziehungsbeurteilung

Personalbeurteilungen geben ein Echo einer Beziehung wider. Sie wären damit – wie in der Psychotherapie – ein sogenannter „Primärvorgang", in dem die früheren Erlebnisse noch einmal durchlebt werden. Für die Beziehung, z. B. zwischen Führungskraft und MA, bedeutet das entweder eine Chance, bestehende (alte) Konflikte oder Probleme noch einmal aufzugreifen und ggf. zu bearbeiten oder die Beziehung aufgrund des ungelösten Problems noch weiter zu belasten und den Riss zwischen den Konfliktparteien noch zu vertiefen.

Chancen für eine Problem- oder Konfliktlösung liegen im bewussten emotionalen Verständnis der möglichen Konfliktursachen, wie es in dem ablaufenden Primärvorgang durch das gemeinsame Erleben erzeugt wird. Imaginationen oder gedankliche Bilder (s. auch Abschn. 9.3), die z. B. durch einleitende Phrasen wie: *„Stellen Sie sich die Situation noch einmal gedanklich vor, wie das damals war"* können bei der Reaktivierung dieses Prozesses sehr hilfreich sein.

Emotional gefärbte Bilder dienen somit der Bewusstseinserweiterung, indem simultan und ganzheitlich der gesamte Komplex des Konfliktes verspürt und erfasst wird.

11.7 Unterstützung des strategischen Personalmanagements

Beurteilungsergebnisse nur für den „Schrank" oder nur für die Personalakte, ob nun elektronisch gespeichert oder in Papierform, helfen in der Tat nicht weiter und werden, was viel gravierender ist, auch nicht ernst genommen. Der Personaladministration stehen im Grundsatz verschiedene Möglichkeiten der Auswertung und Verwertung der Daten aus der Mitarbeiterbeurteilung zur Verfügung. Vielleicht nicht in allen, aber sicherlich in einigen Fällen muss die Personalabteilung das Gespräch mit den verantwortlichen Führungskräften führen und die Mitarbeiterbeurteilung hinterfragen. Zwingende Anlässe sind z. B. Konfliktfälle, wenn der MA die Beurteilung nicht akzeptiert hat (z. B. keine Unterschrift im Beurteilungsbogen), oder Potenzialempfehlungen zur weiteren Karriereentwicklung vorliegen, auf die zeitnah zu reagieren ist, oder die vorgeschlagenen Fördermaßnahmen nicht hinreichend konkret formuliert wurden (z. B. mehr Problemlösefähigkeit wird gefordert, ohne Spezifikation wofür; oder es wird als Maßnahme einfach ein Kommunikationstraining vorgeschlagen ohne nähere Begründung und Erläuterung).

In früheren Jahren haben sich das Personalwesen sowie die Führungskräfte damit begnügt, eine grobe Orientierung durch die Klassifikation der beurteilten MA gemäß folgender Einteilung zu schaffen (s. auch Abschn. 3.5):

> 1) exzellente Leistungsträger mit ggf. Aufstiegspotenzial
> 2) MA mit Förderungs- oder Sanktionsbedarf aufgrund (noch) unzureichender Leistungen
> 3) restliche MA mit zufriedenstellenden bis guten Leistungen (ohne besondere Maßnahmen aktuell wie auch in der Zukunft).

Vor dem Hintergrund der Anforderungen an ein strategisches Personalmanagement reicht diese „Genügsamkeit" sicherlich nicht mehr aus, da die Arbeitsanforderungen bedingt durch den technischen Fortschritt sowie sich wandelnder Märkte und Kundenbedürfnisse sich ständig und unverhofft ändern. Auf diese neuen sich ändernden Anforderungen muss sich das Unternehmen einstellen, jeweils vorbereitet sein und schnell und flexibel darauf reagieren.

Nicht umsonst wurden in den vorherigen Kapiteln eine Vielzahl von Management- und Personalsystemen vorgestellt, die in ihrer Breite diese modernen strategischen Managementanforderungen abdecken. Mithilfe des „Qualifikations-Index" (s. Abschn. 3.1) ist es z. B. möglich, sowohl eine Standortbestimmung bezüglich des aktuellen Leistungsstandes vorzunehmen als auch die angemessene Vergütung zu klären. Abgesehen von Potenzialanalysen und darauf aufbauenden Förderprogrammen, die eher für einen exklusiven Kreis der MA reserviert sind, kommt es vor allem darauf an, die MA bedarfsgerecht und flexibel gemäß den aktuellen Anforderungen der Organisationseinheiten einzusetzen und dabei bei Bedarf neue Managementkonzepte umzusetzen (z. B. Business Reengineering, Lean Management). Durch neue arbeitsorganisatorische Konzepte, z. B. aufgrund der eben genannten Managementkonzepte oder einem verstärkten IT-Einsatz, findet häufig sowohl eine Personalsubstitution bzw. Personalverschiebung von dem einen zum anderen Fach- oder Arbeitsbereich statt als auch eine Veränderung der Berufsfelder oder Arbeitsaufgaben. Somit ist davon auszugehen, dass der Personalstamm permanent sich im Aufbruch und Wandel befindet – was letztendlich nicht zu verhindern ist.

Ausgefeilte Personalcontrolling-Systeme und Managementinstrumente (z. B. Personalportfolios als Steuerungsinstrumente; s. z. B. Wienkamp, 2020, S. 85 ff.) können dabei helfen, den Mitarbeiterstamm nicht nur nach „gut", „schlecht" und „unauffällig" zu klassifizieren, sondern nach Schemata, die viel stärker auf den kommenden Handlungsbedarf ausgerichtet sind und strategischen Zielsetzungen folgen.

MA einfach nicht zu beachten oder sogar „abzuschreiben" (wie die eher unauffälligen MA der o.g. Kategorie 3 dies naheliegen würden) steht einer modern ausgerichteten Personalbetreuung nicht zu und würde ihren Anspruch auch nicht gerecht werden. Psychologisch würde zudem „der Schuss früher oder später nach hinten losgehen", denn diese unauffälligen Beschäftigten würden sich im Bedarfsfalle dem Unternehmen nicht mehr verpflichtet fühlen und einfach „ihren Job machen" (oder im schlimmsten Falle „Dienst nach Vorschrift" oder sie stellen die Arbeit komplett ein bzw. sie tun nur so, als ob sie beschäftigt wären). Wegen fehlender Loyalität oder Motivation solcher MA sind schon so manche ehrgeizigen, aber notwendigen Reorganisationen oder Projekte gescheitert!

Abgesehen davon wäre solch eine Nicht-Beachtung „verdienstvoller" MA zutiefst inhuman. Daher sieht ein fortschrittliches Personalwesen immer wieder die Kontaktaufnahme zu *allen* MA in regelmäßigen zeitlichen Abständen vor (z. B. alle zwei Jahre mindestens ein Personalgespräch), auch wenn akut kein besonderer Beratungsbedarf besteht (s. hierzu auch z. B. Wienkamp, 2020, S. 36).

11.8 Resümee

Bestimmten neuen Herausforderungen in der Beurteilungspraxis von MA, wie den Business-Anforderungen, ist mithilfe einer hier skizzierten Heuristik als Systematik der Konstrukt- und Kriterien- Entwicklung nachzukommen. Schnell zeigte sich dabei, dass es, falls vorhanden und möglich, auf ein theoretisches

Gerüst sowie auf eine klare und unterscheidbare Definition durch die relevanten Merkmalsaspekte ankommt. Über Nachforschungen in der Praxis lassen sich dann – analog der Vorgehensweise wie bei der Psychologischen Anforderungsanalyse – die Beurteilungskriterien gewinnen und präzisieren.

Alternativ dazu können auch wirtschaftspsychologische Tests mit ihren Items für die Kriterien Gewinnung herangezogen werden. Schließlich beruht die Item Generierung von Tests auf Nachforschungen oder Explorationen in der Praxis, sodass es in dem Falle zu einer Umkehrung des Weges zugunsten oder zum Zwecke der Sammlung von Beurteilungskriterien kommt.

Solch ein Vorgehen gilt nicht nur für die Business-Anforderungen, sondern auch im Grundsatz für andere Merkmalsattribute, wie z. B. der Kreativität als Voraussetzung für die Schaffung zukunftsträchtiger Problemlösungen oder Innovationen. Nur haben eignungsdiagnostische Einschätzungen oder Bewertungen bei der Kreativität das Handicap zu tragen, dass kreative Impulse oder Ideen eigentlich nur spontan auftreten und sich nicht in ein Untersuchungsdesign pressen und nach Plan feststellen lassen!

Vielleicht sind die Verhältnisse bei der institutionalisierten Personal- oder Mitarbeiterbeurteilung insofern anders, dass die Vorgesetzten nicht auf ein zeitpunktgerechtes Auftreten von kreativen Lösungen – wie in eignungsdiagnostischen Situationen – angewiesen sind und darauf warten müssen, sondern sie für ihre Beobachtungen und Beurteilungen eine längere Periode (ohne Stress) zur Verfügung haben und sich von dem betrieblichen Nutzen der kreativen Beiträge ausreichend vergewissern und überzeugen lassen können.

Am Rande sei noch der Hinweis gestattet, dass die Organisationskultur bzw. die Binnenverhältnisse unter den Beschäftigten auf eine gewisse Normalität im Arbeits- und Sozialverhalten der Mitarbeitenden angewiesen sind. Fehlverhalten sowie Übertreibungen, nach welcher Seite oder Richtung auch immer, sind zu unterbinden, wozu auch die Mitarbeiterbeurteilung und ihre inhärenten Feedbackgespräche ihren Beitrag leisten können.

Viele dieser wichtigen Beurteilungsmerkmale sollten auch Gegenstand von Beurteilungsseminaren sein, deren Schulungskonzept ggf. einer Überprüfung bedarf. Nach den Erfahrungen gruppentherapeutischer Verfahren sollte sehr viel Wert auf eine Schulung der Intuition bei angehenden Führungskräften als zukünftige Beurteiler gelegt werden.

Zusammenhänge zwischen Selbst- und Fremdbeurteilungen sind bereits häufiger ermittelt worden, wenngleich die positiven Korrelationen nicht besonders hoch ausfielen. Ergänzend dazu wäre es interessant, den Zusammenhang von jeweils Selbst- und Fremdbeurteilung zu betriebswirtschaftlichen Erfolgsgrößen zu quantifizieren und für die Validität-Bestimmung im Zuge eines Vergleichs zu nutzen.

Zum Schwur kommt es bei der Verwertung der Beurteilungsergebnisse durch die Personaladministration für die Umsetzung notwendiger Maßnahmen, um die personalstrategischen Anforderungen und Zwecke, die von den vorliegenden

Personalbeurteilungen profitieren könnten, zu erreichen. Vor groben Klassifikationen nach der Leistung oder dem Wert von MA sollte sich die Firma hüten, denn sie könnten zu gravierenden Fehleinschätzungen einmal bezüglich des Betreuungs- und Förderbedarfs der MA führen, zum anderen in einem schmerzlichen Verlust an Loyalität und Mitarbeiterbindung bei Irritationen darüber münden.

Literatur

Berlyne, D. E. (1974). *Konflikt, Erregung, Neugier: Zur Psychologie der kognitiven Motivation.* Klett.

Facaoaru, C. (1985). *Kreativität in Wissenschaft und Technik. Operationalisierung von Problemlösefähigkeit und kognitiven Stilen.* Huber.

Hennessey, B. A., & Amabile, T. M. (1988). The conditions of creativity. In R. J. Sternberg (Hrsg.), *The nature of creativity, contemporary psychological perspectives* (S. 11–38). Cambridge.

Malik, F. (1996). *Wirksames Innovieren I; II; III. M.o.M. Malik on Management, Nr. 3/96 bis 5/96.* MZSG Management Zentrum St. Gallen.

Palmer, C. (2016). *Berufsbezogene Kreativitätsdiagnostik. Beschreibung und Messung der personalen Voraussetzungen von Innovationen.* Springer.

Seiffge-Krenke, I. (1974). *Probleme und Ergebnisse der Kreativitätsforschung.* Huber.

Stevens, J. O. (1984). *Die Kunst der Wahrnehmung. Übungen der Gestalttherapie* (8. Aufl.). Kaiser.

Wienkamp, H. (2020). *Der Weg zum Personalkennzahlensystem. Das HR-Cockpit in der Praxis - einfach, pragmatisch, systematisch.* Springer.

Wienkamp, H. (2021). *Psychologische Anforderungsanalysen. Anforderungsprofile für Management, Arbeit und Business.* Springer.

Lessons Learned

Zusammenfassung

Es heißt so schön, man lernt nie aus! Deshalb macht es sehr viel Sinn, die wichtigsten Gedanken und Ausführungen zur Konzeption von Personalbeurteilungssystemen, wie sie in diesem Beitrag verstanden wurden, kurz in einigen Statements zusammenzufassen und noch einmal zur (Selbst-) Reflexion anzubieten und nahe zu legen. Aber, damit nicht genug, denn es ebenso wichtig, auch die „Zeichen der Zukunft" zuerkennen und sich, wie hier empfohlen, z. B. mit Business-Anforderung oder die Beurteilung von Kreativität zu beschäftigen.

Personalbeurteilungen sind zunächst einmal als reguläres Verfahren im Grundsatz noch wichtiger als die populären Methoden oder Instrumente der Berufseignungsdiagnostik für Personaleinstellungen wie z. B. Testverfahren, Assessment Center oder Einstellungsinterviews. Denn im Gegensatz zu den ausgesuchten und eingeladenen Bewerbern sind die zu beurteilenden MA bereits auf der Gehaltsliste, also auf der „Pay Roll", und kosten jeden Tag dem Betrieb Geld! Aus dieser Perspektive muss die Personalbeurteilung die Plattform der personalwirtschaftlichen Steuerung sein, um die Beschäftigten innerhalb der Organisation optimal einzusetzen und sie nach besten Wissen und Gewissen zu fördern und zu motivieren.

Hoffentlich ist der Eindruck nicht falsch, dass Personalbeurteilungen ein sehr komplexes und vielschichtiges Thema bzw. Angelegenheit sind, auf die es weder die eine Antwort noch eine Ideallösung gibt. Jeder, der sich mit Personenbeurteilungen beschäftigt oder in der Vergangenheit damit beschäftigt hat, dürfte festgestellt oder erfahren haben, dass sowohl die Personalforscher als auch die Praktiker sich dieser Problematik – je nach Geschmack – von unterschiedlichen Standpunkten oder Perspektiven näherten. Während sich die eine Seite mehr auf

H. Wienkamp, *Strategische Personalbeurteilungen*,
https://doi.org/10.1007/978-3-662-66220-5_12

die Personenwahrnehmung und Kommunikation mit den Beurteilten konzentrierte, widmete die andere Seite mehr ihre Aufmerksamkeit den personalwirtschaftlichen Anwendungen oder dem Performance Management, um es auf eine Formel zu bringen – von den Randthemen, wie z. B. Vorgesetztenbeurteilung bzw. 360 – Feedback, Teambeurteilungen u. ä., einmal ganz abgesehen.

Interessant ist im Übrigen auch, wie sich einzelne Autoren bisher der Personen- oder Mitarbeiterbeurteilung näherten und was sie hervorhoben. So waren einige Autoren fasziniert von der historischen Entwicklung und Metamorphose bei Mitarbeitergesprächen und Mitarbeiterbeurteilungen. Ursprünglich waren nämlich die beziehungsorientierten Rückmelde- oder Mitarbeiterbeurteilungsgespräche als Führungsinstrument gedacht und vorgesehen. Danach folgten Leistungsbeurteilungen mit entsprechenden Konsequenzen in Form von Leistungsprämien, Boni etc., an denen sich später Managementkonzepte der Personal- und Leistungssteuerung anschlossen, wie z. B. „Führen mit Zielen" oder „MbO", bis zur Rückbesinnung auf die eher „weichen" kommunikativen Ansätze der Beratungs- und Feedbackgespräche als „Coaching-Ansatz" in Verbindung mit Unterstützungsmaßnahmen zur PE der Beurteilten. Andere Personalforscher haben sich mit dem zukunftsweisenden Thema der Leistungserstellung und Leistungshonorierung beschäftigt und versuchten, für die Gestaltung der Mitarbeiterbeurteilung und ihrer Instrumente entsprechende Empfehlungen zu geben oder abzuleiten.

Vor diesem Hintergrund hätte sich jede Organisation als Anwender von MBS zu entscheiden, ob sie ihren Focus auf einen oder bestimmte Anwendungszwecke der Mitarbeiterbeurteilung setzt, oder ob sie die Personalbeurteilung als ein Gesamtsystem betrachtet und versucht, sozusagen aus einer „Vogelperspektive" (also mit dem Blick von oben) das Beurteilungssystem mit ihren Interdependenzen nach ihren *strategischen* Belangen und Anwendungszwecken zu gestalten und soweit möglich zu optimieren. Letzteres Anliegen war oder ist auch die Konzeption dieses Fachbeitrages, woraus sich folgende Schlussfolgerungen ergeben:

1. Nachdem hoffentlich klar geworden ist, dass strategische Personalbeurteilungen, wie sie hier genannt wurden, wenig gemeinsam haben mit (taktisch motivierten) Manipulationsversuchen von Individuen zur Realisierung partikularer Interessen oder Vorteile, dürfte der Blick frei sein auf die wirklichen strategischen Anliegen und Aufgaben dieses personalwirtschaftlichen Systems.

2. Zur Förderung der Kommunikation und des Beziehungsmanagements zwischen Führungskraft und ihren unterstellten MA sollten die Beteiligten zwar so oft wie möglich bzw. bei gegebenem Anlass miteinander reden, aber auch von Zeit zu Zeit die Vergangenheit Revue passieren lassen und sich gegenseitig Feedback geben. Dies kann – muss aber nicht unbedingt – in eine institutionalisierte bzw. formalisierte Personalbeurteilung eingebunden sein.

3. Aus diversen Gründen macht es Sinn, strikt zwischen den eher pädagogisch orientierten Mitarbeitergesprächen mit entsprechender Rückmeldung und

den interessensgeleiteten Gesprächsanlässen oder Themen, die im weitesten Sinne die eigene Karriere betreffen, zu differenzieren. Dass hierbei auch die Leistungshonorierung bzw. die Karriere- oder Gehaltsperspektive im Focus steht, erklärt sich wohl von selbst. In diesem Fadenkreuz treffen die berechtigten Interessen und Anliegen sowohl der MA als auch der Vorgesetzten bzw. der Organisation aufeinander bzw. sie überschneiden sich.

4. In allem was das Personalmanagement unternimmt, sollte es sich adäquater moderner Personalsysteme zu ihrer Unterstützung bedienen, die zu der herrschenden Unternehmenskultur passen. Das gilt sowohl für die Mitarbeiterbeurteilungsverfahren (inkl. Potenzialanalyse) als auch für die Vergütungs- oder Gehaltssysteme. Vergütungszuwendungen sollten auch eine kollektivistische Komponente wie eine (personenunabhängige) Gewinnbeteiligung aufweisen, um den Solidaritätsgedanken sowie die Betriebstreue zu fördern. Für „Nicht-Führungskräfte" bzw. für „Nicht-Budget-Verantwortliche" wäre insbesondere noch eine leistungsabhängige Vergütungsprämie o. ä. vorzusehen, die vom zuständigen Vorgesetzten nach transparenten und kalkulierbaren Kriterien innerhalb eines Korridors (wie z. B. die Qualifikations- oder Kompetenzeinstufung bei der Standortbestimmung) sich bemisst. Falls Umstände oder Ereignisse auftreten, auf die die MA keinen Einfluss hatten, wäre das aus Fairnessgründen entsprechend zu berücksichtigen.

5. Potenzialbeurteilungen sollten sich weniger nach den Schwächen oder nach dem „Normalmaß" richten, sondern stärkenorientiert sein und die auffälligsten Kompetenzen mit den größten Herausforderungen zukünftiger Arbeitsaufgaben oder Funktionen verbinden und für die Zukunft eine Entwicklung zur Professionalität anstreben. Zusätzliche Erkenntnisse lassen sich gewinnen, wenn auch nach den Potenzialrichtungen im Sinne von charakteristischen Tätigkeitsschwerpunkten (z. B. eine Präferenz für den Umgang mit Risiken) oder Arbeitsplatztypen, die ein bestimmtes Talent oder eine besondere Mentalität bedingen oder voraussetzen, geforscht wird, die zum Potenzialkandidaten bestmöglich passen.

6. Im Mittelpunkt der Diskussion stand auch die Frage, wie eine strategische Personalbeurteilung eine evtl. Balanced Score Card (BSC) als eine Variante eines Personal-Controlling-Systems unterstützen und weiterbringen könnte. Es zeigte sich, dass eine Strategiebeurteilung als „Herzstück" einer BSC nicht nur eine Aufgabe und Angelegenheit des „obersten" Managements ist, sondern dass auch die Beschäftigten an der Basis oder vor Ort einen wesentlichen Teil dazu beitragen können, sowohl die Strategie mit ihren Zielen zu erfüllen als auch eine realistische Rückmeldung zu geben, wenn „die Welt sich geändert hat", die ursprünglichen Zielsetzungen obsolet geworden sind und ein Umsteuern erforderlich ist. Führungskräfte können die Mitarbeiterreaktionen gerade in den Gesprächen und insbesondere bei einer Mitarbeiterbeurteilung in Erfahrung bringen und reflektieren.

7. Von den hier behandelten Sonderthemen zur Personalbeurteilung sind insbesondere Beurteilungen innerhalb von Teams und der Umgang mit ggf. sich verschlechternden Bewertungen praxisrelevant und ggf. regelungsbedürftig.

En vogue sind darüber hinaus in der Managementliteratur und auch in der Praxis Führungskräftebeurteilungen oder die noch umfassendere Beurteilung nach dem 360° – Feedback. Allerdings birgt diese Anwendung sowohl Chancen als auch Risiken, weshalb es schwer fällt, hierfür eindeutige Empfehlungen zu geben oder Lösungswege aufzuzeichnen. Aus verschiedenen Gründen ist jedoch eine Selbstbeurteilung des Beurteilten anzuraten und ausdrücklich zu empfehlen.

8. Menschen suchen nach Stimmigkeit und Harmonie, um sich wohlzufühlen. Bezogen auf interpersonale Beziehungen bedeutet das, dass ein Gleichgewichtszustand präferiert wird und Ungleichgewichte als Störungen apostrophiert und empfunden werden und Veränderungen verlangen oder provozieren. Genau diesen Mechanismus postuliert die Balance-Theorie, die eine Balance oder Stimmigkeit sowohl innerhalb einer persönlichen Beziehung zwischen zwei Personen als auch im Hinblick auf ein bestimmtes Objekt, wie Meinung, Thema, Geschmack usw. voraussetzt. Andernfalls kommt es in solch einer „Dreiecksbeziehung" zu Veränderungsbestrebungen, die unterschiedliche Anpassungen zulassen und nahelegen.

9. Die Einführung von Mitarbeiterbeurteilungen sollte keinem „Bombenabwurf" gleichkommen, sondern Schritt für Schritt und nach Plan sorgsam vorbereitet werden. Idealerweise lassen sich in einem Beurteiler Training die wichtigsten Inhalte behandeln und auch üben oder trainieren. Nachdem klar geworden ist, was eine Personenbeurteilung eigentlich ist, und wieviel eigene Anteile oder Einflüsse auf die Beurteilung anderer Personen z. B. durch Projektion des Beurteilers einwirken, ist es ratsam, durch entsprechendes Anschauungsmaterial (z. B. Videoaufzeichnungen) und Rollenspiele sowohl die möglichen Beurteilungsfehler als auch Zugänge zur Selbsterkenntnis erfahrbar zu machen. Dass die Handhabung des Systems sowie Hilfen zur Vorbereitung von Beurteilungsgesprächen auch dazu gehören erklärt sich wohl von selbst. Zuletzt sollte auch eine ausreichende Information der MA als Beurteilte und Betroffene über die Praxis des Beurteilungsverfahrens nicht zu kurz kommen.

10. Wie Beurteilungsgespräche oder überhaupt Mitarbeitergespräche zu führen sind, aus welchem Anlass auch immer, wäre idealerweise ohnehin Bestandteil vieler Kommunikationsseminare innerhalb eines Entwicklungsprogramms für (angehende) Führungskräfte. Ein Beurteilungsseminar könnte zusätzlich einige Besonderheiten, wie z. B. die Gestaltung und Ausübung der Rolle als Vorgesetzter bzw. Beurteiler, der Umgang mit Kritik, die Klärung von Beziehungsfragen, die berufliche Zukunftsperspektive des MA und die Bitte um ein Feedback vom MA zur Führungskraft, aufgreifen und klären. Dabei wäre es hilfreich, wenn die Seminarteilnehmer auch einen Rahmen als „Modell zur Kommunikation" präsentiert bekommen, um „Botschaften" sowohl des Senders als auch Gegenreaktionen des Empfängers verstehen zu können und adäquat damit umzugehen. Entscheidend für erfolgreiche Mitarbeitergespräche ist eine hinreichende Selbsterkenntnis sowie Empathie für die Belange, Sorgen oder Probleme der anderen Seite.

11. Ein probates Schulungskonzept wäre z. B. die „Themenzentrierte Interaktion (TZI)" für ein Beurteiler Training als Gruppenseminar. Sie gestattet auf der Basis ihres Konzeptes der „ICH-WIR-ES – Beziehung", die unterschiedlichen relevanten Themen in der Seminarveranstaltung zu behandeln, sodass jeder einzelne davon etwas hat und profitiert. Ein wichtiges Anliegen oder Ziel wäre darüber hinaus bei Personalverantwortlichen wie Führungskräften in der Funktion eines Beurteilers das Einüben von Intuition in der sozialen Wahrnehmung und Mitarbeiterkommunikation. Nur dann wäre gewährleistet, den MA überhaupt zu verstehen, was er meint und wie er (oder sie) sich fühlt. Empathie, also die emotionale Sichtweise und Befindlichkeit eines anderen Menschen vorbehaltlos annehmen, als wäre es die meine, schafft die Basis für eine belastbare Beziehung.

12. Führungskräfte als Beurteiler sollten sich des Weiteren nicht scheuen, den psychotherapeutischen Schulen einige Techniken oder Verfahrensweisen, wie die „richtigen" (zirkulären) Fragen zu stellen, Phantasien oder Imaginationen als bildliche gedankliche Vorstellungen einzusetzen etc., abzuschauen und fallweise für ein Mitarbeitergespräch zu nutzen, insbesondere dann, wenn Metakommunikation angesagt und nötig ist.

13. Nicht immer sind die zwischenmenschlichen Probleme oder Meinungsverschiedenheiten eindeutig und klar. Im Gegenteil, es können sich auch handfeste offensichtliche oder versteckte Konflikte dahinter verbergen, die den Konfliktparteien noch nicht einmal bewusst sein müssen. Konflikte haben häufig einen ambivalenten Charakter. Es kann z. B. sein, dass die eine Person darunter leidet, die andere nicht und logischerweise aktuell keinen Konflikt hat. Manchmal zeigen zudem Konflikte nur vorgeschobene Probleme, die einer intensiveren Erforschung und Diskussion bedürfen bis das eigentliche Problem zu Tage tritt. Konfliktmanagement fordert alle Beteiligten aufs äußerste, und gerade die Führungskräfte sollten sich in diesem schwierigen Terrain sehr achtsam und sensibel bewegen und mit ihrem Verhalten ein gutes Beispiel geben. Da Personalbeurteilungen geradezu zu Konflikten aufgrund unterschiedlicher Auffassungen über Leistungen und Fehlleistungen einladen, sollte sich jedes Unternehmen durch entsprechende Betriebsvereinbarungen prophylaktisch darauf vorbereiten und jeden Konflikt sehr ernst nehmen, damit keiner das Gefühl hat, unfair oder ungerecht behandelt worden zu sein, was andernfalls unweigerlich Ressentiments gedeihen lässt und zum Schaden aller Beteiligten mutiert.

14. Aus methodologischen Gründen wäre noch auf den „Dreiklang": Psychologische Anforderungsanalysen, Eignungsuntersuchungen bei der Bewerberauswahl und späteren Mitarbeiterbeurteilungen als Evaluationsverfahren der vorausgehenden Psychodiagnostik hinzuweisen. Unschwer ist zu erkennen, dass es sich bei diesen Verfahrensschritten um einen miteinander verbundenen interdependenten Gesamtprozess handelt. Entscheidende Akzente werden allerdings dabei gleich zu Anfang der Prozesskette gesetzt, indem die Psychologische Anforderungsanalyse die (grundsätzlich notwendigen und

erfolgskritischen) Anforderungskriterien erhebt, die sowohl für die spätere Eignungsdiagnostik als auch bei der Mitarbeiterbeurteilung maßgeblich sind. M. a. W.: Wenn bereits bei der Erforschung der Anforderungsstrukturen methodische Fehler oder Missgriffe (z. B. als sogenannte „blinde Flecken") passieren, dürften sich diese Schwächen unweigerlich bei den späteren Beurteilungen negativ bemerkbar machen und nicht ohne weiteres zu kompensieren sein.

15. Mitarbeiterbeurteilungen sind als Thema sozusagen häufig eine „Endlosschleife" und werden auch in Zukunft nicht aufhören, die Gemüter, ob nun in der Wissenschaft oder in der Praxis, zu beschäftigen. Beim näheren Nachdenken und dem Durchforsten der bisherigen Literatur fällt auf, dass im Unterschied zu den klassischen Beurteilungskriterien des Arbeits- und Leistungsverhaltens Beurteilungsmerkmale, die geschäftliches Denken und Handeln als sogenannte Business-Anforderungen betreffen, im Bereich der Konstruktion und Operationalisierung, ungeachtet erster, bestehender Ansätze, noch Nachholbedarf haben. Gleiches gilt auch für die in eignungsdiagnostischen Untersuchungen schwierigen, wenn nicht sogar unmöglichen Versuche, kreatives Verhalten oder Begabungen zu identifizieren. Da Führungskräfte als Beurteiler in einer anderen Situation als Abnehmer kreativer Leistungen als in einer Bewerberauswahl sich befinden, besteht, anders als bei der Eignungsdiagnostik, die berechtigte Hoffnung, kreatives oder innovatives Potenzial bei ihren beurteilten MA früher oder später auch zu entdecken und festzustellen. Von der Suche nach geeigneten Außenkriterien für einen Validitätsnachweis von kreativem Potenzial bleiben auch die Bemühungen zur Kreativitätsbegutachtung durch die Führungskräfte im Rahmen der regelmäßigen Mitarbeiterbeurteilung nicht verschont. Schließlich sei vor extremen Verhaltenstendenzen, also Übertreibungen, gewarnt, da sie für das soziale Umfeld im Betrieb ein Ärgernis werden oder sein könnten.

16. Das Personalmanagement würde es sich zu leicht machen, wenn es die MA einer Organisation einfach nur auf grobe Art und Weise in z. B. „gute oder exzellente MA", „schlechte oder förderungsbedürftige MA" und „unauffällige MA" klassifiziert, wie das in der Vergangenheit häufig der Fall war. Solch eine Vorgehensweise entspricht keiner „Strategischen Personalplanung", wo es schlicht und ergreifend darum geht, die MA entsprechend ihrer Stärken und Begabungen bestmöglich einzusetzen und die Human Resources optimal zu steuern. Eine strategische personalwirtschaftliche Steuerung ist besonders bei Veränderungen in der Arbeitsorganisation bedingt durch die Einführung neuer Managementkonzepte oder verstärkten IT-Einsatz gefragt, die das Arbeitsumfeld und die Arbeitstätigkeiten massiv beeinflussen können.

17. Schließlich ist zu guter Letzt aus einer humanistischen Perspektive darauf hinzuweisen, dass alle Beschäftigten eines Betriebes ihre eigenen Bedürfnisse und Ambitionen haben oder mitbringen. Somit ist es die unumgängliche Pflicht und Schuldigkeit des Personalmanagements sowie der verantwortlichen Führungskräfte mit dem MA ins Gespräch zu kommen

und „sie da abholen, wo sie stehen", d. h. sich über ihre Anliegen ständig zu informieren. Nicht ohne Grund wird daher empfohlen, dass der Personalbereich in regelmäßigen Zeitabständen mit allen Beschäftigten eines Unternehmens kommuniziert. Die in einem Personalkennzahlensystem enthaltene sogenannte „Kontaktquote" mutiert damit zu einem der wichtigsten Personalkennziffern, da sie als Erfolgsparameter viele andere Parameter des Personalgeschäftes (z. B. interne Bewerbungen auf vakante Stellen) beeinflusst.

Leistungskennziffer oder Stimmungsbarometer ist für alle Organisationen die allgemeine Arbeitszufriedenheit, die schließlich sowohl der Indikator für das aktuelle Wohlbefinden der Beschäftigten im Unternehmen ist als auch Hinweisgeber (Prädiktor oder Signal) sein kann für die Betriebstreue oder die Personalbindung verdienstvoller MA, die damit auch ein Commitment oder Zustimmung gegenüber ihrer Firma als Arbeitgeber zum Ausdruck bringen.

Anhang

Anhang 1 Beispiel zu Aufgabenschwerpunkten (= Key Performance Aeras oder KPA) eines Personalreferenten im Stabsbereich einer Personalabteilung

Nr	KPA (= Schwerpunkte) 3)	Aktivitäten in Beurteilungsperiode 4) a) dauerhaft b) Projekte	Leistungen und Ergebnisse + Output + Input 1) + Termin/Zeit + Prioritäten + Qualität + Kosten	Bewertung (+ −) * Treiber (+) * Hindernisse (−)
1	Personalsysteme entwickeln	a) lfd. Betreuung bestehender Systeme und ggf. Anpassungen b) Entwicklung und Einführung eines neuen MA-Beurteilungssystems (z. B.)	> Sichtung u. Analyse fremder Systeme > VS-Vorlage und Betriebsvereinbarung	+ psychologische und methodische Kenntnisse in Testtheorie und Diagnostik − Angst vor Veränderungen bei FK und MA
2	Personalpolitische Grundsatzfragen	a) Evidenz über Präzedenzfälle und Kontrolle der Umsetzung von Vorstandsbeschlüssen b) Abschluss einer Betriebsvereinbarung über Fahrkostenerstattungen (z. B.)	etc.	etc.
3	Planung Controlling Statistik	a) Durchführung der jährlichen Budgetierung und Reporting an Vorstand und Aufsichtsorgane b) Entwicklung eines Personalkennzahlensystems (z. B.)	> z. B. bei Budgetierung Termine einhalten	+ Qualitätsanspruch an ein Management-Informationssystem (MIS) − unzureichende IT-Unterstützung

Nr	KPA (= Schwerpunkte)	Aktivitäten in Beurteilungsperiode a) dauerhaft b) Projekte	Leistungen und Ergebnisse + Output + Input + Termin/Zeit + Prioritäten + Qualität + Kosten	Bewertung (+ —) * Treiber (+) * Hindernisse (—)
4	Organisation Prozesse Technik	a) Auswertung von Organisationsstudien auf Personalveränderungen und lfd. Kontrolle interner Arbeitsabläufe plus IT-Beratung b) Neue IT-Software für Reisekostenabrechnung implementieren und testen (z. B.)		
5	Arbeitsrecht [2]	a) lfd. juristische Begleitung arbeitsrechtlicher Fälle (z. B. Disziplinarmaßnahmen) und Prüfung von Betriebsvereinbarungen b) juristische Beratung bei allen Projekten (z. B. Lieferverträge)		

Anmerkungen:
1) Input = Kompetenzen, Motivation und Support durch FK oder Organisation.
2) Zuordnung des Aufgabenfeldes „Arbeitsrecht" nicht standardmäßig geregelt, d. h. entweder ist Arbeitsrecht in der Rechtsabteilung verankert gemäß „Vier-Augen-Prinzip" vertreten durch Ltr. Rechtsabt. oder ein Jurist ist dem Personalbereich zugeordnet und ist dem Personalleiter disziplinarisch unterstellt.
3) Tabellenformat über KPA's in Anlehnung an Rao (2004, S. 51 als „Self Appraisal – Format).
4) Inhalte gemäß eigener Beobachtung und Erfahrung aus der Praxis eines Personalbereiches.

Anhang 2 Ergebnisse der Varianzanalyse mit den *ipsativen Merkmalsskalen* Anreizmotivation und Risikotoleranz auf Risikoentscheidungen als abhängige Variable (N = 165 TN)

Deskriptive Statistiken

Abhängige Variable: GSumRSz

GSumAM_Md	GSumRT_Md	Mittelwert	Standardabweichung	N
1,00	1,00	91,5192	23,92.102	52
	2,00	104,3333	19,47.702	33
	Gesamt	96,4941	23,05.202	85
2,00	1,00	102,5263	20,99.387	38
	2,00	109,0238	28,42.061	42
	Gesamt	105,9375	25,22.473	80
Gesamt	1,00	96,1667	23,25.977	90
	2,00	106,9600	24,84.081	75
	Gesamt	101,0727	24,51.718	165

Tests der Zwischensubjekteffekte

Abhängige Variable: GSumRSz

Quelle	Quadratsumme vom Typ III	df	Mittel der Quadrate	F	Sig	Partielles Eta-Quadrat
Korrigiertes Modell	7832,363[a]	3	2610,788	4,632	,004	,079
Konstanter Term	1.665.446,808	1	1.665.446,808	2954,782	,000	,948
GSumAM_Md	2472,563	1	2472,563	4,387	,038	,027
GSumRT_Md	3742,134	1	3742,134	6,639	,011	,040
GSumAM_Md * GSumRT_Md	400,360	1	400,360	,710	,401	,004
Fehler	90.746,764	161	563,644			
Gesamt	1.784.169,000	165				
Korrigierte Gesamtvariation	98.579,127	164				

a. R-Quadrat = ,079 (korrigiertes R-Quadrat = ,062)

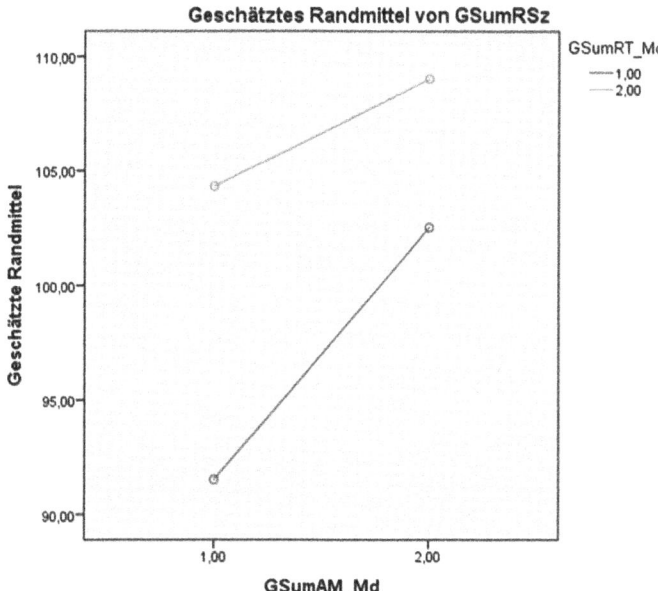

Geschätztes Randmittel von GSumRSz

Quelle: Ergebnisse aus Studie 1 mit 165 Teilnehmern in Wienkamp, H. (in Vorbereitung). *Persönlichkeitstest über Ihr Business- und Finanzprofil („Six & Six")*. Heidelberg: Springer

Anhang 3 Ergebnisse der Varianzanalyse mit den *6-stufigen Rating-Skalen* von Anreizmotivation und Risikotoleranz auf Risikoentscheidungen als abhängige Variable (N = 165 TN)

Deskriptive Statistiken

Abhängige Variable: GSumRSz

SumAmoMd	SumRiskMd	Mittelwert	Standardabweichung	N
1,00	1,00	93,3529	24,10.534	68
	2,00	93,5238	19,21.098	21
	Gesamt	93,3933	22,94.094	89
2,00	1,00	111,1333	24,78.152	15
	2,00	109,8033	23,18.464	61
	Gesamt	110,0658	23,34.400	76
Gesamt	1,00	96,5663	25,04.006	83
	2,00	105,6341	23,24.667	82
	Gesamt	101,0727	24,51.718	165

Tests der Zwischensubjekteffekte

Abhängige Variable: GSumRSz

Quelle	Quadratsumme vom Typ III	df	Mittel der Quadrate	F	Sig	Partielles Eta-Quadrat
Korrigiertes Modell	11.416,987[a]	3	3805,662	7,030	,000	,116
Konstanter Term	1.143.939,842	1	1.143.939,842	2113,008	,000	,929
SumAmoMD	7979,323	1	7979,323	14,739	,000	,084
SumRiskMD	9,242	1	9,242	,017	,896	,000
SumAmoMD * SumRiskMD	15,495	1	15,495	,029	,866	,000
Fehler	87.162,140	161	541,380			
Gesamt	1.784.169,000	165				
Korrigierte Gesamtvariation	98.579,127	164				

a. R-Quadrat = ,116 (korrigiertes R-Quadrat = ,099)

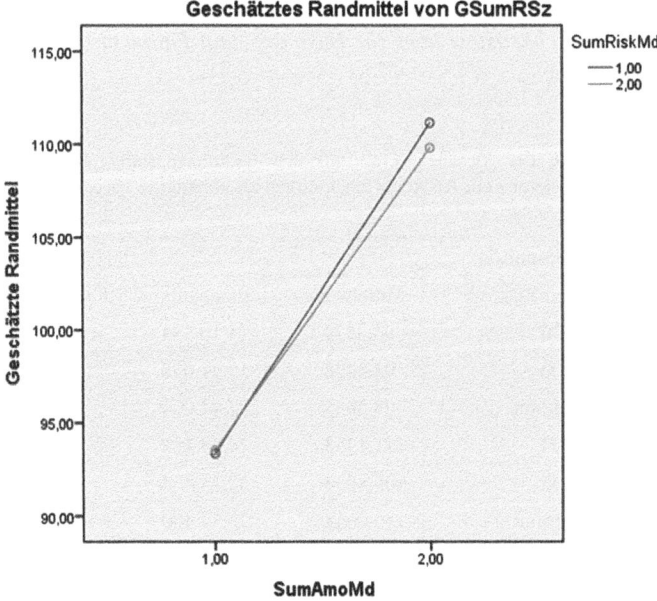

Quelle: Ergebnisse aus Studie 1 mit 165 Teilnehmern in Wienkamp, H. (in Vorbereitung). *Persönlichkeitstest über Ihr Business- und Finanzprofil („Six & Six").* Heidelberg: Springer

Anhang 4 Anwendungsbeispiel für ein „Markt-Scoring-Modell" zur Unterstützung des Vergütungscontrollings (für zusätzliche Erläuterungen siehe auch Abschn. 3.2)

Filiale	Kaufkraft (in T€)	EW	Konkurrenz (N Filialen)	Ertrag (in T€)	HR Ertrag (in T€)	Diff. Ertrag (+ −)
1	110,0	5000	− 10	2390	957	1433 (149,7 %)
2	93,0	5500	− 11	2920	661	2259 (341,8 %)
3	97,0	7000	− 9	2270	854	1416 (165,8 %)
4	85,0	4500	− 6	2700	1058	1642 (155,2 %)
5	60,0	3900	− 5	1850	885	965 (109,0 %)
6	56,0	6000	− 7	2100	604	1496 (247,7 %)
7	40,0	4900	− 9	1700	267	1433 (536,7 %)
8	62,0	4000	− 5	1900	906	994 (109,7 %)
9	44,0	6700	− 4	1550	728	822 (112,9 %)
10	71,0	4100	− 8	2800	727	2073 (285,1 %)
MW	**71,8**	**5160**	**− 7,4**	**2133**	**765**	**1368 (178,8 %)**
MLRA:			$Y = 772{,}484 + (11{,}210 \times \text{Kauf-kraft}) + (-0{,}025 \times \text{EW}) + (-92{,}341 \times \text{Konkurrenz})$			

Legende:

1. Dem vorliegenden Markt-Scoring-Modell liegen 10 Filialen in unterschiedlichen Bezirken als Grundgesamtheit zugrunde.
2. Als einflussgebende Variablen wurden die Kaufkraft der Bewohner (durchschnittliches Haushaltseinkommen pro Jahr), die Einwohnerzahl (= EW) in dem Bezirk und die Konkurrenzdichte gemessen an der Anzahl der Filialen anderer Häuser berücksichtigt
3. Abhängige Variable ist der Ertrag einer Filiale im Jahr (in 1000 €)
4. Zum Vergleich der wirtschaftlichen Situation der Filialen wurde auf der Basis der unabhängigen Variablen mithilfe einer „Multiplen Linearen Regressionsanalyse (MLRA)" ein hochgerechneter fiktiver Ertrag kalkuliert (= HR Ertrag) und die Differenz zum realen Ertrag absolut als auch prozentual ermittelt.
5. Leistungsmaßstab für die Ertragskraft einer Filiale ist die prozentuale Abweichung zwischen dem hochgerechneten und dem realen Ertrag gemessen an der *durchschnittlichen* prozentualen Abweichung (= 178, 8 %).

6. Im Ergebnis ergibt sich eine Aussage, ob eine Filiale *über-* oder *unterdurch-schnittlich* zum durchschnittlich zu erwartenden Ertrag gewirtschaftet hat. So hat die **Filiale 5** z. B. ein unterdurchschnittliches Ergebnis ($= 109{,}0\ \%$) und die **Filiale 7** ein überdurchschnittliches Ertragsergebnis ($= 536{,}7\ \%$) erzielt.

7. Von den unabhängigen drei Variablen hatte die Kaufkraft einen spürbaren (aber noch nicht statistisch signifikanten) Einfluss auf den Ertrag (Beta $= .433$, $T = 1.200$ bei $p = .275$), die Einwohnerzahl keinen signifikanten Einfluss auf den Ertrag (Beta $= - .045$, $T = - .154$ bei $p = .883$) und die Konkurrenz-dichte einen moderaten negativen oder dämpfenden Einfluss auf den Ertrag (Beta $= - .359$, $T = - .983$ bei $p = .363$) bei simultaner Berechnung der Effekte der Prädiktoren. Die negativen kompensatorischen Effekte der Prädiktoren erklären auch, warum die hochgerechneten Erträge allesamt unter den tatsäch-lich ausgewiesenen Erträgen (dem Ist) lagen.

8. Bei Berechnung der singulären Effekte der Prädiktoren Kaufkraft und Konkurrenzdichte zeigten sich dagegen viel stärkere Einflüsse: So hätte z. B. **Filiale 1** bei alleiniger Berücksichtigung der Kaufkraft ein hochgerechnetes Ertragsergebnis von ($Y = 937{,}351 + 16{,}652\ X$) **2769 T€** und bei alleiniger Berücksichtigung der starken Konkurrenzsituation ($Y = 971{,}905 – 156{,}905\ X$) einen kalkulierten Ertrag von **815 T€** erzielt.

9. Die Berechnungen wurden mit SPSS – Version 24 mittels einfacher linearer Regressionsanalyse und Multipler Linearer Regressionsanalyse (MLRA) simultan mit der ENTER-Methode vorgenommen.

Literatur

Rao, T. V. (2004). *Performance management and appraisal systems. HR tools for global competitiveness*. Response Books.
Wienkamp, H. (in Vorbereitung). *Persönlichkeitstesst über Ihr Business- und Finanzprofil. Der „Six & Six"*. Springer.

The manufacturer's authorised representative in the EU is Springer
Nature Customer Service Centre GmbH, Europaplatz 3, 69115 Heidelberg,
Germany. If you have any concerns regarding our products, please
contact ProductSafety@springernature.com

Printed and bound by CPI Group (UK) Ltd, Croydon, CR0 4YY

24/04/2026

02096341-0009